CD-ROM

CHECKLISTEN

Überprüfen Sie, ob Sie an alles gedacht haben:

- Spendenrecht: Gemeinnützigkeitsreform
- Vereinsaktivitäten und Steuern
- Honorierungsmöglichkeiten für Vereinshelfer u. v. m.

MUSTERFORMULARE

Nutzen Sie diese Vorlagen zur Übernahme in Ihre Textverarbeitung:

- Zahlreiche Mustersatzungen
- Einladungsschreiben
- Aufnahmeantrag für Vereinsmitglieder u. v. m.

SATZUNGEN/VERTRÄGE

Die Muster für Verträge bieten Ihnen Rechtssicherheit:

- Mustersatzungen
- Anstellungsverträge
- Übungsleitervertrag
- Sponsorvertrag u. v. m.
- Freier-Mitarbeiter-Vertrag

GESETZE

Alle wichtigen Gesetze zum Nachlesen im Wortlaut:

- Abgabenordnung/Anwendungserlass zur AO
- Bundesdatenschutzgesetz
- Einkommensteuergesetz
- Umsatzsteuergesetz/Anwendungserlass
- Lohnsteuerrichtlinien
- Wichtige Verwaltungsvorschriften

Bibliografische Information der Deutschen Nationalbibliothek

Die Deutsche Nationalbibliothek verzeichnet diese Publikation in der Deutschen Nationalbibliografie; detaillierte bibliografische Daten sind im Internet über http://dnb.d-nb.de abrufbar.

Print: ISBN: 978-3-648-10066-2 Bestell-Nr.: 07004-0008
ePDF: ISBN: 978-3-648-02478-2 Bestell-Nr.: 07004-0150

Gerhard Geckle
Mein Verein. Perfekt organisiert und erfolgreich geführt
8., aktualisierte und erweiterte Auflage 2011

Redaktionsanschrift: Fraunhoferstraße 5, 82152 Planegg/München
Telefon: (089) 895 17-0,
Telefax: (089) 895 17-290
www.haufe.de
online@haufe.de
Produktmanagement: Jasmin Jallad

Redaktion und Desktop-Publishing: Text+Design Jutta Cram, 86157 Augsburg
Umschlag: fuchs_design, 80469 München
Druck: Bosch Druck GmbH, 84030 Ergolding

Zur Herstellung dieses Buches wurde alterungsbeständiges Papier verwendet.

Gerhard Geckle

Mein Verein
Perfekt organisiert und erfolgreich geführt

Inhalt

Vorwort

Was sollte bei der Gründung und Führung eines Vereins alles beachtet werden? Welche organisatorischen Maßnahmen sind erforderlich, um die Führungsaufgaben – meist ehrenamtlich – mit einem noch akzeptablen Aufwand bewältigen zu können? Was kann man delegieren, wie motiviert man interessierte Vereinsmitglieder, was kann vergütet werden, ohne die Gemeinnützigkeit aufs Spiel zu setzen? Was kommt dann an Verantwortung, vielleicht sogar an Haftungsrisiken auf die Vorstandsmitglieder zu? Welche Rechte und Pflichten hat das einzelne Vereinsmitglied? Welche Steuer- und Sozialversicherungsspielregeln gelten für Vereine in der Arbeitgeberstellung? Welches Grundwissen wird für ein Vorstandsamt eigentlich vorausgesetzt? Wo gibt es Steuerfallen, was wollen das Finanzamt oder auch andere Behörden von meinem Verein alles wissen?

Dies ist nur ein kleiner Auszug aus unzähligen Fragen aus dem Kreis engagierter Bürger, die für ihre Mitarbeit in einem Verein oder bei der Ausübung eines Ehrenamts klare, prägnante Antworten benötigen. Über 620.000 eingetragene Vereine in der bekannten Rechtsform des e. V., dazu noch unzählige nicht eingetragene Vereine arbeiten meist auf rein ehrenamtlicher Basis – auch im Hinblick auf das finanzielle Leistungsvermögen und auf die meist gemeinnützige Zielsetzung und Zweckverwirklichung im Interesse der Mitglieder. Auch Antworten dazu, ob und wie man mit einem Förderverein zusätzliche finanzielle Grundlagen zur Verwirklichung der Vereinsziele langfristig erreichen kann.

Hiervon ausgehend wird dieser Kompaktratgeber Ihnen in bewährter und vor allen Dingen verständlicher und nachvollziehbarer Weise den Einstieg in die Vereinsorganisation, in das aktuelle Vereinsrecht, die oft nicht einfachen und leider sich häufig ändernden Besteuerungsgrundlagen u. v. m. vermitteln – mit dem erklärten Ziel, Sie persönlich, aber auch die vielen interessierten Mitglieder bei der Vereinsführung wirksam zu unterstützen. Und dies auch unabhängig von der Zielsetzung und dem Zweck Ihres Vereins. Ob Sport, Musik, Kultur, mildtätige/karitative Aufgaben oder andere gemeinnützige Zwecke: Mit diesem Buch haben Sie schnell das nötige

Grundwissen parat, mehr noch, eine für die verschiedensten Vereinssachverhalte optimale Unterstützung.

Zunächst wird der Schritt von der Vereinsgründung bis zur ersten Mitgliederversammlung erläutert. Das hieran anschließende Kapitel zum Thema Steuern zeigt die wichtigsten Grundsätze zum Umgang mit dem Finanzamt und auch mit Sozialversicherungsträgern sowie den verschiedensten Behörden auf.

In diese erweiterte Neuauflage wurden die Auswirkungen der wichtigsten feststehenden Änderungen bei der Vereinsbesteuerung/zum Vereinsrecht bereits für die Vereinsjahre 2011/2012 eingearbeitet, insbesondere die zahlreichen Vorgaben durch die umfangreiche Rechtsprechung und zahlreiche neue Verwaltungsanweisungen, mit nachvollziehbaren Hinweisen für das erklärte Ziel nahezu aller Vereine, den Gemeinnützigkeitsstatus, verbunden mit vielen echten interessanten Steuervorteilen, zu erhalten.

Ideal ist hierbei auch die beigefügte CD-ROM mit den wichtigsten, sofort einsetzbaren Arbeitshilfen, Vertrags- und Satzungsmustern, relevanten Gesetzestexten etc. Mein Ziel ist es, die aus vielen Vorträgen, Diskussionen, Schulungen und aus der Anwaltspraxis gewonnenen Praxiserfahrungen nicht nur in verständlicher Weise weiterzugeben, sondern den Leser und Nutzer dieses Vereinsratgebers bei den verschiedensten Herausforderungen im Vereinsalltag, gerade zur Förderung der ehrenamtlichen Betätigung, tatkräftig zu unterstützen.

Für Anregungen, Hinweise und Kritik bin ich stets offen und dankbar.

Pfaffenweiler b. Freiburg Prof. Gerhard Geckle

Warum einen e. V. gründen?

Was ist ein Verein? Die rechtlichen Grundlagen

Viele Mitbürger stellen sich folgende Fragen, wenn es darum geht, in einem Verein die gemeinsamen Ziele zu verfolgen:

- Was ist überhaupt ein Verein? Was verbirgt sich eigentlich hinter dem Kürzel „e. V."?
- Welche Auswirkungen hat eine Vereinsgründung auf unsere Gemeinschaft, unsere Zielsetzung und bisherige Zweckverfolgung?
- Wo liegen die Vor- und Nachteile, wo die Haftungsrisiken (persönlich oder beim Verein)?
- Warum ist unabhängig von vereinsrechtlichen Vorgaben der Gemeinnützigsstatus für die langfrstige Vereinsfinanzierung wichtig?

Juristisch gesehen ist ein Verein ein Zusammenschluss mehrerer Personen, die einen gemeinsamen ideellen oder wirtschaftlichen Zweck verfolgen. Das Bürgerliche Gesetzbuch (BGB) setzt beim Verein außerdem voraus, dass er unter einem bestimmten Namen geführt wird und dass ein Wechsel der Mitglieder stattfinden kann.

Folgt man dem BGB, wird unterschieden zwischen

- dem Verein, dessen Zweck nicht auf einen wirtschaftlichen Geschäftsbetrieb gerichtet ist, dem sog. rechtsfähigen Idealverein als bekannter üblicher Vertragstypus, sowie
- dem wirtschaftlichen Verein, dessen Zweck auf einen wirtschaftlichen Geschäftsbetrieb hinausläuft und der damit das Ziel verfolgt, Vermögensvorteile, gleich welcher Art, für die Mitglieder zu erwirtschaften.

Rein wirtschaftliche Vereine sind heute recht selten (z. B. privatärztliche Verrechnungsstellen, Konsumvereine etc.). Aus steuerlichen Überlegungen, auch im Hinblick auf Haftungsfragen, wird für die Verwirklichung dieser

Ziele eher auf eine der gängigen Gesellschaftsformen zurückgegriffen, also etwa auf die AG, die GmbH, die BGB-Gesellschaft oder die Genossenschaft. Vereine treten daher im Regelfall im Rechtsverkehr als rechtsfähiger oder nicht rechtsfähiger Verein auf. Allerdings werden je nach Zielrichtung und Bedeutung auch andere Rechtsformen wie Stiftungen oder die gemeinnützige GmbH für die angestrebte gemeinnützigkeitsrechtlich orientierte Zweckverfolgung bewusst ausgewählt.

Im Mittelpunkt: der ideelle Verein

Das Bürgerliche Gesetzbuch (BGB) enthält in den §§ 21 ff. eine Reihe kurz gefasster und dennoch sehr verständlicher Regelungen zu den Idealvereinen. Diese Vorgaben für die Vereine gelten als Rahmenbedingungen sowohl für den nicht rechtsfähigen Verein als auch für den rechtsfähigen, eingetragenen Verein, kurz „e. V." genannt. Nochmals zur Abgrenzung zum bereits angesprochenen „wirtschaftlichen" Verein: Nicht ausgeschlossen ist damit, dass der Idealverein, auf den wir uns im Folgenden vorrangig konzentrieren, auch einen „gewissen" wirtschaftlichen Geschäftsbetrieb entfaltet. Nur: Das wirtschaftliche Interesse muss beim Idealverein im Hintergrund bleiben. Die steuerlichen Vergünstigungen (s. u.) gibt es eben nur für Vereine mit ideeller Zielrichtung und untergeordneter wirtschaftlicher Betätigung!

Im Auge behalten muss man hierbei die immer wieder geforderte grundsätzliche Reform des Vereinsrechts. Durch eine Streichung des bisherigen § 22 BGB soll dann erreicht werden, dass es künftig nur noch den „echten" Idealverein gibt. Ob und wann diese Reformpläne so konkret umgesetzt werden, bleibt zunächst abzuwarten. Festhalten kann man auf jeden Fall, dass auch in vereinsrechtlicher Hinsicht durch Einzelfallrechtsprechung zwischenzeitlich verlangt wird, dass keinesfalls vorrangig oder als einziges Ziel der e. V. erkennbar bereits nach dem Satzungsentwurf wirtschaftliche Interessen verfolgt. Natürlich kann ein Verein, egal mit welcher Zweckverfolgung, ohne ergänzende wirtschaftliche Aktivitäten seine Ziele im Interesse der angeschlossenen Mitglieder kaum realisieren. Ein Beispiel: Das Kammergericht Berlin hat für eine Vereinigung, die auf Dauer einen Betrieb für Filmvorführungen und Festivalveranstaltungen als Satzungszweck führen will, festgestellt, dass eine vorrangig unternehmerische Betätigung vorliegt und diese Vereinigung nicht als Idealverein nach § 21 BGB, sondern allenfalls als wirtschaftlicher Verein einzustufen ist (KG, Beschluss v. 20.1.2011, 25 W 35/10).

Vorab: Beim Einstieg müssen die vereinsrechtlichen Vorgaben und die über Satzung und Geschäftsführung dokumentierte, nicht vorrangig wirtschaftliche Zweckverfolgung von den ergänzenden angestrebten gemeinnützigkeitsrechtlichen Erfordernissen getrennt werden. Es gibt unzählige berufsrechtliche Vereinigungen in der Rechtsform des e. V., die wie ein Sport- oder Musikverein mit den völlig gleichen vereinsrechtlichen Vorgaben ihre Mitgliederinteressen nachhaltig verfolgen. Allerdings sind diese Vereinigungen, die meist als Verband in der Rechtsform des e. V. tätig sind, wegen der erkennbaren vorrangig wirtschaftlich orientierten Zweckverfolgung nur für angeschlossene Mitglieder von Nutzen, nicht für die Allgemeinheit. Daher können sie meist nicht den Gemeinnützigkeitsstatus vom Finanzamt in Anspruch nehmen. Trennen Sie daher unbedingt zwischen Vereinsrecht und dem Gemeinnützigkeitsrecht bzw. den „Steuernfolgen“!

Ist jeder Verein ein e. V.?

Bei der großen Anzahl der in der Bundesrepublik tätigen Vereine wird oft übersehen, dass es wesentlich mehr nicht rechtsfähige als eingetragene Vereine gibt, die zum Teil die gleichen Ziele verfolgen wie der heute weitaus bekanntere e. V. Nach statistischen Erhebungen sind über ca. 620.000 Vereine als e. V. registriert, mit weit über 40 Millionen Mitgliedern. Darunter befinden sich ca. 90.000 Sportvereine und weit über 30.000 Vereine mit musikalischer Betätigung.

Ältere Traditionsvereine treten aber häufig und meist völlig unproblematisch als nicht eingetragene Vereine auf. Musikvereine oder auch Sportvereine (z. B. traditionsreiche Radsportvereine), Kegelclubs, Bürgerinitiativen bis hin zu Interessengemeinschaften führen über Jahrzehnte hinweg gerade in kleineren Gemeinden ein reges Vereinsleben. Doch auch bei diesen Traditionsvereinen wird häufig nach einer gewissen Zeit die Frage diskutiert, ob man im Hinblick auf die angestiegene Mitgliederzahl nicht „organisatorisch etwas tun“ müsse.

Darüber hinaus taucht der nicht rechtsfähige Verein auch bei größeren Verbänden und Organisationen auf. Hier soll bewusst eine unselbstständige Untergliederung zu einem bereits eingetragenen Verein mit Hauptsitz meist in einer Großstadt geschaffen werden. Das Deutsche Rote Kreuz (DRK) oder das Technische Hilfswerk (THW) führen z. B. in kleineren Gemeinden sog. unselbstständige Ortsvereine. Untergliederungen sind allerdings keine selbstständigen Steuersubjekte (so § 51 Satz 3 AO). Bei nachgewiesener Verselbstständigung durch Satzung etc. kann aber auch eine als Verein geführte Untergliederung innerhalb einer Organisation die Vorteile der Gemeinnützigkeit in Anspruch nehmen.

Zudem sind die politischen Parteien auch Vereine, aber in den Untergliederungen meist nicht rechtsfähig, wobei nach dem Parteiengesetz nur natürliche Personen Vereinsmitglieder sein können. Ein weiteres populäres Beispiel für den nicht rechtsfähigen Verein sind die Zusammenschlüsse ehrenamtlicher Helfer zu einer regionalen freiwilligen Feuerwehr. Um es zu verdeutlichen: Der rechtliche Status hat keine Bedeutung für die Gemeinnützigkeit, denn ein nicht rechtsfähiger Verein kann ebenso gemeinnützig sein wie ein e. V. Das Gleiche gilt für andere bewusst gewählte Gesellschaftsformen von gemeinnützigen Organisationen als „juristischer Rahmen“ etwa über die gemeinnützige GmbH oder die hieraus abgewandelte Unternehmensgesellschaft mit geringem Stammkapital.

ACHTUNG **MÖGLICH: PARALLEL RECHTSFÄHIGEN VEREIN GRÜNDEN**

Vereinsmitglieder eines nicht rechtsfähigen Vereins können übrigens parallel auch Gründungsmitglieder eines rechtsfähigen Vereins sein. Von dieser Möglichkeit wurde bislang oft Gebrauch gemacht, um einen Dachverband als eigenen eingetragenen Verein zu gründen.

Was bedeutet es für einen Verein, nicht rechtsfähig zu sein?

Eigentlich nähert sich auch der nicht rechtsfähige Verein stark dem e. V. an. Er ist ebenfalls ein „Idealverein“ nach § 21 BGB, nur dass die Vereinsregistereintragung fehlt. Er wird dann als „nicht eingetragener Verein“ oder „nicht rechtsfähiger Idealverein“ bezeichnet. Aber bereits § 54 BGB macht da eine gewisse rechtliche Einschränkung: Soweit der Verein keine besonderen Regelungen in seiner Satzung vorsieht, gilt das Recht über die Gesellschaft bürgerlichen Rechts (§§ 54, 705 ff. BGB). Erst die geplante Gesamtreform des Vereinsrechts soll eine Änderung des § 54 BGB bringen, sodass auch die vereinsrechtlichen Vorgaben für den e. V. (§§ 21–53 BGB) bei einem nicht rechtsfähigen Verein vollumfänglich zur Anwendung kommen. Unabhängig davon tendiert die Rechtsprechung zur Gleichstellung mit dem e. V., nur bei Auslegungsfragen zieht sie ergänzend die gesellschaftsrechtlichen Vorgaben nach §§ 705 ff. BGB, also die Regelungen für die Gesellschaft des bürgerlichen Rechts, heran.

Zunächst kommt es nicht darauf an, unter welcher Bezeichnung der nicht eingetragene Verein auftritt (etwa Club, Interessengemeinschaft, Spielgemeinschaft o. Ä.). Es genügen für die Gründung bereits zwei Gründungsmitglieder – im Gegensatz zum e. V., der nach Gesetz mindestens sieben Mitglieder benötigt. Wichtig ist nur, dass folgende Grundvoraussetzungen beachtet werden:

- deutlich erkennbare organschaftliche Struktur (Mitgliederversammlung, Vorstand),
- Organisation mit einem größeren, in der Regel offenen Mitgliederkreis,
- ein Mitgliederwechsel bleibt ohne Einfluss auf den Bestand des Vereins,
- Ausschluss einer direkten Beteiligung der Mitglieder am Vereinsvermögen, insbesondere beim Ausscheiden eines Mitglieds,
- Vereinsgründung mit mindestens zwei Personen,
- ein Vereinsname als Kennzeichnung der Einheit der Vereinigung.

In steuerlicher Hinsicht ist es durchaus möglich, dass auch der nicht rechtsfähige Verein steuerbegünstigten Zwecken dient und damit den Gemeinnützigkeitsstatus erlangen kann. Verlangt wird hierfür jedoch, dass sich aus der Satzung zumindest die steuerbegünstigte Zielrichtung des nicht eingetragenen Vereins ergibt und dass auch die Geschäftsführung (gewählter Vorstand) den gemeinnützigkeitsrechtlichen Vorgaben entspricht.

Die fehlende Eigenschaft der Rechtsfähigkeit hat für den nicht eingetragenen Verein folgende Auswirkungen:

Vermögen als Gesamthandsgemeinschaft

Das Vermögen steht den Mitgliedern nur als Gesamthandsgemeinschaft zu. Die Tatsache, dass es nicht dem Verein an sich gehört, berechtigt jedoch das einzelne Mitglied nicht dazu, über seinen Anteil zu verfügen. Wenn ein Mitglied aus dem Verein ausscheidet, hat es keinen Anspruch auf ein Auseinandersetzungsguthaben. Sein Anteil wächst vielmehr den verbleibenden Vereinsmitgliedern zu, denn nach § 54 BGB gilt ergänzend das Gesellschaftsrecht!

ACHTUNG

SCHRIFTLICHE SATZUNG

Um jegliche Streitigkeiten mit Mitgliedern zu vermeiden, sollte beim nicht rechtsfähigen Verein unbedingt von Anfang an eine schriftliche Satzung beschlossen werden. Diese sollte auch klare Regelungen und Vorgaben zum Vereinsvermögen enthalten, z. B. dass ein Abfindungsanspruch beim Ausscheiden eines Mitglieds entfällt. Ein Satzungsmuster finden Sie auf Ihrer CD-ROM!

Klagerecht

Der nicht rechtsfähige Verein konnte bisher lediglich verklagt werden, d. h. er war nur passiv parteifähig (§ 50 ZPO). Der Bundesgerichtshof hat hierzu erst 2007 klargestellt, dass ein nicht rechtsfähiger Verein selbstständig über den Vorstand Klage einreichen kann (BGH, Urteil v. 02.07. 2007, II ZR 111/05). Zuvor musste entweder von allen Mitgliedern (mit Unterschrift) Klage erhoben werden oder der Verein tritt für die Klage seine Rechte an einen Treuhänder ab (z. B. Vorstandsmitglied). Durch die Vereinsrechtsnovelle 2009 erhielt der nicht rechtsfähige Verein nach § 50 Abs. 2 ZPO die aktive Parteifähigkeit, damit also auch das aktive Klagerecht. Dies könnte somit sogar so weit gehen, dass damit rechtlich selbständige Untergliederungen das Klagerecht haben können. Noch umstritten ist weiterhin die Grundbuchfähigkeit des nicht eingetragenen Vereins.

Dies kann zu echten Problemen führen, wenn für die Zweckausübung ein eigenes Vereinsgrundstück genutzt werden soll. Denn dann werden derzeit noch, soweit keine Treuhandkonstruktion gewählt wird, sämtliche Vereinsmitglieder mit dem Zusatz des nicht rechtsfähigen Vereins ins Grundbuch eingetragen. Dies zieht sofort Probleme nach sich, wenn Mitglieder aus dem Verein ausscheiden. Prüfen Sie zudem unabhängig hiervon für die finanziellen Belange, welche Vollmachten Banken und Sparkassen für Kontoführung etc. vom Verein verlangen und wie man die Bankverbindungen bei Kontoeröffnungen nutzen kann. Selbst wenn der Name eines geschäftsführenden Vorstands notwendig wird, denken Sie daran, dass zur Abgrenzung von eigenen privaten Konten stets der Zusatz des Vereins ergänzend berücksichtigt wird und bei der Kontoführung auftaucht.

Haftungsfragen

Für Verbindlichkeiten des nicht eingetragenen Vereins haften nach dem Gesetz nicht nur die Gesamthandsgemeinschaft mit dem „Vereinsvermögen", sondern auch die einzelnen Mitglieder. Mehr noch: Als Mitglied würden Sie sogar unbeschränkt mit Ihrem gesamten Privatvermögen (§§ 54 S. 1, 714, 720 BGB) haften. Eine derartig weitgehende Haftung bringt natürlich ein kaum absehbares und nicht zumutbares Risiko für jedes Vereinsmitglied mit sich. Hinzu kommt, dass nach § 31 BGB der Verein für das zu einem Schadensersatzanspruch führende Handeln seiner Organe haftbar ist. Und nach der BGH-Rechtsprechung (Urteil v. 24.2.2003, II ZR 385/99) kann dann die persönliche Haftung der Mitglieder als vergleichbare BGB-Gesellschafter sowohl für vertragliche als auch für gesetzliche Verbindlichkeiten, etwa wegen unerlaubter Handlung des Vorstands, in Betracht kommen.

GRUNDSATZ: HAFTUNG AUF VEREINSVERMÖGEN BESCHRÄNKEN! ACHTUNG

Beschränken Sie daher unbedingt die Haftung für rechtsgeschäftlich begründete finanzielle Verbindlichkeiten des nicht eingetragenen Vereins grundsätzlich auf das Vereinsvermögen. Verankern Sie in der schriftlichen Satzung eine solche Beschränkung für Handlungen des Vorstands in Bezug auf das Vereinsvermögen sowie einen Freistellungsanspruch.

Mit seinem Privatvermögen haftet hingegen immer derjenige, der für den Verein nach außen auftritt, unabhängig davon, ob er mit oder ohne gültige Vollmacht handelt. Dies ist im Regelfall der amtierende Vorstand des nicht eingetragenen Vereins. Liegt also keine schriftliche Satzung vor, etwa weil Sie nur einen sehr losen Zusammenschluss beabsichtigen, besteht die Gefahr, dass Ihr Zusammenschluss in rechtlicher Hinsicht als Gesellschaft bürgerlichen Rechts angesehen wird (§§ 54, 705 ff. BGB). Nehmen Sie daher unbedingt sofort eine interne Funktionsaufteilung vor.

Nicht zu unterschätzen ist steuerrechtlich die oft nicht einfache Abgrenzung zur Gesellschaft bürgerlichen Rechts (GbR). Die Finanzverwaltung prüft z. B., ob der Mitgliederkreis begrenzt, d. h. ob der Mitgliederein- und -austritt reglementiert ist. Ist das der Fall, könnte das zu der fatalen Folge führen, dass nicht nur der Gemeinnützigkeitsstatus wegfällt, sondern Einkünfte auch bei den einzelnen Mitgliedern besteuert werden. Um diese Konsequenzen zu vermeiden, sollten

- eine vereinstypische Satzung mit
- Vereinsorganen (Mitgliederversammlung und Vorstand),
- eine freie Ein- und Austrittsregelung für Mitglieder,
- das Fortbestehen des Zusammenschlusses unabhängig vom Mitgliederwechsel bis hin zum
- fehlenden finanziellen Anspruch beim Ausscheiden von Mitgliedern

schriftlich nachgewiesen werden.

Für die Vorstandsbestellung nach § 27 BGB, für die Gründe einer evtl. späteren Amtsniederlegung sowie die Abwahl etc. gelten die gleichen Vorschriften wie beim e. V. Der gewählte Vorstand ist außerdem zur Geschäftsführung berechtigt.

ACHTUNG

HAFTUNGSREGELUNG BEI VERTRÄGEN MIT DRITTEN

Um zu vermeiden, dass Sie als gewählter Vorstand nach § 54 Abs. 2 BGB in Anspruch genommen werden, sollten Sie bei Verträgen mit Dritten, für die der Verein verpflichtet wird, ggf. folgende Passage mit aufnehmen:

„Alle Rechte und Pflichten aus dieser vertraglichen Vereinbarung gelten ausschließlich für den nicht eingetragenen Verein [...] als Vertragspartner. Jegliche persönliche Haftung des Handelnden als bevollmächtigtes Vorstandsmitglied nach § 54 Abs. 2 BGB wird hiermit verbindlich ausgeschlossen."

Ansonsten haftet der Vorstand dem Verein gegenüber für schuldhaftes Verhalten, ähnlich wie der e. V.-Vorstand. Mit einer Entlastung kann auch dieser Vorstand von der Mitgliederversammlung seine Bestätigung zur ordnungsgemäßen Geschäftsführung für einen abgelaufenen Zeitraum erreichen. Es ist bei dieser Vereinigung die Mitgliederversammlung, die letztendlich nach § 32 BGB über Wahlen, Satzung, Auflösung u. Ä. beschließt.

Problem: die Finanzierung

Häufig werden Zuschüsse von öffentlich-rechtlichen Körperschaften, aus Landesmitteln oder von Dachverbänden zur Unterstützung der Interessengemeinschaft davon abhängig gemacht, dass die Rechtsfähigkeit (durch Eintragung im Vereinsregister als e. V.) nachgewiesen wird. Gerade im Sportbereich wird man schnell auf die Rechtsform als e. V. zurückgreifen müssen, um einen Verbandsanschluss zu erreichen: zum einen zur Ausübung des Wettkampfsports, zum anderen aber auch um Zuschüsse z. B. für Übungsleiter, Sportstätten etc. erhalten zu können. Wobei auch außerhalb des Sport, etwa bei Chor- oder anderen musikalisch ausgerichteten Verbänden als überregionale Verbände und Zusammenschluss zur Interessenwahrnehmung von angeschlossenen Vereinen der Rechtsstatus als gemeinnütziger e. V. für die Aufnahme für den Verband verlangt wird.

Vorstandswechsel

Anders als beim e. V. müssen Sie als nicht eingetragener Verein bei Wahlen das Vereinsregister nicht informieren. Wenn man es so will: Die interne Vereinsorganisation bleibt der Prüfung der Mitglieder vorbehalten. Der Vorstand vertritt hierbei in rechtlicher Hinsicht die Vereinsmitglieder. Obwohl die Geschäftsführung des Vereins dem Vorstand übertragen ist, hat auch dieses Organ etwaige (meist finanzielle) Beschränkungen über die Satzung oder Beschlüsse der Mitgliederversammlung zu beachten.

Mitgliederversammlung

Entweder über die Satzung oder nach Gewohnheitsrecht gilt für die Mitgliederversammlung das Mehrheitsprinzip, also Zustimmung der anwesenden Mitglieder für die Beschlussfassung (§ 32 BGB). Auch für die Einberufung sind dann die üblichen Grundsätze wie Angabe der Tagesordnung bzw. Frist zur Einladung oder Zuständigkeiten der Mitgliederversammlung in Bezug auf Beschlussfassungen wie beim e. V. unbedingt in die Satzung aufnehmen.

Satzungsänderungen

Der nicht rechtsfähige Verein kann unter Beachtung der gültigen Satzung jederzeit eine Satzungsänderung vornehmen. Allerdings muss auch hier ein entsprechender Mehrheitsbeschluss lt. Satzung (mindestens 3/4 der Mitglieder nach § 33 BGB, soweit gemäß Satzung keine andere Mehrheit vorgesehen ist) vorliegen und die geplante Satzungsänderung muss den Mitgliedern über die Einladung zur Hauptversammlung rechtzeitig bekannt gegeben werden. Gleiches gilt für einen Auflösungsbeschluss (§ 41 BGB).

Nach der Rechtsprechung gilt ein Mehrheitsbeschluss für eine Satzungsänderung aber im Einzelfall auch dann, wenn sich diese durch langjährige Übung ergibt und widerspruchslos über Jahre hinweg akzeptiert und angewendet wurde (OLG Frankfurt, WM 1985 S. 1466 f., BGHZ 25, 316).

Bei Zahlungsunfähigkeit oder Überschuldung muss auch der Vorstand des nicht rechtsfähigen Vereins Insolvenz beantragen (§ 42 BGB, § 11 InsO). Ergeht ein Urteil gegen den Verein, kann nur in das Vereinsvermögen vollstreckt werden. Für die Haftung einzelner Vorstände/Mitglieder wäre ein persönlicher Vollstreckungstitel notwendig. Unabhängig von dieser Rechtsform könnte wegen Nichterfüllung steuerlicher oder sozialversicherungsrechtlicher Vorgaben kraft Gesetz auch ein Vorstand eines nicht eingetragenen Vereins als gesetzlicher Vertreter haftungsrechtlich herangezogen werden.

Mitgliederhaftung

Im Regelfall haftet stets der nicht rechtsfähige Verein mit dem vorhandenen Vereinsvermögen – auf Erfüllung und auf Schadensersatz bei Nichterfüllung. Empfehlenswert, ja unbedingt notwendig ist der klare Hinweis in der Satzung, dass sich die Haftung der Mitglieder auf das Vereinsvermögen beschränkt. Nur wenn ein besonderer persönlicher Verpflichtungsgrund besteht, kann neben dem Verein ggf. auch das einzelne Mitglied als Gesamtschuldner herangezogen werden.

Für leicht fahrlässige Schadensverursachung gegenüber Dritten oder dem Verein selbst können die beim e. V. nachfolgend dargestellten Haftungserleichterungen und Freistellungen nach §§ 31a und 31b (neu) BGB für Vorstände und mit Vereinsaufgaben engagierte Mitglieder in Betracht kommen. Dabei sollte darauf geachtet werden, dass stets ein vertretungsberechtigter Vorstand für die Vereinsgeschäfte zuständig ist und sich im Amt befindet, da sonst steuerrechtlich betrachtet eine Haftung auf die einzelnen Mitglieder zukommen könnte, wenn steuerliche Pflichten grob fahrlässig oder schuldhaft verletzt werden (§§ 37, 69 AO).

Zum Formwechsel in den e. V.

Das Hauptmotiv zum Formwechsel in den e. V., lässt man Traditionsvereine mit dieser über Jahrzehnte bewährten Rechtsform außer Acht, ist häufig die Erkenntnis, dass man sich ohnehin langfristig zur gemeinsamen Zweckverfolgung binden will und strukturell eine transparente Rechtsform benötigt, um mit entsprechender Außenwirkung bis hin zum beabsichtigten Verbandsanschluss die Mitgliederinteressen verfolgen zu können.

Die Mitgliederversammlung entscheidet dann, ob man gemeinsam den Weg in den e. V. gehen will und ob ggf. vorhandenes Vereinsvermögen als erster Kapitalstock in den neuen e. V. übergeführt werden soll.

Zusammenfassend: Ein nicht eingetragener Verein lässt sich leichter gründen und ist bei kurzfristiger, zeitlich ggf. begrenzter Zweckverfolgung sicherlich interessant. Zudem sind die rechtlichen Unterschiede zum e. V. insgesamt nicht so groß und es fallen keine Vereins-Registerpflichten an.

ACHTUNG **DER ÜBERGANG IN DEN E. V.**

Als Satzungsänderung gilt auch der Beschluss, den Verein als e. V. in das Vereinsregister eintragen zu lassen – und dazu ist eine Mitgliederversammlung als Gründungsversammlung erforderlich. Spätestens jetzt müssen Sie wegen der anstehenden Satzungsüberprüfung durch das Registergericht Ihre bisherige Satzung inhaltlich überarbeiten und anpassen!

Faustregel: Neue Interessengemeinschaften oder Zusammenschlüsse zur Verfolgung gemeinsamer Ziele und Zwecke sollten entweder gleich nach Gründung als e. V. eingetragen werden oder es sollte nach einigen Monaten, häufig nach Ablauf von ein bis zwei Vereinsjahren mit den bisherigen Gründungsmitgliedern besprochen werden, ob sich wegen gefestigter Strukturen jetzt nicht der Schritt zum e. V. anbiete. Bei der Umgründung in einen e. V. gibt es dann auch keine steuerlichen Probleme mit dem Vereinsvermögen, wenn der nicht rechtsfähige Verein schon zuvor als gemeinnützig einzustufen war. Dabei muss zunächst ähnlich wie mit einer unmittelbaren Neugründung das gesamte Gründungsverfahren durchlaufen werden, auch mit der vorhandenen Ermächtigung des bisher aktiven vertretungsberechtigten Vorstands, die meist unproblematische Abwicklung/Liquidation der bisherigen Vereinigung zu veranlassen. Nach vollzogener e. V.- Gründung muss diese Umstellung wegen der neuen Rechtsform veranlasst werden.

Was bedeutet die Eintragung ins Vereinsregister?

Mit der Eintragung ins Vereinsregister (nach vorheriger Prüfung der Satzung durch das Vereins-Registergericht) wird die Rechtsfähigkeit des Vereins dokumentiert. Sobald ein Verein eingetragen ist, wird sein Name durch das Kürzel „e. V.“ oder auch ausgeschrieben, ergänzt (z. B. auf dem Briefpapier oder der Homepage).

Welche Auswirkungen hat die Rechtsfähigkeit?

Die Rechtsfähigkeit ist – zumindest in juristischer Hinsicht – das entscheidende Abgrenzungsmerkmal zum nicht eingetragenen/nicht rechtsfähigen Verein. Gemeint ist damit die Fähigkeit, als juristische Person Träger von Rechten und Pflichten zu sein. Die Vorteile liegen auf der Hand:

- Ein rechtsfähiger Verein kann im eigenen Namen problemlos prozessieren (klagen und auch verklagt werden).
- Er kann Vermögen bilden, das nicht etwa allen Mitgliedern zur gesamten Hand zugerechnet wird, sondern dem Verein selbst, auch langfristig.
- Das Mitglied haftet grundsätzlich nicht für Vereinsschulden.
- Hat der e. V. ein Grundstück im Vereinsvermögen, wird der Verein als Eigentümer im Grundbuch eingetragen. Auch hier haftet der e. V. nur mit seinem Vereinsvermögen für Verbindlichkeiten (z. B. für Baukredite), die in seinem Namen als Schuldner eingetragen werden.
- Der Verein kann theoretisch sogar Prozesskostenhilfe erhalten.
- Der Verein kann Vormund/Betreuer werden und als Testamentsvollstrecker eingesetzt werden. Das geltende Betreuungsrecht sieht eine gesetzgeberische Stärkung der aktiven Betreuungsvereine u. a. auch für aktive Beratungstätigkeiten vor.
- Einfacher wird es auch bei Kontoeröffnungen, Bank- und Behördenverkehr (denken Sie aber an die Legitimationsnachweise u. a. durch Vereins-Registerauszug).
- Fördermittel/Zuschüsse von Verbänden, Kommunen etc. werden fast nur noch einem e. V. als juristische Person gewährt.
- Allgemein wird man selbst bei den einfachsten Vertragsabschlüssen davon ausgehen müssen, dass im kaufmännischen Verkehr ein e. V. als Vertragspartner verlangt wird. Denn mit einem Blick in das Vereinsregister wird sofort deutlich, wer die verantwortlichen,

vertretungsberechtigten Vereinsvorstände sind sowie ob zudem etwaige Vertretungsbeschränkungen etc. bestehen.

- Für gemeinnützige Vereine besteht die Möglichkeit, gewählte ehrenamtliche Vorstände/Führungskräfte über die Verwaltungsberufsgenossenschaft gegen Unfälle im Ehrenamt mit einem geringen Jahresbeitrag von 2,73 Euro pro Kopf (gleiches Beitragsvolumen von 2005 bis 2011) abzusichern. Diese Absicherungsmöglichkeit gilt auch für nicht gewählte Führungskräfte, also auch für ehrenamtliche Engagierte außerhalb von Vorstandsfunktionen entsprechend der Satzung. Hieraus lässt sich durch einen minimalen Beitrag, den der Verein übernimmt, ein mit dem bei angestellten Arbeitnehmern vergleichbarer Versicherungsschutz bei Unfällen auch im Ehrenamt erreichen.

Diese kurz gefassten Vorteile der rechtlichen Selbstständigkeit kann der nicht rechtsfähige Verein, wie wir oben gesehen haben, leider nur bedingt für sich in Anspruch nehmen.

Welche Voraussetzungen müssen erfüllt sein?

Ob ein Verein als e. V. in das Vereinsregister eingetragen werden kann, ist ausschließlich der vereinsrechtlichen Beurteilung des Vereinsregisters vorbehalten. Das Vereinsregister prüft bei der Anmeldung eines Vereins, ob es sich um einen ideellen Verein handelt oder ob er vorrangig wirtschaftliche Zwecke verfolgt. Nur ideelle Vereine können in das Vereinsregister eingetragen werden. Dabei ist es zunächst ohne Bedeutung, ob der Verein aufgrund seiner Zielsetzung bzw. Satzungsinhalte auch gemeinnützig werden kann.

Der mit der Vereinsgründung verfolgte „ideelle Zweck“ wird relativ weit ausgelegt. So kann z. B. ein Zusammenschluss von Gewerbetreibenden als Verein in Form eines e. V. in das Vereinsregister eingetragen werden, selbst wenn dann im zweiten Schritt das Finanzamt mangels konkreter, nachweisbarer ausschließlich gemeinnütziger Tätigkeit in steuerlicher Hinsicht die Gemeinnützigkeit versagt.

SATZUNG PRÜFEN LASSEN ACHTUNG

Spätestens bei der beabsichtigten Eintragung des Vereins in das Vereinsregister prüft das Registergericht anhand der vorgelegten Satzung, ob sich bereits aus den Satzungsbestimmungen ergibt, dass ein „verkappter" wirtschaftlicher Geschäftsbetrieb vorliegt. Missverständnisse dieser Art lassen sich vermeiden, wenn Sie den Satzungsentwurf von einem Fachmann prüfen lassen. Doch sind dies sicherlich nur Ausnahmefälle beim ersten Schritt in den angestrebten e. V.

Ein Beispiel aus der Rechtsprechung: Das Kammergericht Berlin hat durch Beschluss vom 18.11.2011 (25 W 14/10) die Eintragung des Betriebs einer Kindertagesstätte als e. V. mit der Begründung abgelehnt, dass es sich dabei um eine wirtschaftliche, unternehmerische Dauerbetätigung handle. Vorsicht also, wenn die wirtschaftliche Betätigung zu deutlich wird, sie also nicht mehr als „Nebenzweck" eines Idealvereins eingestuft werden kann.

Es gibt allerdings auch einzelne Vereinsregister, die nicht so strenge Auffassungen vertreten und Vereine mit vergleichbaren Satzungszwecken eintragen.

Was muss ich bei der Gründung des e. V. beachten?

DER EUROPA-CHOR BEISPIEL

Europa wächst zusammen – diesen Gedanken wollte der Gesangsverein in seinen Namen und die Satzung aufnehmen. Doch das Vereinsregister bemängelte, dass sich eine Verwendung des geografischen Zusatzes trotz der erklärten Vereinsziele nicht rechtfertigen lasse. Also wurde die Satzung nochmals überarbeitet, dann erst wurde der Chor als e. V. eingetragen.

Solche unangenehmen Überraschungen, die die Gründung des e. V. verzögern und auch verteuern, können Sie vermeiden, wenn Sie sich bereits vor der Vereinsgründung umfassend über einige Standardvorgaben informieren. Erfahrungsgemäß werden spätestens nach Ablauf des ersten/zweiten Vereinsjahres auch bei einem nicht rechtsfähigen Verein die Weichen gestellt. Entweder Sie bleiben bei dieser Vereinskonstruktion oder aber Sie reagieren auf gewachsene Mitgliederzahlen und entschließen sich – vielleicht auch aufgrund der besonderen Haftungssituation –, den Verein umzugründen.

Diesen Schritt sollten Sie vorsichtig angehen, denn leider fällt, wie auch bei der Neugründung eines e. V., der gesamte, im Folgenden dargestellte organisatorische Aufwand an. Das Ziel Ihres Zusammenschlusses muss zunächst sein: Die Eintragung Ihres Vereins im Vereinsregister. Sie werden überrascht sein – es ist gar nicht so kompliziert, die rechtlichen Hürden zu nehmen!

Die fünf wichtigsten Schritte zur Vereinsgründung

Der rechtliche Rahmen für den e. V. beschränkt sich an und für sich auf einige wenige Vorschriften im Bürgerlichen Gesetzbuch (§§ 55 bis 79

BGB). Zudem gibt es nur wenige „Pflichtvorschriften“, die man bei der Vereinsgründung und beim späteren aktiven Betrieb des Vereins beachten muss. Hier zunächst die wichtigsten Schritte in Kürze:

ACHTUNG

DIE FÜNF WICHTIGSTEN SCHRITTE ZUR VEREINSGRÜNDUNG

- Finden Sie mindestens sieben Gleichgesinnte.
- Einigen Sie sich über die Vereinsgründung in der Rechtsform des e. V. und erstellen Sie den Entwurf einer Vereinssatzung.
- Klären Sie vorab intern die Besetzung der Wahlämter bis hin zu Beitrags- und Finanzierungsfragen etc.
- Laden Sie zur Gründungsversammlung ein und führen Sie diese protokollfest durch – mit Gründungsbeschluss, Satzungsbeschlussfassung und ersten Wahlen sowie Beitritt der Gründungsmitglieder zum künftigen e. V.
- Melden Sie Ihren Verein dann beim Vereinsregister an.

Mindestens sieben Gleichgesinnte

Über eine Absichtserklärung und unverbindliche Vorverhandlungen hinaus wird eine Vereinsgründung dann ernst, wenn sich mehrere Personen zusammentun, um einen gemeinsamen Zweck zu erreichen: die Gründung des Vereins. Bereits in dieser Phase können Sie mit Problemen konfrontiert werden. Scheitert das Vorhaben, müssen Sie oder Ihre Mitinitiatoren für bereits getätigte rechtsgeschäftliche Verpflichtungen (Auftrag für Briefpapier, Beratungskosten o. Ä.) selbst aufkommen.

Finden sich mindestens sieben Interessenten (§ 59 Abs. 3 BGB), steht der Vereinsgründung zunächst aber nichts im Wege. Gründungsmitglieder sind meist natürliche Personen, es können aber auch juristische Personen sein – etwa eine GmbH –, wobei die GmbH-Vertretungsrechte dann ergänzend nachgewiesen werden müssen. Gründungsmitglieder müssen geschäftsfähig sein. Die Mitwirkung von beschränkt geschäftsfähigen Minderjährigen im Alter zwischen 7 und 17 Jahren beim Gründungsakt ist wegen der vertraglichen Verpflichtungen nur mit Einwilligung der gesetzlichen Vertreter möglich. Auch eine Person, die unter Betreuung steht, könnte Gründungsmitglied werden, es sei denn es liegt Geschäftsunfähigkeit vor. Ansonsten ist die Vereinsgründung grundsätzlich formfrei, der Weg zum Notar ist jetzt noch entbehrlich.

Übrigens: Die BGB-Vorgaben gelten für jegliche Vereinszwecke/Zielsetzungen, d. h. der gleiche Gründungsaufwand fällt auch bei einem (zusätzlichen, separat neu zu gründenden) Förderverein an. Theoretisch reichen zunächst auch weniger als sieben Mitglieder als Initiatoren aus, wenn über den Gründungsvorgang dann mindestens sieben Mitglieder die Ursatzung nach Gründungsvorgang zur Anmeldung unterschreiben.

FÖRDERVEREIN FÜR KINDERKRIPPE BEISPIEL

Wie gibt es mehr Krippenplätze für Kleinkinder? Als diese Frage im Elterngespräch wegen regionaler Aufnahmeprobleme auftauchte, kam der spontane Entschluss, dies doch statt vieler Worte und Forderungen direkt tatkräftig anzugehen, mit einem Verein, der ggf. als Förderverein durch geeignete Sach- und Geldmittel die notwendige Erweiterung unterstützen könnte. Mit ein paar Telefonanrufen wurde schnell ein kleiner Kreis von potenziellen Gründungsmitgliedern mit Zusagen zur Mitwirkung ausgemacht. Ein kleines Satzungsteam kümmerte sich in einem ersten Schritt sofort zur Vorbereitung der Gründungsversammlung um die wichtigsten rechtlichen und steuerlichen Vorgaben.

Kernstück Ihres Vereins: die Satzung

Bevor eine erste formelle Gründungsversammlung anberaumt wird, sollten Sie auf jeden Fall eine komplette Satzung erarbeiten, über die die Gründungsmitglieder dann diskutieren und am besten auch gleich abstimmen können.

Wie erstelle ich eine juristisch einwandfreie Satzung?

Sie müssen, um eine hieb- und stichfeste Satzung zu erstellen, nicht unbedingt die Hilfe eines Notars oder Anwalts in Anspruch nehmen. Zunächst können Sie sich – zumindest für den groben Aufbau – an anderen Satzungen orientieren, z. B.

- an Mustersatzungen – Sie finden diese u. a. auch auf der CD;
- an der Verbandssatzung oder an einer Satzung eines bereits bestehenden Vereins, der dem Verband angehört – falls Sie eine spätere Verbandszugehörigkeit beabsichtigen;
- an den Satzungen ähnlicher Vereine. Sie können als Vereinsgründer ohne Weiteres beim Registergericht (Amtsgericht) Einsicht in die dort bereits registrierten Satzungen der örtlich eingetragenen Vereine nehmen. Oder Sie bitten einen vergleichbaren, bereits aktiven Verein um Überlassung seiner Satzung als Vorlage.
- an Vereinen mit gleicher Zielsetzung, die Sie über eine Internetrecherche finden können. Häufig sind Satzungen auf der Vereinshomepage zu finden.

Vielleicht gibt es sogar im Kreis der Interessenten bzw. Gründungsmitglieder einen Juristen, der bereit ist, einen Rohentwurf zu erstellen.

ACHTUNG

SATZUNGSENTWURF MIT PC ERSTELLEN

Leider gelingt es nur in den wenigsten Fällen, auf Anhieb eine Satzung zu erstellen, die auch gleich die Zustimmung aller Beteiligten in der Gründungsversammlung findet. Kalkulieren Sie immer Änderungswünsche bzw. berechtigte inhaltliche Korrekturen mit ein. Spätere Änderungen machen Ihnen am wenigsten Arbeit, wenn Sie den Text auf dem PC erstellen. So können Sie den Satzungsentwurf auch gleich mehrfach ausdrucken, sei es zur Vorlage in der Gründungsversammlung oder auch schon zur Aushändigung an die ersten neuen Mitglieder während und nach der Versammlung.

SATZUNG BEIM AMTSGERICHT ZUR VORPRÜFUNG VORLEGEN ACHTUNG

Den erarbeiteten Satzungsentwurf sollten Sie vorsichtshalber bereits vor der Anmeldung zur Eintragung dem zuständigen Rechtspfleger beim Amtsgericht vorlegen. Gehen Sie davon aus, dass der Rechtspfleger spätestens bei der „offiziellen" Anmeldung die vorgelegte Satzung Punkt für Punkt überprüft. Enthält Ihre Satzung Schwachstellen bzw. Fehler, kann das Registergericht die Anmeldung davon abhängig machen, dass die beanstandeten Bestimmungen binnen einer gewissen Frist geändert werden. Im schlimmsten Fall erfolgt hier sogar eine komplette Zurückweisung der Anmeldung. Für diese Fälle kann sogar die Wiederholung der Mitgliederversammlung unter Vorlage des geänderten Satzungsentwurfs notwendig werden.

Die Rechtspfleger beim Vereinsregister sind zwar zur Erstprüfung nicht dazu verpflichtet, Ihren Satzungsentwurf im Vorhinein durchzusehen, aber die meisten Vereinsregister sind dazu bereit. Dabei ist es empfehlenswert, persönlich vorzusprechen. Zuständig ist hier das Registergericht beim Amtsgericht des vorgesehenen oder bereits vorhandenen Vereinsitzes.

Welche Formulierungen sind für die Steuern wichtig?

Es lohnt sich, den Satzungsentwurf zumindest in einzelnen Abschnitten mit der aktuell gültigen steuerlichen Mustersatzung von Anfang an abzustimmen. Denn: Selbst wenn das Vereinsregister die vorgelegte Satzung unbeanstandet zur Eintragung zulässt, kann es schon im ersten Geschäftsjahr des Vereins Probleme mit dem Finanzamt geben.

Damit die Gemeinnützigkeit des Vereins erreicht werden kann, verlangt das Finanzamt die Orientierung der sonst in rechtlicher Hinsicht voll gültigen Satzung an steuerlichen Mindestinhalten. In der Praxis lässt sich feststellen, dass sich in letzter Zeit – regional unterschiedlich je nach Finanzamt – die Satzungsbeanstandungen auch bei bereits eingetragenen Vereinen häufen. Bei mehr oder weniger großen Abweichungen zwischen der Vereinssatzung und den Formulierungen nach der jetzt sogar gesetzlich vorgegebenen Mustersatzung der Finanzverwaltung wird die Gewährung der Gemeinnützigkeit zurückgestellt und davon abhängig gemacht, dass in der nächsten Mitgliederversammlung eine Satzungsänderung bzw. Anpassung erfolgt. Die gerade aktualisierte Steuermustersatzung finden Sie im nachfolgenden Kapitel zur Gemeinnützigkeit.

ACHTUNG **AUCH DAS FINANZAMT BEIM SATZUNGSENTWURF UM HILFE BITTEN**

Hat Ihr Satzungsentwurf oder die geplante Satzungsänderung die hoffentlich positive Vorprüfung durch das Registergericht durchlaufen, sollte man sich persönlich unter Hinweis auf die anstehende Gründungs-/Mitgliederversammlung mit dem Finanzamt vor Ort in Verbindung setzen – gerade dann, wenn z. B. mit dem Vereinszweck gleich mehrere Ziele verfolgt werden oder Abweichungen von oder Ergänzungen zu den Formulierungshinweisen nach der Steuermustersatzung beabsichtigt sind. Zwar besteht auch dort kein „Rechtsanspruch" auf Vorprüfung, aber häufig hilft die hierfür zuständige Körperschaftsteuerstelle oder sogar auch spezielle fachlich zuständige Vereinsberater beim Finanzamt weiter, wenn gemeinnützigkeitsrechtliche Bedenken bereits im Vorfeld bestehen. Schreiben Sie das Finanzamt an und bitten Sie um ein kurzes persönliches Gespräch zum vorgelegten Satzungsentwurf.

Was muss auf jeden Fall in die Satzung?

Der Verein muss eine Satzung haben (§ 57 BGB). Die Satzung muss schriftlich und in deutscher Sprache vorliegen (§ 59 Abs. 2 BGB, §§ 8 FGG, 184 GVG).

Das Bürgerliche Gesetzbuch sieht für Satzungen bestimmte Mindestinhalte (§§ 57, 58 BGB) vor. Ohne deren Berücksichtigung wird die Satzung schon nach erster Durchsicht beim Vereinsregister beanstandet:

- Vereinsname (§ 57 Abs. 1 BGB)
- Vereinszweck (§ 57 BGB)
- Vereinssitz (§ 57 BGB Abs. 1 BGB)
- Eintragungswille und dokumentierte Angabe, dass der Verein ins Vereinsregister eingetragen werden soll (§ 57 Abs. 1 BGB)

Weitere notwendige Satzungsinhalte:

- Ein- und Austritt von Mitgliedern (58 Nr. 1 BGB)
- Pflicht zur Beitragszahlung (§ 58 Nr. 2 BGB)
- Bildung des Vereinsvorstands (§ 58 Nr. 3 BGB)
- Voraussetzungen zur Einberufung der Mitgliederversammlung
- Protokollierung von Beschlüssen

Vereinsname

Achten Sie darauf, dass sich der gewählte Vereinsname von den Namen der am selben Ort oder in derselben Gemeinde bereits bestehenden Vereine deutlich unterscheidet. Das Registergericht kann eine Vereinsanmeldung zurückweisen, weil die Unterscheidbarkeit von einem bereits vorhandenen anderen Verein nicht gewährleistet ist. Auch nach der Anmeldung kann ein bereits bestehender Verein mit gleichem oder sehr ähnlichem Namen, der zu Verwechslungen führen könnte, bei Nachweis eines berechtigten Interesses zivilrechtlich auf Unterlassung klagen – denn der eingetragene Vereinsname ist geschützt (§ 12 BGB). Zudem wären auch Vereinsembleme/-logos schutzfähig und sollten sich daher optisch auch unbedingt von denen bereits bestehender Vereine unterscheiden. Um Unterlassungsklagen wegen zu ähnlicher Namensgebung zu vermeiden, kann neben der Rückfrage beim Vereinsregister zum Abgleich von registrierten Vereinen eine Internetrecherche hilfreich sein. Denn noch existiert trotz rechtlicher Grundvorgaben kein dem Handelsregister ähnliches bundesweit geltendes deutsches Zentralregister.

Die sonst auch im kaufmännischen Verkehr geltenden Firmierungsgrundsätze (Grundsatz der Namenswahrheit nach § 18 Abs. 2 HGB) müssen ebenfalls beachtet werden. Der Name darf über das Alter, die Art, Größe oder über sonstige wesentliche Verhältnisse des Vereins keinerlei Anlass zu Täuschungen geben oder irreführend sein. Fehler werden hier beispielsweise oft bei geografischen Zusätzen oder Wortverbindungen gemacht, die bezüglich des eigentlichen Tätigkeitsbereichs des Vereins bzw. seiner Größe und Bedeutung zu einem falschen Eindruck führen können

(z. B. Deutscher Verein, Euroverein). In Einzelfällen ist es aber zulässig, dem Vereinsnamen einen regionalen Zusatz hinzuzufügen (z. B. XY - Verein Rheinland e. V.), wenn damit die Lage des Vereinssitzes und die regionalen Schwerpunkte der Vereinstätigkeit bewusst dokumentiert werden sollen (LG Mönchengladbach, Beschluss v. 7.4.2009, 5 T 96/09).

Besondere Vorsicht ist bei Wortbestandteilen im Vereinsnamen wie z. B. Institut, Verband, Kammer, Stiftung u. Ä. geboten, soweit der e. V. mit seinen geplanten jeweiligen Vereinszwecken und -zielen dies nach der Verkehrsanschauung (noch) nicht abdecken kann. Das Kammergericht Berlin lässt so z. B. die Benutzung des Begriffs „Akademie" im Vereinsnamen zu, wenn die wirtschaftliche Betätigung nur als Nebenzweck ausgeübt wird und sich außerdem der Nachweis einer gemeinnützigen Tätigkeit durch eine Anerkennung durch das Finanzamt ergibt (KG Berlin, Urteile v. 26.10.2004, I W 295/04, I W 269/04).

Bei Verwendung des Begriffs „Verband" im Vereinsnamen gibt es unterschiedliche Auffassungen bei einzelnen örtlichen Registergerichten bei den Amtsgerichten. Verlangt wird u. a. eine von Anfang an höhere Mitgliederzahl (zwischen 250 und 500), um bereits hierüber eine auf eine größere Zielsetzung ausgelegte Vereinsstruktur nachweisen zu können, oder ein Verein, der unabhängig von der Mitgliederzahl sich mindestens auf Landes- oder Bundesebene engagieren will. Zur Kritik und Lockerung der bisherigen Grundsätze bei Verwendung des Zusatzes „Verband der ..." beim Vereinsnamen siehe auch OLG Frankfurt, Beschluss v. 3.5.2011, HaufeIndex 2739299. Um Beanstandungen zu vermeiden, sollten Sie ggf. direkt Rücksprache mit dem zuständigen Rechtspfleger des Amtsgerichts nehmen.

Wenn ein Verein im Jahr 2011 gegründet wird, ist es ohne nachgewiesenen historischen Hintergrund (z. B. als nicht eingetragener bisheriger Traditionsverein) nicht möglich, dem Vereinsnamen willkürlich ältere Jahresangaben hinzuzufügen. Selbst Hinweise auf jahrzehntelange Aktivitäten als Interessengemeinschaft reichen nach der Rechtsprechung nicht aus. Dies führt dazu, dass man meist nur über eine Fusion mit einem bestehenden Verein mit älteren Jahres-/Gründungsangaben die häufig von Mitgliedern gewünschte Jahresangabe durchsetzen kann.

Ein reiner Fantasiename bzw. -begriff als Zusatz ist hingegen zwischenzeitlich möglich, soweit dadurch erkennbar keine Täuschung für die Zweckverfolgung eintritt. Allerdings dürfen auch hier nicht nachvollziehbare Buchstabenkürzel keinesfalls ausschließlich als Vereinsname verwendet werden. Wenn Sie ergänzend zum Namen noch gewählte Kürzel oder Abkürzungen verwenden möchten, denken Sie daran, dass diese dann nach Anmeldung fester Vereinsnamensbestandteil werden.

WORTMARKE ANMELDEN? ACHTUNG

Soweit Sie für Ihren Verein eine starke Konkurrenz durch weitere neu gegründete Vereine erwarten, z. B. bei der Aufnahme bestimmter Sportarten im Vereinsnamen, könnte daran gedacht werden, über eine Anmeldung als Wortmarke einen verstärkten Schutz des Vereinsnamens zu erreichen. Allerdings sind die Gebühren beim Bundespatentamt recht hoch (ca. 400 Euro, höhere Gebühren bei Weiterverlängerung in Abhängigkeit vom länderweiten Wirkungsbereich), auch wenn man die Anmeldung selbst übernimmt. Die Anmeldung als Bildmarke für das Vereinslogo wäre ebenfalls möglich.

Die Vorgaben für Erstanmeldung und Wirkungsbereich sowie weitere Hinweise bis hin zum Anmeldeformular enthält die Internetseite des Bundespatentamts.

Wollen Sie eine Vereinshomepage erstellen, können Sie sich über eine Domainanmeldung Ihren Internetauftritt sichern:

- Prüfen Sie zunächst für Ihren Verein, ob der vorgesehene Domainname überhaupt noch frei ist. Dies ist z. B. möglich für die Domainendung „.de“, wenn Sie die Internetadresse www.denic.de aufrufen. Dort finden Sie auch Links zu den für die anderen Domainendungen (.com, .org etc.) zuständigen Registrierungsstellen.
- Ist die gewünschte Domain noch nicht registriert, kann die Anmeldung direkt über die Seite der jeweiligen Registrierungsstelle erfolgen.

- Einfacher und meist günstiger ist der Weg über einen Provider, der auch Webspace für die Vereinshomepage zur Verfügung stellt. Häufig können hier – im Gegensatz zu den Registrierungsstellen – sogar verschiedene Domainendungen registriert werden.

Vereinssitz

Vereinsgründer müssen den (im Inland gelegenen) Vereinssitz festlegen und diesen in die Satzung aufnehmen. Die Wahl des Vereinssitzes darf keineswegs völlig willkürlich erfolgen. Sie müssen vielmehr den Mittelpunkt der Vereinstätigkeit zugrunde legen. Die Registergerichte prüfen durchaus nach, ob der in der Satzung angegebene Vereinssitz tatsächlich „Mittelpunkt des Vereinsgeschehens" ist. Nicht eintragungsfähig wären die allgemeine Angabe einer Geschäftsstelle, des Vereinslokals oder die Anschrift des jeweiligen Vorsitzenden. Die Angabe des Vereinssitzes ist außerdem auch maßgebend dafür, welches Registergericht und Finanzamt für den Verein zuständig ist.

Vom in der Satzung anzugebenden Vereinssitz (§ 24 BGB) zu unterscheiden ist die Bestimmung eines besonderen Verwaltungssitzes. Sie sollten also dem Vereinsregister eine weitere Adresse als Geschäftsstelle angeben, z. B. zunächst die Privatanschrift eines Vorstandsmitglieds. Klären Sie auch diese Frage kurz in der Gründungsversammlung ab. Eine Änderung – etwa wegen Wegzugs des zuständigen Mitglieds (einer der Vorstände, Schriftführer o. Ä.) oder die dann beabsichtigte Einrichtung einer Vereinsgeschäftsstelle in angemieteten Räumen – erfordert dann nicht gleich eine Satzungsänderung.

ACHTUNG

ADRESSE DER GESCHÄFTSSTELLE ANGEBEN

Auf jeden Fall sollte auf dem Vereinsbriefpapier und im Internetauftritt die Geschäftsstelle genannt werden (mit Telefon-, Faxnummer und/oder E-Mail-Adresse), damit Interessenten und potenzielle Mitglieder problemlos Kontakt aufnehmen können.

Vereinszweck

Die Angabe des Vereinszwecks ist eine Kernvorschrift für Vereinssatzungen (§ 57 Abs. 1 BGB). Das hiermit verfolgte Ziel dürfte klar sein: Durch die Angabe des Vereinszwecks in der Satzung sollen nicht nur die Vereinsmitglieder, sondern auch das Registergericht und die beteiligte Verwaltungsbehörde sowie außen stehende Dritte leicht erkennen können, welche Aufgaben und Ziele der Verein verfolgt.

Sie können bereits in der Satzung eine Änderung des Vereinszwecks ausschließen. Haben Sie dies in der Satzung nicht geregelt und wollen den Vereinszweck tatsächlich später einmal ändern, gilt dann allerdings die gesetzliche Einschränkung, dass Sie hierfür grundsätzlich die Zustimmung aller Mitglieder benötigen (§ 33 Abs. 1 Satz 2 BGB).

MEHRERE GLEICH- ODER NACHRANGIGE ZWECKE NENNEN ACHTUNG

Berücksichtigen Sie bereits in der Gründungssatzung, dass der Verein einen oder mehrere gleich- oder nachrangige Zwecke verfolgen kann. Eine knappe bzw. abstrakte Zweckangabe, jedoch relativ weit gefasst wegen der künftigen Betätigungen, erspart Ihnen spätere Satzungsänderungen. Sie sollten gegebenenfalls schon in der Gründungssatzung vorsehen, dass für eine Änderung des Vereinszwecks von der gesetzlich vorgegebenen Einstimmigkeit aller Mitglieder abgewichen wird und etwa die übliche Zweidrittel-Mehrheit ausreicht.

Es ist nicht leicht festzustellen, wann genau eine Zweckänderung vorliegt. Die Faustregel, dass der Nebenzweck nicht zum Hauptzweck werden darf, kann nur als ein Abgrenzungskriterium angesehen werden. Die folgenden Beispiele sollen Ihnen einige Anhaltspunkte liefern:

- Eine Zweckänderung liegt sicherlich dann vor, wenn der ursprüngliche Idealverein plötzlich verstärkt wirtschaftliche Interessen verfolgt.
- Unproblematisch ist es hingegen, wenn beispielsweise ein Sportverein eine weitere Sportart als Unterabteilung aufnimmt.

- Das Engagement eines Gesangsvereins auf dem Gebiet des Gartenbaus wäre ganz klar eine Zweckänderung.
- Relativ schnell ist man bei einer Zweckänderung, wenn z. B. andere Förderzwecke als bisher erfolgen sollen.
- Problematisch dürfte im Übrigen auch sein, wenn der Anschluss an eine übergeordnete Organisation (etwa einen Dachverband) geändert werden soll, v. a. wenn ein bestimmter Verbandsanschluss in der Satzung ausdrücklich verankert ist. Hier dürfte entscheidend sein, ob durch den erwogenen Verbandswechsel der mit dem Verein verfolgte eigentliche Zweck beeinträchtigt wird. Unproblematisch wären hingegen zusätzliche Verbandsanschlüsse mit gleicher erkennbarer übergeordneter Zweckverfolgung oder z. B. über den erfolgten Anschluss eines Landesverbands nach Satzung an einen Bundesverband.

Es ist daher durchaus auf die Sicht der Mitglieder abzustellen, ob der Verein damit seinen Charakter verändert oder nur eine geringfügige Satzungsanpassung der Zweckbestimmung vorgenommen wird.

Das Hauptproblem besteht regelmäßig darin, dass Sie einerseits die Zwecke und Ziele in der Vereinssatzung sehr konkret aufführen müssen, darüber hinaus aber dem Verein für die aktive Vereinsgeschäftsführung einen weiten Handlungsspielraum lassen wollen. Neben der Zielrichtung des Vereins, also einer langfristigen Aufgabenstellung, dürfen Sie wegen der angestrebten steuerlichen Vorteile außerdem die gemeinnützigkeitsrechtlichen Vorgaben nicht übersehen. Hinzu kommt, dass bereits seit 2007 auch durch die Neufassung des hierfür einschlägigen § 52 AO die einzelnen gemeinnützigen Zwecke neu festgelegt und erweitert wurden, jedoch mit einer genaueren, wenn auch sehr weitgehenden Aufzählung von gemeinnützigen Hauptzwecken, die eine Zuordnung ermöglicht. Ihr Vereinszweck muss sich bei angestrebter Gemeinnützigkeit dort unter den vorgegebenen Definitionen einordnen lassen. Wenn ein Schützenverein beispielsweise aus Traditionsgründen auch einen Spielmannszug unterhält, muss sich diese zusätzliche Vereinsaktivität, die eben nicht vom Sportbegriff abgedeckt ist, im Vereinszweck wiederfinden. Nehmen Sie im Zweifelsfall schon frühzeitig Rücksprache mit dem Finanzamt. Vergessen Sie dabei auch keinesfalls die sonstigen inhaltlichen Vorgaben nach der Steuermustersatzung.

VORSICHT BEI GESELLIGKEIT ALS VEREINSZWECK ACHTUNG

Vermeiden Sie auf jeden Fall allzu deutliche Hinweise auf Geselligkeit/Freizeitgestaltung und damit zusammenhängende Aktivitäten. Regelmäßig gibt es mit den Finanzämtern Probleme bei der Frage der Gemeinnützigkeit, wenn ersichtlich wird, dass neben dem Hauptziel des Vereins (z. B. Förderung von Sport, Musik, Kultur, Wissenschaft etc.) großer Wert auf Geselligkeit, Zusammengehörigkeit, Kameradschaftspflege o. Ä. gelegt wird.

Sowohl die Finanzämter als auch gelegentlich Gewerbetreibende überprüfen, ob der Verein sich nicht zu sehr in wirtschaftlicher Hinsicht engagiert. Jede Satzung muss die Einschränkung enthalten, dass der Verein nicht in erster Linie wirtschaftliche Zwecke verfolgt. Denn im Gegensatz zum Idealverein bedürfen wirtschaftliche Vereine der staatlichen Genehmigung.

HANDLUNGSRAHMEN ABSTECKEN ACHTUNG

Beim Vereinszweck sollten Sie nach der Hauptdefinition und gemeinnützigkeitsrechtlicher Zuordnung den sich daraus ergebenden Handlungsrahmen deutlich abstecken. Bei der optimalen Formulierung: „Der Satzungszweck wird insbesondere verwirklicht durch ..." deutet das Wort „insbesondere" darauf hin, dass keine abschließende Festlegung durch die aufgezählten Vereinstätigkeiten zur Verwirklichung der angestrebten Vereinszwecke erfolgen soll.

Eine Aufzählung von Aktivitäten führt zunächst einmal dazu, dass die Geschäftsführung des Vereins ermächtigt ist, ggf. ohne besondere Zustimmung der Mitgliederversammlung bestimmte Maßnahmen, Veranstaltungen etc. durchzuführen. Beschränken Sie sich allerdings auf einige wenige Kernaussagen, sonst kommt es leicht zu dem Vorwurf, Sie betreiben über diesen Zusammenschluss vorrangig geschäftliche Aktivitäten. Bei der Aufzählung der zu verwirklichenden Ziele könnte auch der länderübergreifende, internationale und EU-weite Erfahrungsaustausch mit aufgenommen werden, soweit dies später beabsichtigt ist.

Unproblematisch sind Hinweise auf die Durchführung von Fortbildungs- und Ausbildungsveranstaltungen, Seminaren etc. zur Verwirklichung des Vereinszwecks, selbst wenn sich später einmal zeigt, dass die Durchführung zentraler Veranstaltungen schon fast ein Seminar-Management erfordert. Möglich sind beispielsweise auch unverbindliche Formulierungen, dass Maßnahmen durchgeführt werden können, die dem Verein zur Förderung und Gewährleistung bestimmter Aufgaben geeignet erscheinen.

Um nicht vielleicht nach zwei bis drei Jahren erfolgreicher Vereinstätigkeit zu riskieren, dass Ihnen unter dem Vorwurf einer gewerblichen Tätigkeit die Gemeinnützigkeit versagt wird, sollten Sie bei Bedarf eine intensivere steuerliche bzw. rechtliche Beratung in Anspruch nehmen, auch um den möglichen späteren Vorwurf bei der Gemeinnützigkeitsüberprüfung durch das Finanzamt, dass bestimmte im Vereinsinteresse mitverfolgte Zwecke oder Vereinsaktivitäten nach den aufgeführten Vereinszwecken nicht abgedeckt seien, zu vermeiden.

Die Mitgliedschaft im Verein

Das Gesetz sagt nicht direkt etwas darüber aus, wie sich der Ein- bzw. Austritt eines Mitglieds im Verein zu vollziehen hat. Verlangt wird jedoch, dass die Satzung eine bestimmte Regelung über den Eintritt neuer Mitglieder enthält, die für sich betrachtet nicht gegen rechtsstaatliche Prinzipien verstößt. Über die Satzung kann festgelegt werden, dass ein bestimmtes Vereinsorgan (Vorstand/Mitgliederversammlung) zuerst über einen Aufnahmeantrag entscheiden muss. Damit kann ein Recht auf unbedingte Aufnahme ausgeschlossen werden. Die Ablehnung eines Bewerbers muss allerdings in sachlicher Hinsicht gerechtfertigt sein, denn die Rechtsprechung neigt dazu, insbesondere bei Vereinen und Verbänden mit einer gewissen Monopolstellung einen Aufnahmezwang anzunehmen.

Verständigen Sie sich in der Satzung oder in einer separaten Beitragsordnung, die nach der Satzung verbindlich ist, auch über die Arten der Mitgliedschaften: aktive/passive Mitglieder, abgegrenzt auch von Fördermitgliedschaften mit ggf. beschränkten Mitgliedschaftsrechten, bis hin zu Ehrenmitgliedschaften. Legen Sie die damit jeweils verbundenen Rechte und Pflichten vor allem wegen der finanziellen Leistungspflichten fest.

Die Mitgliedschaft wird also über die Vereinsmitgründung und Beitrittserklärung oder später durch Eintritt erworben. Ob die Abgabe einer Beitrittserklärung genügt oder erst ein Aufnahmeantrag an den Vorstand mit dessen Genehmigungsvorbehalt gestellt werden muss, sollte klar in der Satzung geregelt sein.

ABLEHNUNG EINES BEWERBERS ACHTUNG

Um zu verhindern, dass ein Bewerber gleich juristisch gegen ein abgelehntes Aufnahmegesuch vorgeht, sollten Sie dem Vorstand über die Satzung die Kompetenz zur Aufnahme zugestehen. Sehen Sie außerdem vor, dass die Ablehnung nicht noch schriftlich (nachprüfbar) begründet werden muss. Allerdings darf die Ablehnung keinesfalls diskriminierend sein – die bereits seit August 2006 geltenden Vorgaben nach dem Allgemeinen Gleichbehandlungsgesetz (AGG) müssen beachtet werden.

Zu unterscheiden ist hiervon die oft sachlich gebotene Aufnahmebeschränkung bei Vereinen nach bestimmten Berufsgruppen bzw. Kapazitäten. Möglich sind daher sowohl Begrenzungen hinsichtlich der Mitgliederzahl (z. B. beim Tennisclub wegen begrenzter Plätze, beim Ruder- oder Segelsport) als auch hinsichtlich objektiver Kriterien (z. B. abhängig vom Wohnsitz, persönlichen Qualifikationen etc.).

AUFNAHMEANTRÄGE VORBEREITEN ACHTUNG

Bereiten Sie gleich für die Gründungsversammlung fertige Aufnahmeanträge vor. Damit erreichen Sie, dass neben den Gründungsmitgliedern ggf. anwesende Interessenten, vielleicht sogar Vertreter aus dem öffentlichen Leben wie z. B. Gemeinderäte, Bürgermeister etc. spontan eintreten können – ggf. auch nur als passive Mitglieder.

Für den Vereinsaustritt sieht § 39 Abs. 1 BGB vor, dass dieser satzungsmäßig nicht beschränkt, der Austritt jedoch von Kündigungsfristen abhängig gemacht werden kann. Länger als zwei Jahre darf ein Mitglied über Kündigungsfristen insgesamt nicht an den Verein gebunden werden. Üblich ist die ordentliche Beendigung des Mitgliedschaftsverhältnisses durch schriftliche Quartalskündigung zum Ende eines Kalenderjahres. Eine Kündigung zum Halbjahr hat ggf. den Nachteil, dass der einkalkulierte Jahresbeitrag bei der Finanzplanung entfällt.

Die Form der abzugebenden Austrittserklärung kann relativ frei gewählt werden. Üblich ist die Schriftform. Die Nichteinhaltung bestimmter Formvorschriften berührt nicht die Wirksamkeit der Austrittserklärung des Vereinsmitglieds, wenn z. B. das Vorstandsmitglied direkte Kenntnis vom beabsichtigten Austritt, etwa durch einen einfachen Brief statt eines Einschreibens, erhalten hat. Nicht vergessen: Der Verein benötigt bereits für die Eintragung nach § 59 Abs. 3 BGB mindestens sieben Mitglieder. Sinkt die Zahl später aber auf unter drei Mitglieder herab, kann die Rechtsfähigkeit nach vorheriger Anhörung vom Registergericht entzogen werden (§ 73 BGB).

In der Satzung muss festgelegt werden, dass von den Mitgliedern Leistungen erbracht werden. Üblich sind feste Mitgliedsbeiträge, ggf. kombiniert mit Aufnahmegebühren. Es können aber auch Sachleistungen oder persönliche Leistungen vorgesehen werden (wie etwa bei Fördervereinen: Pflicht zur Übernahme eines Vereinsamts). Sind nach der Satzung nur Mitgliedsbeiträge zu erbringen, können keine Umlagen oder Sonderbeiträge verlangt werden. Hierfür ist eine gesonderte Beschlussfassung der Mitgliederversammlung notwendig. Zudem geht dies keinesfalls rückwirkend; zur Erhebung von künftigen Umlagen muss dies satzungsmäßig sogar mit Obergrenzen in der Satzung bereits beim Stichwort „Mitgliedsbeiträge" mit verankert sein. Die genaue Höhe des Mitgliedsbeitrags können Sie auch dem Mitglied überlassen (häufig bei karitativen Vereinen). Möglich ist auch eine sachlich begründete Beitragsdifferenzierung für einzelne Mitglieder oder Gruppen (Aktiven-/Passivenbeitrag, Abhängigkeit vom Umsatz, z. B. bei Gewerbetreibenden).

HÖHE DER BEITRÄGE NICHT IN SATZUNG AUFNEHMEN ACHTUNG

Selbst wenn regelmäßige Mitgliedsbeiträge verlangt werden, sollten diese nicht unbedingt der Höhe nach in der Satzung auftauchen, da spätere Erhöhungen eine Satzungsänderung notwendig machen. Es genügt der Hinweis, dass ein Vereinsorgan (Vorstand, Mitgliederversammlung) die Höhe der Beiträge festlegt.

Empfehlenswert ist daher der Hinweis in der Satzung, dass die Höhe der Mitgliedsbeiträge in einer separaten Beitragsordnung festgelegt ist, die von der Mitgliederversammlung erlassen und geändert werden kann. Wichtig ist – auch zur Erhaltung der Mitgliederzahlen –, die Beitragsstaffelung nach Alter und/oder finanzieller Leistungsfähigkeit sehr sensibel zu regeln, insbesondere im Jugend- und Seniorenbereich. Um Mitglieder zu halten, achten viele Vereine auf attraktive Beitragsstrukturen: Sie ermöglichen z. B. neben günstigen Familienbeiträgen befristete Mitgliedschaften, „Schnuppermitgliedschaften“ u. Ä. Oder Sie ermöglichen den Mitgliedern beim mehrgliedrigen Verein, alle Abteilungsangebote zu nutzen.

Hinweis: Prüfen Sie bei befristeten Mitgliedschaften unter einem Jahr unbedingt, ob diese Zeitmitgliedschaft über vorhandene Rahmenverträge der Verbände versicherungsrechtlich insbesondere bei der Sportausübung abgesichert ist. Wenn nicht, sollten Sie ggf. eine „Nichtmitgliederversicherung“ gegen Unfälle abschließen!

DIFFERENZIERUNGEN NACH VERSCHIEDENEN MITGLIEDSCHAFTEN ACHTUNG

Der Verein hat ordentliche Mitglieder, Fördermitglieder und Ehrenmitglieder. Es könnten dann z. B. folgende Differenzierungen vorgesehen werden:

- Die normalen Mitgliedschaftsrechte stehen den ordentlichen Mitgliedern zu, egal ob es sich dem Status nach um aktive oder passive Mitglieder handelt. Für beide gibt es keinerlei Einschränkungen bei der Willensbildung oder Ausübung von Stimmrechten.

- Bei Fördermitgliedern kann das aktive Stimmrecht ausgeschlossen werden. Die Beteiligung am Verein beschränkt sich dann auf die ideelle und natürlich finanzielle Unterstützung.
- Ernannte Ehrenmitglieder behalten ihren vollen Mitgliedschaftsstatus, sind jedoch von der Beitragzahlung befreit.

Bei größeren Vereinen, vor allem Verbänden, aber auch bundesweit arbeitenden größeren Organisationen als e. V. werden häufig zudem zweistufige Gliederungen zur Ausübung von Mitgliedschaftsrechten in der Satzung vorgesehen, um bei vielen Mitgliedern nicht zu große Mitgliederversammlungen durchführen zu müssen: So erfolgt zunächst die Wahl von Delegierten, die ihrerseits über die Delegiertenversammlung in einem etwas kleineren Kreis für die notwendigen Beschlüsse zusammen mit dem Vorstand/Präsidium sorgen und auch die Wahlen etc. auf dieser Ebene durchführen.

Eine ordnungsgemäße Beitragserhöhung ist im Übrigen kein Grund für das „unzufriedene“ Mitglied, die Mitgliedschaft sofort durch fristlose Kündigung zu beenden – nach der Einzelfallrechtsprechung allenfalls bei Beitragserhöhungen um mindestens 40 bis 50 %. Rückständige Mitgliedsbeiträge verjähren übrigens erst nach drei Jahren, vom Ende des Jahres an gerechnet, in dem der Betrag zu zahlen war. Allerdings gehört es auch zu den Aufgaben eines sensiblen Kassierers, im Interesse der Gleichbehandlung die Beiträge zeitnah anzufordern.

ACHTUNG

LASTSCHRIFTEN ODER EINZUGSERMÄCHTIGUNGEN

Sehen Sie gleich von Anfang an oder auch nachträglich über Beschluss der Mitgliederversammlung vor, dass Mitgliedsbeiträge nur per Lastschrift oder Einzugsermächtigung eingezogen werden. Das spart Erinnerungen und Mahnkosten! Zudem sollten in einer Beitragsordnung die weiteren Regelungen zur finanziellen Abwicklung von Mitgliedschaftsverhältnissen enthalten sein.

Welche Regelungen gelten für minderjährige Mitglieder?

Sowohl für die Mitgliedschaft als auch für die damit unter Umständen verknüpfte Beitragszahlungspflicht gilt: Minderjährige Vereinsgründer oder Mitglieder bedürfen, da es sich um ein Rechtsgeschäft handelt, der gesetzlichen Vertretung durch Eltern bzw. Erziehungsberechtigte. Zwischen dem siebten und noch nicht vollendeten 18. Lebensjahr kann der Vereinsbeitritt wirksam erfolgen, wenn dies für den Minderjährigen einen rechtlichen Vorteil bringt oder keine vermögensrechtlichen Belange berührt werden. Zwar kann der Minderjährige einen rechtsgültigen Vertrag abschließen, wenn er damit verbundene finanzielle Verpflichtungen aus Mitteln bestreitet, die ihm von den Eltern zur freien oder zu diesem Zweck zur Verfügung gestellt wurden (der sogenannte Taschengeldparagraf, § 110 BGB). Dies kann jedoch bei Dauerverpflichtungen (Jahresbeiträge etc.) problematisch werden.

AUFNAHME VON MINDERJÄHRIGEN ! ACHTUNG

Holen Sie bei der Aufnahme von Minderjährigen auf jeden Fall zur Sicherheit die Unterschrift der Eltern/des Erziehungsberechtigten als Zustimmung zur Aufnahme und ausdrückliche Erklärung zur Übernahme der finanziellen Verpflichtungen ein. Mit der generellen Zustimmung ist auch die Ausübung des Stimmrechts in der Mitgliederversammlung verbunden, soweit die Satzung keine Beschränkung auf Volljährige vorsieht.

Die Abgrenzung, wann ein Minderjähriger als „ausreichend mündig" für die Vereinsmitgliedschaft angesehen wird, ist nicht einfach. Wer als Jugendlicher bereits in einer Ausbildung steht, wird wohl auch ermächtigt sein, ohne weitere ausdrückliche Genehmigung eine Vereinsmitgliedschaft einzugehen. Diese Grundsätze gelten sowohl für die Gründung als auch für die spätere Mitgliedschaft.

Der gesetzliche Vertreter kann entweder vor dem Vereinseintritt des Jugendlichen seine Einwilligung erteilen (§ 107 BGB) oder nachträglich (§ 108 BGB). Ein minderjähriges Mitglied kann mit Zustimmung seines gesetzlichen Vertreters auch ein Vorstandsamt ausüben. Allgemein bestand bislang in der Vereinspraxis die Tendenz, in der Satzung die Volljährigkeit als Grundlage zur Ausübung des Stimmrechts und zur Wählbarkeit zu verankern. Zwischenzeitlich wird nun häufiger in der Vereinssatzung festgelegt, dass im Interesse der Einbindung von Jugendlichen in das Vereinsgeschehen das aktive Wahlrecht z. B. ab vollendetem 16. Lebensjahr vorgesehen, teilweise auch mit passivem Wahlrecht, also Wählbarkeit.

ACHTUNG **JUGENDORDNUNG EINRICHTEN**

Eine weiter gehende Einbindung und Beteiligung von Jugendlichen an vereinsinternen Meinungsbildungsprozessen kann man z. B. über eine separat zu beschließende Jugendordnung oder eine Abteilungsordnung erreichen: Damit hätten Jugendliche z. B. zwischen dem 14. bis 18. Lebensjahr auch Stimmrechte oder wären wählbar.

Wie kann ich die Beitragszahlung durchsetzen?

In der Regel werden durch den Aufnahmevertrag, selbst mit Zustimmung der gesetzlichen Vertreter, lediglich die Minderjährigen rechtlich verpflichtet. Daher kann es für den Verein Probleme geben, einen fälligen Mitgliedsbeitrag gegenüber dem jugendlichen Mitglied, aber auch gegen den gesetzlichen Vertreter durchzusetzen. Wenn die Zahlungsverpflichtung gleich in der Beitrittserklärung festgehalten wird, hat dies den Vorteil, dass auch bei späteren Änderungen der Beitragsordnung oder bei ggf. notwendigen Sonderumlagen für den Verein Klarheit über die Leistungspflicht besteht.

BEISPIEL **ARBEITSSTUNDEN ODER ZAHLUNGEN**

Die Mitgliederversammlung beschließt die Änderung der Beitragsordnung dahin gehend, dass bestimmte „Arbeitsstunden" geleistet werden müssen, die sich bei Nichterbringung in eine Umlage-Zahlungsverpflichtung umwandeln.

ERWEITERUNG DER HAFTUNG AUF GESETZLICHE VERTRETER ACHTUNG

Nach der neueren Rechtsprechung muss ein Verein, der die Haftung auch auf die gesetzlichen Vertreter der minderjährigen Mitglieder erstrecken will, dies nicht nur in der Satzung eindeutig formulieren. Er muss auch sicherstellen, dass der gesetzliche Vertreter, wenn er die Aufnahme beantragt, entsprechend belehrt wird: dass nämlich die erteilte Zustimmung nicht nur für den Vereinsbeitritt, sondern auch für die eigene Haftung für Mitgliedsbeiträge, Umlagen etc. gilt. Das OLG Hamm (Beschluss v. 13.09.1999, 15 W 195/99) verlangt dafür ausdrücklich eine separate Zusatzvereinbarung. Eine solche Klausel könnte wie folgt lauten:

Ich/wir, der/die gesetzliche/n Vertreter, stimme/n dem Beitritt meines/unseres Kindes (Name, Anschrift, Geburtsdatum) zu.

(Unterschrift der/des gesetzlichen Vertreter/s)

Neben der Einwilligung zum Beitritt meines/unseres Kindes als minderjähriges Vereinsmitglied erkläre/n ich/wir im Weiteren die Verpflichtung zur gesamtschuldnerischen Übernahme der sich aus der Vereinsmitgliedschaft ergebenden künftigen Beiträge/Umlagen/Zahlungsverpflichtungen.

(Name/Anschrift der/des gesetzlichen Vertreter/s)

Welche Stimmrechte haben die Jugendlichen?

Neben der Frage der finanziellen Verpflichtung für einen Minderjährigen sollte sich der Verein auf jeden Fall Klarheit darüber verschaffen, welche Stimmrechte jugendliche Mitglieder erhalten sollen. Es muss in der Satzung berücksichtigt werden, wenn Sie beabsichtigen, dass ein Mitglied z. B. erst ab einem bestimmten Alter ein (eigenes) aktives Stimmrecht haben soll.

Bei Mitgliederversammlungen muss also der Versammlungsleiter, soweit in der Satzung nicht geregelt, darauf achten, ob ein beschränkt geschäftsfähiges Vereinsmitglied zur Stimmabgabe selbst berechtigt ist. Wenn keine schriftliche Erklärung des/der Erziehungsberechtigten vorliegt und auch über die Beitrittserklärung keine globale Zustimmung erkennbar ist, muss der Versammlungsleiter die Stimmabgabe nach § 111 Satz 2 BGB zurückweisen da sie unwirksam ist.

Meist wird die Volljährigkeit, also die Vollendung des 18. Lebensjahrs, festgeschrieben. Soweit Ihr Verein jüngere Mitglieder hat, sollten Sie die Ausübung der Mitgliedschaftsrechte über eine separate Jugendordnung berücksichtigen. Ansonsten sollten Sie das Alter für das Stimmrecht in der Satzung durchaus herabsetzen, zum Beispiel mit folgendem Passus: „Mitglieder ab dem vollendeten 16. Lebensjahr haben das aktive Stimmrecht in der Mitgliederversammlung."

Kann ein Heranwachsender Vorstand werden?

Unabhängig von den nachfolgenden Hinweisen ist auch der Jugendliche grundsätzlich „wählbar", es sei denn, die Satzung sieht hierfür Volljährigkeit vor. Aber: Spätestens nach der Wahl muss unbedingt die Einverständniserklärung des/der Erziehungsberechtigten eingeholt werden. Lassen Sie sich am besten mit der Bereitschaft zur Kandidatur gleich schriftlich die Zustimmung zur Annahme und Ausübung des Ehrenamts erteilen.

Zur Bildung des Vereinsvorstands

Die Satzung muss Aussagen darüber enthalten, wie sich der Vorstand zusammensetzt, also ob aus einer oder mehreren Personen. Für den e. V. benötigt man somit auf jeden Fall zumindest einen Vorstand. Entscheidend ist die Berücksichtigung des Passus „Vorstand im Sinne des § 26 BGB ist ..." in der Gründungssatzung. Geht man nach dem Gesetz, genügt ein Vorstand. Aber ausgehend von der Notwendigkeit, die Aufgaben auf mehrere Schultern zu verteilen, auch für den Fall der persönlichen Verhinderung, sollte selbst bei Neugründungen bereits die erweiterte Vertretungsregelung vorgesehen werden.

Zulässig und üblich ist daneben auch die Berücksichtigung eines sog. Gesamt- oder erweiterten Vorstands, einer Vorstandschaft, eines Präsidiums, geschäftsführenden Vorstands u. Ä. Die Anzahl der Personen kann hier in das Belieben der Mitglieder gestellt werden, wobei nicht zwangsläufig alle Positionen im Gesamtvorstand, die in der Satzung vorgesehen sind, auch tatsächlich gleich besetzt sein müssen. Möglich ist übrigens auch die Besetzung einzelner Positionen mit Nichtmitgliedern, soweit die Satzung dies nicht einschränkt.

Die Satzung muss aber auf jeden Fall klare Aussagen über die Vertretungsbefugnis des sog. gesetzlichen Vertreters im Sinne des § 26 BGB enthalten. In der Vereinspraxis wird es bei der wichtigen Frage, ob man gleich mehrere vertretungsberechtigte oder auch geschäftsführende Vorstände wählen lässt, vor allem auf die Größe des Vereins ankommen. Üblich sind zwei Vorstände, meist als 1. und 2. Vorstand bzw. stellvertretender Vorstand bezeichnet. Je nach Aufgabenverteilung und Zielrichtung werden aber durchaus auch weitere vertretungsberechtigte Vorstände mitbestellt. Im Sport- oder musikalischen Bereich ist neben dem 1. und dem 2. Vorstand häufig auch der Vereinskassierer bzw. Schatzmeister weiterer gesetzlicher Vertreter, bei kulturellen oder wissenschaftlich orientierten Vereinen alternativ oder zusätzlich zum Vereinskassierer auch der Schriftführer. Soweit Einvernehmen bei den Gründungsmitgliedern darüber besteht, wie viele Vorstände als gesetzliche Vertreter bestimmt werden sollten, ist hierzu unbedingt gleich die Frage der Einzel- bzw. Gesamtvertretungsbefugnis zu klären.

Grundsätzlich können Sie für jedes vertretungsberechtigte Vorstandsmitglied eine Einzelvertretungsbefugnis vorsehen. Diese können Sie insofern beschränken, als das betreffende Vorstandsmitglied aufgrund der Einzelvertretungsbefugnis Rechtsgeschäfte nur bis zu einem bestimmten Betrag und z. B. unter Ausschluss einer Kreditaufnahme zulasten des Vereins tätigen darf.

Ausgehend vom Vieraugenprinzip wird man in der Vereinspraxis überwiegend eine Gesamtvertretungsbefugnis antreffen können. Das bedeutet, dass z. B. der 1. und 2. Vorstand den Verein gemeinsam vertreten oder – soweit mehrere vertretungsberechtigte Vorstände vorhanden sind – dass jeweils zwei Vorstandsmitglieder als gesetzliche Vertreter für den Verein gerichtlich und außergerichtlich im Sinne des § 26 BGB handeln.

VERTRETUNGSBERECHTIGUNG BEI KLEINEREN VEREINEN ACHTUNG

Bei kleinen und mittelgroßen Vereinen empfiehlt sich durchaus die Einzelvertretungsberechtigung für zwei Vorstandsmitglieder. Allerdings sollten Sie beachten, dass es ggf. Probleme geben kann, wenn z. B. der 1. Vorstand erkrankt, der 2. Vorsitzende längere Zeit auf Dienstreise ist etc. In einer solchen Situation sollten Sie über einen internen Vorstandsbeschluss des Gesamtvorstands ein weiteres Vorstandsmitglied bevollmächtigen, intern die Vertretung zu übernehmen.

Die Vertretungsbefugnis des Vorstands kann in der Satzung beschränkt werden. Sie können dem vertretungsberechtigten Vorstand durch die Satzung die Ausführung einzelner Geschäfte völlig untersagen oder nur mit der Auflage genehmigen, dass einzelne Vereinsorgane (Vorstandschaft/Mitgliederversammlung) ausdrücklich zustimmen. Bei kleineren Vereinen ist der Abschluss von Rechtsgeschäften gelegentlich der Höhe nach beschränkt. Die Beschränkung muss sich im Rechtsverkehr für die Außenwirkung unbedingt aus der Satzung ergeben; sie ist also auch im Vereinsregister einzutragen (§ 64 BGB) und damit auch für jeden Geschäftspartner erkennbar.

BEISPIEL **BESCHRÄNKUNG DER VERTRETUNGSMACHT**

„Die Vertretungsmacht des vertretungsberechtigten Vorstands wird dahin gehend beschränkt, dass er bei Rechtsgeschäften und rechtlichen Verpflichtungen des Vereins bei mehr als ... Euro je Einzelfall, bei Grundstücksgeschäften/Kreditaufnahmen und Erteilung von Bürgschaften generell verpflichtet ist, zuvor die Zustimmung des Gesamtvorstands einzuholen."

Soweit der 1. Vorstand die zentrale Führungskraft im Verein sein soll, etwa auch dokumentiert durch die Bezeichnung „Präsident“ u. Ä. kann durchaus auch eine Vertretungsregelung dahin gehend gewählt werden, dass der 1. Vorstand jeweils gemeinsam mit einem weiteren vertretungsberechtigten Vorstandsmitglied den Verein vertritt. Bei dieser Konstellation gilt also auch das Vieraugenprinzip, wobei hier in Bezug auf die Außenwirkung auf jeden Fall die Unterschrift des 1. Vorstands notwendig wird. Soweit mehrere Vorstandspositionen nach der Satzung vorgesehen sind, könnte z. B. auch der 1. Vorsitzende eine Einzelvertretungsbefugnis erhalten, ansonsten könnte die Vertretungsregelung jeweils zwei Vorstandsmitglieder vorsehen.

Dabei benötigt das Vereinsregister die genauen Angaben zur Eintragung nur der in der Satzung genannten und gewählten Vorstandsmitglieder nach § 26 BGB namentlich. Mitglieder des erweiterten Vorstands, egal mit welchen Funktionsbezeichnungen, Beisitzer etc. werden nur eingetragen, falls sie nach Satzungswortlaut zu den vertretungsberechtigten Vorstandsmitgliedern nach § 26 BGB gehören.

Wichtig ist die Einhaltung der BGB-Vorgabe, dass der Verein auf jeden Fall ein Vorstandsmitglied haben muss. Es gibt keine verbindlichen Vorgaben, dass ein Verein in der Vorstandschaft Beisitzer oder bestimmte andere Positionen besetzen muss.

ANZAHL DER BEISITZER NICHT GLEICH FESTLEGEN ACHTUNG

Wie aus den Mustersatzungen ersichtlich, empfiehlt es sich, nicht gleich von Anfang an eine ganz genaue Anzahl der zu wählenden Beisitzer festzulegen. Denn gelegentlich gibt es nicht genügend Kandidaten. Empfehlenswert ist also die Formulierung, dass bis zu x Beisitzer gewählt werden können.

Wenn der Beisitzer Mitglied des Vorstands ist, hat er auch die Rechte und Pflichten eines Vorstandsmitglieds. Soweit nicht ausdrücklich vorgesehen, ist der Beisitzer jedoch meist ein nicht vertretungsberechtigter Vorstand. Der Beisitzer hat das Recht und die Pflicht, an Vorstandssitzungen teilzunehmen. Seine Stimme zählt daher bei allen innerhalb der Vorstandschaft/dem Präsidium anfallenden internen Abstimmungen. Soweit nicht anders geregelt, gilt das Mehrheitsverhältnis bei Vorstandsabstimmungen. Für „Patt-Situationen“ könnte dem 1. Vorstand durch eine Stimmenverdoppelung letztendlich die Entscheidungsbefugnis zugebilligt werden.

Bei Vereinen mit kultureller oder karitativer/kirchlicher Zielsetzung und entsprechendem Vereinszweck wird häufig bereits über die Satzung vorgesehen, dass bestimmte Amtspersonen oder Vertreter der öffentlichen Einrichtungen/Behörden eine (nicht zur Wahl stehende) Vorstandsposition erhalten. Dies kann der jeweilige Amtsinhaber sein oder man überlässt die

Position einem benannten Vertreter der Behörde/Institution. Infrage kommen beispielsweise bei kirchlich orientierten Vereinen/Sozialstationen der Pfarrer, bei Heimat- oder Denkmalvereinen der Bürgermeister etc.

ACHTUNG

GESCHÄFTS- UND VORSTANDSORDNUNG FESTLEGEN

Bei größerer Gesamtvorstandschaft ist eine satzungsunabhängige, vereinsinterne Geschäfts- und Vorstandsordnung empfehlenswert. Zu den Inhalten siehe das Kapitel „Wann brauchen wir Richtlinien und Ordnungen?".

Bei Vereinen mit mehreren Abteilungen sollte geprüft werden, ob die ihrerseits über Abteilungsordnungen gewählten Abteilungsleiter/-vorstände nicht automatisch über die Hauptsatzung der Vorstandschaft bzw. dem Präsidium angehören sollen. Abschließende Empfehlung zur Vorstandsbesetzung: Egal wie die Funktionsbezeichnung nun lautet (Rechner, Schatzmeister, Kassierer o. Ä.), die mit dieser wichtigen Funktion betraute Person sollte auch wegen des internen Informationsaustauschs zum vertretungsberechtigten, geschäftsführenden Vorstand nach § 26 BGB und wegen der Kassenführung sicher auch zum engeren geschäftsführenden Vorstand gehören.

Das Problem dabei ist die Besetzung von ehrenamtlichen Vorstandspositionen. Zu viele Vorstandspositionen in der Satzung ziehen auch die Notwendigkeit von deren Besetzung aus dem Kreis der Mitgliedschaft nach sich. Zeigt sich nach der Gründung, vielleicht schon in den ersten beiden Vereinsjahren, dass es an der Bereitschaft zur Mitwirkung im Vorstandsamt mangelt, sollte die Satzung angepasst werden. Teilweise sehen Satzung zudem vor, dass eine Ämterhäufung ausgeschlossen ist.

Mindestinhalte in der Satzung berücksichtigen!

Umfang und Inhalt der Satzung sollten sich zunächst am verfolgten Zweck des künftigen Vereins orientieren. Die Faustregel, dass man nicht unbedingt alle nur erdenklichen Einzelfallregelungen aufnehmen sollte, gilt auch hier. Kurz gefasste, für nicht juristisch vorgebildete Mitglieder verständliche Satzungsinhalte sind hier zu empfehlen.

Natürlich: Die zuvor vorgenannten Mindestinhalte müssen berücksichtigt werden. Ausführliche Satzungen sind für künftige Großvereine mit regelungsbedürftigen Vereinsorganen oder Positionen mit großer Einflussnahme sinnvoll. Werden Dritte, etwa Gemeinden oder andere Körperschaften, mit in den Verein eingebunden, dann gilt hier besondere Vorsicht bezüglich der Einflussnahme und des Wirkungskreises – hier muss eine gezielte Regelung getroffen bzw. bereits eine Abstimmung im Vorfeld erreicht werden.

SATZUNG DEM FINANZAMT ZUR PRÜFUNG VORLEGEN ACHTUNG

Wenn Sie den Gemeinnützigkeitsstatus anstreben, sollten Sie unbedingt die wenigen, aber sehr wichtigen Formulierungen aus der Steuermustersatzung einbauen. Legen Sie das Satzungskonzept vor der endgültigen Beschlussfassung in Zweifelsfällen dem Finanzamt mit der Bitte um Prüfung vor.

Wie steuere ich einen Verein mit mehreren Abteilungen?

Eigentlich können Sie stolz darauf sein, wenn Ihr Verein gleich mehrere Abteilungen mit vielen Möglichkeiten für die Mitglieder hat. Meist wird dies bei der Vereinsgründung noch gar nicht einkalkuliert.

INTERNE VEREINSAUFGLIEDERUNG BEISPIEL

Mit einer Vereinsgründung soll die Ausübung einer bestimmten Sportart bzw. eines bestimmten kulturellen oder musischen Zwecks beabsichtigt werden. Schon nach kurzer Zeit haben sich Gruppen gebildet, die innerhalb des Vereins eine Möglichkeit suchen, ihre speziellen Interessen auszuüben. Damit steht eine interne Vereinsaufgliederung zur Diskussion an.

Selbst bei einem unveränderten allgemeinen Vereinszweck kann sich ein Handlungsbedarf im Jugend- oder Seniorenbereich ergeben. Anschauliche Beispiele für eine interne Vereinsaufgliederung sind die bereits vor vielen Jahren gegründeten allgemeinen Sportvereine: Ein „Verein für Rasenspiele“ kann eigentlich unzählige Abteilungen haben. Auch eine allgemein als „Verein für Leibeserziehungen/Turnverein“ bezeichnete Körperschaft wird einen Regelungsbedarf haben, wenn sich etwa aus Mitgliederinteresse eine aktive, sportlich orientierte Tanzgruppe bildet.

Aufgliederung in Satzung verankern

Über die Gründungssatzung können Sie eine solche Aufgliederung bereits „festschreiben“. Nehmen Sie eine Formulierung auf, dass der Verein eine oder mehrere Abteilungen einrichten kann. Schwierig wird es bei einem bestehenden Verein, der z. B. ausdrücklich nur zwei in der Satzung genannte Abteilungen hat und in dem nun weitere Abteilungen eingeführt werden sollen. Hier ist grundsätzlich, soweit in der Satzung nichts anderes geregelt ist, ein Beschluss der Mitgliederversammlung einzuholen. Zudem muss diese Satzungsänderung dann dem Registergericht mitgeteilt werden.

ACHTUNG

IM SPORTBEREICH: VERBAND FRAGEN

Soweit der Verein an Wettkämpfen teilnimmt, wird schon vonseiten des Verbandes verlangt, dass eine separate Jugendabteilung inkl. Jugendordnung geführt wird. Klären Sie diese Frage unbedingt vorab mit dem übergeordneten Verband!

ACHTUNG

STELLUNG DES ABTEILUNGSLEITERS

Eine Vereinsabteilung kann im Regelfall nicht als selbstständiges Rechtssubjekt tätig werden, kann also nicht unter ihrem Namen z. B. klagen oder verklagt werden. Sie sollten also innerhalb der Vorstandschaft klären, welche rechtliche Stellung ein Abteilungsleiter im Verein haben soll.

Ist der Abteilungsleiter nicht Mitglied des vertretungsberechtigten Vorstands (im Sinne des § 26 BGB), darf er grundsätzlich nicht für den Verein handeln, es sei denn, er hat eine besondere Vollmacht erhalten oder wird in der Satzung als besonderer Vertreter des Vereins (nach § 30 BGB) berücksichtigt und wegen dieser Funktion dann auch ins Vereinsregister eingetragen.

Wie selbstständig kann eine Vereinsabteilung werden?

Wenn eine Abteilung besondere Erfolge verzeichnen kann und/oder im Vergleich zu anderen Abteilungen über eine hohe Mitgliederzahl verfügt, kann es Reibungspunkte und ernsthafte Auseinandersetzungen geben. Denn eine erfolgreiche Abteilung will natürlich mehr Selbstständigkeit. Sie benötigt oft auch umfangreichere finanzielle Mittel vom Verein, um die erreichten Erfolge halten bzw. ausbauen zu können.

In finanzieller Hinsicht ist sicherlich die Selbstständigkeit der einzelnen Abteilungen im Rahmen des Haushaltsplans gewollt. Die Abteilung hat dann ein eigenes Abteilungsbudget, wobei sich der notwendige finanzielle Rahmen meist nach der Anzahl der Abteilungsmitglieder richtet. Dies sollte deshalb so eingerichtet werden, damit die entsprechende Mittelverteilung bei der Gesamthaushaltsplanung berücksichtigt werden kann.

Ein Grundsatz muss jedoch stets beachtet werden: Jede Abteilung ist steuerlich nur eine unselbstständige Untergliederung des Hauptvereins, selbst wenn der Abteilungsvorstand die Möglichkeit zur eigenverantwortlichen Verfügung über die Abteilungsmittel/-kasse hat. Rechtlich verpflichtet wird in der Außenwirkung stets der e. V. Dies bedeutet dann aber auch, dass zumindest die Hauptbuchhaltung, der Kassierer des Hauptvereins, über alle finanziellen Vorgänge zur Vorbereitung des eigenen Abschlusses und Rechenschaftsberichts informiert sein muss.

Der Gesamtvorstand sollte darauf achten, dass er eine Vollständigkeitserklärung der angeschlossenen Abteilungen zum Ende eines Vereinsjahres erhält, mit der Bestätigung, dass sämtliche Einnahmen und Ausgaben gegenüber der Hauptbuchhaltung offengelegt wurden. Denn nur so ist es dem Hauptverein möglich, seinen Steuerpflichten umfassend nachzukommen, da dem Verein die Abteilungsumsätze grundsätzlich zugerechnet werden.

Der Streit um höhere Abteilungsmittel kann leider manchmal bis zur Forderung nach rechtlicher Ausgliederung aus dem Verein führen. Selbstverständlich ist es grundsätzlich möglich, dass eine Abteilung eine eigene Rechtsfähigkeit erlangt. Für diesen Fall müsste sie einen eigenen e. V. gründen – verbunden mit einer eigenen Satzung, einem unabhängigen Vorstand und allen weiteren rechtlichen und natürlich auch steuerlichen

Verpflichtungen. Aber aufgepasst: Der neue e. V. kann schnell zum Konkurrenten werden.

ACHTUNG

ABSPALTUNG/VERSCHMELZUNG

Soweit bei einem bestehenden e. V. Vermögenswerte oder -teile abgespalten werden, um die Gründung eines neuen Rechtsträgers zu ermöglichen, ist das recht schwierige Umwandlungsrecht zu beachten (insbesondere §§ 123 ff. UmwG). Vor diesem Schritt muss unbedingt eine intensive rechtliche und steuerliche Beratung in Anspruch genommen werden. Zudem ist eine notarielle Mitwirkung erforderlich. Dies gilt auch für den Zusammenschluss mit einem anderen Verein.

Die Zusammenarbeit mit Verbänden, Vereinen und Behörden

Die individuelle Vereinssatzung sollte sich auch an bereits vorliegenden Satzungen von Dachverbänden oder größeren, der Zielrichtung nach vergleichbaren Organisationen orientieren. Zudem besteht häufig eine mehr oder weniger notwendige Anschlusspflicht an diese übergeordneten Institutionen. Dies kann sich z. B. im sportlichen Bereich dadurch ergeben, dass nur ein Wettkampfbetrieb möglich ist, wenn von dort auch Zuschüsse zu erhalten sind, oder bei musikalischer Zweckverfolgung, um auch an musikalischen Leistungswettbewerben o. Ä. teilnehmen zu können.

Die in den übergeordneten Vereinen geltenden Ordnungsbestimmungen können etwa durch die Berücksichtigung der Zugehörigkeit zum Verband bereits in der Satzung des „Kleinvereins" für Verein und Mitglieder verbindlich werden. Auch wegen der Auswirkungen des neuen Spendenrechts – mit Festlegung und eindeutiger Definition der förderungswürdigen Zwecke – sollten Sie bei Fragen schon frühzeitig Rücksprache mit dem übergeordneten Verband nehmen.

Soweit die Teilnahme am Wettkampfsport angestrebt wird, sollte gleich von Anfang an die Verpflichtung zur Anerkennung der übergeordneten Verbandsregeln und Bedingungen durch eine entsprechende Formulierung in den Satzungsbestimmungen (Zweck des Vereins oder bei Regelungen zur Mitgliedschaft) berücksichtigt werden.

Strebt ein Sportverein einen Verbandsanschluss an, können Sie dies bereits in die Gründungssatzung aufnehmen (etwa unter § 2 zum Zweck des Vereins): „Der Verein ist Mitglied des Landessportverbands ..., dessen Ordnungen und Satzungsinhalte ergänzend gelten und für die Mitglieder im aktiven Bereich verbindlich sind." Nicht zu vergessen ist die häufig erst nach Verbandsanschluss mögliche Gewährung von Zuschüssen im Sport- oder Musikbereich: Denn meist sind für die Antragstellung auf Übungsleiter- oder auch Bau- und Instandhaltungs- oder Zuschüsse bei Kooperation mit Schulträgern die (über)regionalen Verbände zuständig.

Was tun, wenn sich Vereine zusammenschließen wollen?

Gesunkene Mitgliederzahlen innerhalb eines Gebiets oder die Konkurrenzsituation bei Einzelvereinen mit annähernd gleichem Vereinszweck und gleichen Vereinszielen führen häufig zu Überlegungen, ob man sich nicht zu einem Gesamtverein zusammenschließen solle. Soweit die bisher jeweils getrennten Vereinsvorstandschaften – unter Ausnutzung eines auch etwas erhöhten Vereinskapitals – langfristig unter einem gemeinsamen Dach nicht nur Mitglieder halten, sondern dazu gewinnen wollen, müssen wiederum die besonderen Vorgaben des Umwandlungsgesetzes beachtet werden. Natürlich ist hier die Zustimmung der Mitgliederversammlung notwendig.

ARBEITSGRUPPE BILDEN ! ACHTUNG

Soweit eine derartige Fusion im Raum steht, sollten Sie unbedingt mithilfe einer Arbeitsgruppe zwischen beiden Vereinen vorab klären, welche organisatorischen Schritte erforderlich sind, über welche konkreten Gestaltungshinweise Sie die Mitglieder frühzeitig informieren wollen und wie die Satzung für den neuen Gesamtverein aussehen soll.

Was ist ein Vereinsverband?

BEISPIEL **VEREINSVERBAND**

In der Stadt X schließen sich mehrere Vereine mit musikalischer/kultureller Zielrichtung zusammen, um nicht nur eine bessere Veranstaltungskoordination zu erreichen, sondern auch einen Ansprechpartner für die Stadt oder sonstige Institutionen und Behörden bereitstellen zu können. Außerdem soll der Vereinsverband aufgrund seiner Rechtsfähigkeit Veranstaltungen mit eigenem wirtschaftlichem Risiko durchführen können.

Bei einem Vereinsverband handelt es sich meist um einen Zusammenschluss mehrerer (nicht)rechtsfähiger Vereine, die jeweils als Einzelmitglied Anschluss an den Verband haben. Der Verband kann sich im Regelfall selbstständig als e. V. organisieren, aber auch als Anstalt bzw. Körperschaft des privaten oder öffentlichen Rechts oder auch als Genossenschaft als verantwortlicher Rechtsträger auftreten. Bei der Gründung eines e. V. oder nicht rechtsfähigen Vereins bestimmt die Verbandssatzung im Einzelnen, inwieweit aktive Mitgliedschaftsrechte bestehen. Dort wird auch geregelt, wie die Mitgliedschaftsrechte wahrgenommen werden (über einen besonderen Vertreter des Einzelvereins etc.). Nach der Zielrichtung ist der Vereinsverband natürlich eine Art Interessengemeinschaft mehrerer Vereine. Oft wird er aber zur Integration vieler aktiver Vereinsgemeinschaften in räumlich abgegrenzten Gebieten (z. B. bekannte Stadtverbände als e. V.) unabhängig von der Zweckverfolgung der beteiligten angeschlossenen Mitglieder genutzt, um damit übergreifend den Erfahrungsaustausch und unabhängig von anderen übergeordneten Verbandsgremien auch Bürgerinteressen durch Angebote/gemeinsame Veranstaltungen etc. transparent der Allgemeinheit darlegen/anbieten zu können.

GEMEINNÜTZIGKEITSSTATUS FÜR VERBANDSANSCHLUSS ACHTUNG

Verbände, die in der Rechtsform des e. V. organisiert sind (Kreis-, Landes-, Bundesverband etc.), sollten darauf achten, dass die angeschlossenen Vereine auf jeden Fall den Gemeinnützigkeitsstatus besitzen – wegen der Weitergabe öffentlicher Zuschüsse sowie der steuerlichen Vorgaben zur Gemeinnützigkeit.

Bei den vom Finanzamt bereits geprüften Vereinen sollte dem Verband ein Nachweis vorliegen (z. B. Freistellungsbescheinigung, vorläufige Bescheinigung bei neu gegründeten Vereinen). Soweit ein dem Verband angeschlossener Verein noch nicht steuerlich erfasst ist, benötigt dieser zumindest eine Versicherung, dass Geschäftsführung und Satzung den rechtlichen Vorgaben für die Gemeinnützigkeit entsprechen. Es ist davon auszugehen, dass bei der Überprüfung der Gemeinnützigkeit des Verbands auch die angeschlossenen Vereine geprüft werden. Es ist also auch für den Verband empfehlenswert, den angeschlossenen Vereinen die Möglichkeit einzuräumen, Satzungen den steuerlichen Vorgaben anzupassen und sich damit den Gemeinnützigkeitsstatus bestätigen zu lassen.

Wo liegt der Unterschied zu einer Vereinsgemeinschaft?

Häufig wollen sich Vereine mit verschiedenen Zielrichtungen nur für bestimmte Ereignisse zusammenschließen, um z. B. eine zentrale Veranstaltung durchführen zu können. Meist sind es besondere Jubiläen – sei es der Gemeinde/Stadt oder einzelner Vereine – oder auch zentrale (z. B. die Woche des Sports) oder kulturelle Veranstaltungen, bei denen man als Veranstalter auftreten und mit der Unterstützung der zahlreichen Mitglieder der beteiligten Vereine rechnen will. Ein wirklicher Verband soll dabei nicht gegründet werden.

Spätestens dann, wenn sich zwei oder mehrere Vereine zusammentun, um einen gemeinsamen Zweck zu verfolgen, liegt eine BGB-Gesellschaft vor. Wichtig ist, dass sich die Vereine untereinander über die elementaren Bestandteile einer derartigen Vereinbarung verständigen:

- Wer tritt als Veranstalter auf, wenn ein größeres Fest mit den Vereinen durchgeführt wird?

- Wer ist verantwortlich für die Vereinsgemeinschaft (über gemeinsamen Ausschuss klären!)? Sind die Versicherungsrisiken geklärt?
- Wer beantragt eine separate Steuernummer beim Finanzamt?
- Welche Regelungen sollen für die Gewinn- oder Verlustbeteiligung gelten?

ACHTUNG

GEMEINSAME AUFGABEN FESTLEGEN

Nicht immer muss es hierbei um wirtschaftlich relevante Gemeinschaftsaufgaben gehen. Denkbar sind auch Projektgruppen, um vor Ort gemeinsam Nachwuchsarbeit, Jugend- oder Seniorenförderung zu ermöglichen oder um z. B. eine gemeinsame Geschäftsstelle zu führen – mit einer gemeinsam finanzierten Kraft etc. Wichtig ist hierbei jedoch die Klärung der steuerlichen Vorgaben sowie ergänzend der haftungsrechtlichen Konsequenzen (Versicherungen!).

Tritt eine Vereinsgemeinschaft als eine auch vom Finanzamt anerkannte BGB-Gesellschaft auf, werden die anteiligen Einnahmen den einzelnen Vereinen zugeordnet. Mit diesem Modell lässt sich auch vermeiden, dass der einzelne Verein als selbstständiger Veranstalter über die 35.000-Euro-Zweckbetriebsgrenze rutscht, was ggf. körperschaftsteuerliche Konsequenzen zur Folge hätte.

ACHTUNG

„SPIELGEMEINSCHAFTEN"

Um am Wettkampfbetrieb teilnehmen zu können (v. a. im Jugendbereich), werden oft Spielgemeinschaften mit Aktiven aus zwei bis drei Vereinen gebildet. Auch hier sollte auf eine nachvollziehbare Abrede etwa über einen BGB-Gesellschaftsvertrag geachtet werden. Steuerlich ist dies meist nicht relevant. Die Vereine sollten aber unbedingt die versicherungsrechtlichen Konsequenzen über eine Auskunft beim angeschlossenen Verband oder einem Versicherungsbüro prüfen. Diese Gemeinschaft darf auch wegen des fehlenden Gemeinnützigkeitsstatus keine Spendenbescheinigungen ausstellen oder sonstige steuerliche

Vorteile in Anspruch nehmen. Bei eingesetzten Arbeitnehmern – Übungsleitern und Trainern – muss auf die Zuordnung zum jeweiligen Verein geachtet werden. Auch die steuerfreie Übungsleitervergütung oder eine Aufwandsvergütung nach dem Ehrenamtsfreibetrag muss über den beteiligten e. V. erfolgen – unabhängig von der internen Kostenaufteilung zwischen den Beteiligten.

Wann brauchen wir Richtlinien und Ordnungen?

Ausgehend von der Satzung als Kernstück der Beziehungen der Mitglieder untereinander ist es heute in der Vereinspraxis üblich, weitere Entscheidungsgremien für die Bewältigung organisatorischer Aufgaben vorzusehen. Beispielsweise können Sie über die Satzung den Vorstand ermächtigen, dass er bestimmte Ordnungen zur internen organisatorischen Struktur erlassen kann, etwa eine Haushalts- und Finanzordnung oder eine Verwaltungs-, Ehrengerichts-, Spiel- oder Jugendordnung. Sobald aber Mitgliederrechte unmittelbar berührt werden, z. B. bei Beitrags- oder Ehrenordnungen, müssen Sie dies in die Mitgliederversammlung als Tagesordnungspunkt einbringen und die Zustimmung der Mitglieder einholen.

NICHT ZU VIELE GLOBALE ERMÄCHTIGUNGEN ACHTUNG

Globale Ermächtigungen für Vorstandsentscheidungen ohne Anrufung der Mitgliederversammlung bringen häufig nicht nur Unzufriedenheit, sondern führen in der Vereinspraxis auch oft zu gerichtlichen Auseinandersetzungen, insbesondere wenn elementare Mitgliedschaftsrechte direkt oder indirekt berührt werden. Selbst wenn die Satzung bereits vorsieht, dass ein anderes Vereinsorgan als die Mitgliederversammlung, also z. B. der Vorstand, ermächtigt wird, dürfen Sie die Bekanntgabe über die Mitgliederversammlung hinaus, z. B. in der Vereinszeitung oder in einem Aushang etc., nicht vergessen!

Der Vorteil: Ordnungen oder auch ergänzende Richtlinien entlasten inhaltlich die Vereinssatzung und geben nur den grundsätzlichen ergänzenden

Geltungs- und Anwendungsbereich für die Vereinsmitglieder vor. Dabei dürfen die einzelnen inhaltlichen Hinweise in Ordnungen und Richtlinien keinesfalls nur durch den Verweis in der Satzung weiter gehen als die vorrangig wirkende Satzungsregelung.

Von ergänzenden Verbandsordnungen und Richtlinien zu trennen sind die vereinsinternen Ordnungen und Richtlinien. Es ist dann häufig Sache der Mitgliederversammlung, über weitere vereinsinterne Ordnungen zu beschließen, soweit keine ausdrückliche Ermächtigung für den Vorstand besteht. Die Ehrenordnung, Straf- oder Disziplinarordnung oder die Beitragsordnung bis hin zu einer Reisekostenordnung enthalten verbindliche ergänzende Vorgaben für Mitglieder, die wiederum für das Mitgliedschaftsverhältnis rechtliche Bedeutung haben. Dabei kann die rechtliche Verbindlichkeit nur dann herbeigeführt werden, wenn die Vereinssatzung diese Wirkung vorsieht und die Verabschiedung durch wirksamen Beschluss des zuständigen Organs zustande gekommen ist.

Gehört es also bereits über die Gründungssatzung zu den Aufgaben der Mitgliederversammlung, dass diese über weitere Ordnungen und vereinsinterne Richtlinien beschließen muss?

Dazu noch ein gezielter Hinweis zur Vereinsgründung selbst. Ist es von Anfang an notwendig, eine (interne) Vorstandsordnung zu beschließen? Auch wenn dies in der Gründungsversammlung noch nicht zum vorrangigen Handlungsbedarf gehören wird, sollte zweckmäßigerweise in der Gründungssatzung daran gedacht werden, dass mit einer Ermächtigung (zuständige Beschlussfassung zur Verabschiedung und späteren Änderungen durch die Mitgliederversammlung oder den Vorstand?) die Möglichkeit für diese zumindest später häufig notwendige Vorstandsgeschäftsordnung vorgesehen wird.

Denn häufig werden Gründungssatzungen dadurch inhaltlich überfrachtet, dass zahlreiche Einzelregelungen zu Vorstandssitzungen satzungsmäßig aufgeführt werden. Einmal unabhängig von der schnell feststellbaren Tatsache, dass die Zusammenarbeit der ehrenamtlichen Vorstände häufig dem tatsächlichen Geschäftsführungsbedarf angepasst werden muss: Auch wenn der Verein seine Aktivitäten später vorantreibt und neue Aufgaben auf die Führung zukommen, kann es sich dringend empfehlen, über separat geregelte Ablaufvorgänge vorstandsintern die einzelnen Zuständigkeiten, Verantwortungsbereiche bis hin zu Repräsentationsaufgaben klar nachvollziehbar festzuhalten. So sind die Kompetenzen trotz allgemeiner Vertretungsbefugnis nach § 26 BGB sichergestellt und das fachlich zuständige Vorstandsmitglied erhält in Sitzungen jederzeit Grundinformationen und Sachstandsberichte, um die Entscheidungskompetenz hiernach beurteilen zu können. Es besteht dann auch die Möglichkeit, für anstehende Neuwahlen die Aufgabenstellung dieser Vereinsführungsposition geeigneten und interessierten Nachfolgekandidaten konkret zu erläutern. Dies kann durchaus auch haftungsrechtliche Konsequenzen haben, soweit es um die persönliche Haftung für die Bereiche Steuer und Sozialversicherung nach der Abgabenordnung, dem Spendenrecht oder dem Sozialgesetzbuch als gesetzlicher Vertreter gehen kann. Ergeben sich über eine vorliegende Vorstandsregelung klar nachvollziehbare Zuständigkeitsregeln, kann dies bei fahrlässigen „Fehlern" im finanziellen Bereich zu Haftungsfreistellungen von anderen Vorstandsmitgliedern von Anfang an führen.

Bei Abstimmungen über Ordnungen/Richtlinien in der Mitgliederversammlung gilt – soweit in der Satzung nichts anderes vereinbart ist – für Anträge zur Beschlussfassung die einfache Mehrheit. Dies gilt dann auch für den Fall, dass später die Ordnung geändert werden soll. Allerdings wird in der Vereinspraxis etwa für eine Änderung der Beitragsordnung oft vorgesehen, dass zur späteren Ordnung der Vorstand diese Ermächtigung erhält. Denn vorrangig wird der Vorstand die finanzielle Situation des Vereins beurteilen können und auch Beitragserhöhungen herbeiführen müssen. Teilweise wird auch der Vorbehalt aufgenommen, dass die nachträgliche Zustimmung zur Änderung über eine Mitgliederversammlung statt nur über eine bloße Information erfolgen muss.

Jetzt wird es ernst: die Gründungsversammlung

Sie haben gemeinsam mit Ihren Gründungsmitgliedern bereits die wichtigsten Vorarbeiten geleistet: Eine nach Ihren Vereinszielen und künftigen Interessen ausgerichtete Satzung liegt vor, vielleicht haben Sie auch bereits ein vorläufiges Okay durch das Vereinsregister oder das Finanzamt erhalten. Jetzt geht es darum, nicht nur die Vereinsgründer, sondern auch weitere Interessenten und vielleicht auch künftige Mitglieder an einen Tisch zu holen! Sie benötigen also einen Ort, wo Sie in Ruhe den formalen Akt der Gründungsversammlung durchführen können – z. B. in Ihren Privaträumen oder im Nebenzimmer einer Gaststätte. Wichtig ist, dass Sie Ihre Gründungsmitglieder schriftlich zur Gründungsversammlung einladen und eine vorläufige Tagesordnung beifügen.

Bereits die erste Einladung zu einer ersten Mitgliederversammlung nach Gründung, die per Brief verschickt wird, kann schnell den noch kleinen Vereinsetat durch Portokosten belasten. Prüfen Sie daher mit Ihren Gründungsmitgliedern, ob man nicht andere Einladungsformen statt dem üblichen Postweg in der Satzung vorsehen sollte:

- Möglich ist z. B., die Einladung und Tagesordnung in einem amtlichen Mitteilungsblatt in der vereinsansässigen Gemeinde, in einer bestimmten in der Satzung zu bezeichnenden Tageszeitung vor Ort oder am Schwarzen Brett/Aushang für Mitteilungen im Vereinsheim (soweit bereits vorhanden) bekannt zu geben oder

- sämtliche Benachrichtigungen, aber auch Einladungen zu Mitgliederversammlungen ergänzend per E-Mail zu verschicken.

- Die vorgesehene und bisher übliche Schriftfform nach § 126 Abs. 3 BGB mit einfachem Brief kann zwar auch durch elektronische Übermittlungsformen ersetzt werden. Für den Versand könnte also theoretisch statt eines einfachen Briefes auch das Versenden per E-Mail als (notwendige) Satzungsregelung aufgenommen werden. Rein praktisch dürfte es aber Probleme geben, da tasächlich von allen Mitgliedern die E-Mail-Adressen vorliegen müssen. Bei einem kleineren Verein mit nur wenigen Mitgliedern ist das vielleicht noch lösbar, bei größeren Vereinen schon nicht mehr. Einzelne Vereinsregister verweigern daher bei ausschließlicher E-Mail-Einladung derzeit noch die Eintragung einer geänderten Satzungsregelung bei bestehenden Vereinen mit bislang anderen Einladungsformen.

Die Einladung zur Gründungsversammlung sollte neben allen sonstigen diese Tagesordnungspunkte enthalten:

- Beschluss über die Vereinsgründung,
- Beschlussfassung über den beigefügten Satzungsentwurf,
- Wahlen,
- Festsetzung der Mitgliedsbeiträge/Verabschiedung einer ersten Beitragsordnung oder vorläufige Festsetzung der Beitragshöhe und Zahlungsmodalitäten,
- Erstellung der ersten Mitgliederliste,
- Veranstaltungsvorschau, Termin für erste Vorstandssitzung.

SOLLEN WIR BEREITS DIE PRESSE INFORMIEREN? ACHTUNG

Vorsicht – schon bei so mancher Gründungsversammlung hat sich eine lebhafte Diskussion entwickelt, die nicht unbedingt gleich in der Presse nachgelesen werden muss. Besser: Rechtzeitig vor der Versammlung Rücksprache mit der örtlichen Presse nehmen mit dem Angebot, dass Sie einen Bericht über die Gründungsversammlung liefern.

Welche Unterlagen müssen wir vorbereiten?

Zunächst einmal sollten Sie für jeden Teilnehmer nochmals

- eine Kopie der Einladung mit der vorläufigen Tagesordnung der Gründungsversammlung auslegen sowie
- entsprechend viele Kopien der vorgesehenen Satzung. Bewahren Sie allerdings die Originalsatzung für die spätere Unterschrift zunächst sorgfältig bei sich auf.

Bereiten Sie eine Teilnehmerliste vor. Diese Liste sollten Sie zur Dokumentation der Beschlussfähigkeit in jeder Versammlung separat führen. Sie sollten für die Verwendung in späteren Versammlungen noch eine Spalte für die Angabe zum „Status“ des Teilnehmers vorsehen. Denn es gibt nicht nur „echte“, stimmberechtigte Mitglieder, sondern auch Gäste, Interessenten, Vertreter des öffentlichen Interesses (Stadt- oder Gemeinderäte, Behördenvertreter), Verbandsfunktionäre oder auch Pressevertreter. Die Mitglieder kreuzen dann ihren Status an, z. B. „ordentliches Mitglied“ (aktiv/passiv) – zum späteren Nachweis der Stimmberechtigung.

Grundsätzlich gilt für die Abstimmung, dass nunmehr nach §§ 32,33,41 S. 2 BGB die Mehrheit der abgegebenen Stimmen der anwesenden, stimmberechtigten Mitglieder zählt. Genauere Vorgaben enthält dann die Satzung, auch zur konkreten Frage, welche qualifizierten Mehrheiten für welche Beschlussfassungen erforderlich sind. § 33 BGB sieht für Satzungsänderungen die Mehrheit von drei Vierteln der abgegebenen Stimmern vor, bei Zweckänderung sogar die Zustimmung aller Mitglieder, wobei die nicht Anwesenden dies schriftlich erklären müssen.

Überwiegend werden diese BGB-Vorgaben jedoch in der Satzung modifiziert.

Welche Ämter müssen verteilt werden?

Für die Versammlung sollten Sie nach Möglichkeit (vorher) einen Versammlungsleiter finden, diesen in der Versammlung kurz vorstellen und die Zustimmung für ihn einholen. Ein anderer Vereinsvorstand, Verbandsfunktionär, Gemeinderat oder eine sonstige Person Ihres Vertrauens wird diese Position sicherlich übernehmen. Es gilt dann, nach Eröffnung der Versammlung entsprechend der Tagesordnung den Versammlungsleiter zu bitten, die Gründungsversammlung komplett durchzuführen. Außerdem muss die Versammlung einen Protokollführer bestimmen. Geben Sie auch unbedingt zu Beginn der Sitzung die Anwesenheitsliste herum: Die Anwesenden sollten ihre Daten eintragen und angeben, ob sie als Mitglied beitreten wollen oder nur aus sonstigen Gründen anwesend sind.

Damit Ihr Verein aktiv werden kann, sollte gleich in der Gründungsversammlung die erste Wahl abgehalten werden. Zweckmäßigerweise bespricht man die Übernahme von Positionen schon vorher, um bei mehreren Interessenten größere Diskussionen zu vermeiden. Allerdings sind die Vorgaben für das Wahlverfahren strikt nach der Satzung zu beachten. Achten Sie darauf, dass nur die tatsächlich stimmberechtigten und dem Verein beigetretenen Mitglieder abstimmen, nicht etwa sonstige Teilnehmer. Ist der Vorstand gewählt, kann z. B. der 1. Vorsitzende die weitere Versammlung führen und die Leitung übernehmen. Oder es führt bis zum Punkt „Wahlen" einer der später zur Wahl vorgesehen Vorstandsmitglieder, mit protokollierter Zustimmung zur Versammlungsleitung. Dann könnte bei den Wahlen eine andere Person, etwa der bei Gründung als Repräsentant anwesende Bürgermeister, zur Sicherstellung der Unabhängigkeit den Wahlablauf übernehmen.

Unter Hinweis auf nachfolgende Ausführungen zu Wahlen bei der Mitgliederversammlung muss penibel auf die ordnungsgemäße Durchführung geachtet werden, von der Bereitschaft zur Kandidatur über das nach Satzung vorgesehene Wahlverfahren (geheim, durch Handheben), die genaue Erfassung des rechnerischen Ergebnisses bei ausschließlicher Berücksichtigung von Ja- bzw. Neinstimmen der stimmberechtigten Mitglieder (Enthaltungen bleiben unberücksichtigt) bis hin zur notwendigen Frage nach Annahme der Wahl als notwendige Bestätigung des erfolgreichen Kandidaten.

Klärungsbedürftig entsprechend der Tagesordnung sind danach auch die mit den Mitgliedern abgestimmte Beitragshöhe, die Art der Beitragserhebung sowie die Beschlussfassung über eine Beitragsordnung. Theoretisch könnten dann bereits am Ende der Versammlung Beitrittserklärungen ausgelegt und von interessierten Teilnehmern unterschrieben werden. Schon hier sollte darauf geachtet werden, dass man im Einvernehmen mit den Mitgliedern das Lastschriftverfahren vorsieht. Wichtig ist insgesamt die richtige Protokollführung über den Versammlungsverlauf und die Beschlussfassungen. Das schriftliche Protokoll muss später auch dem Vereinsregister vorgelegt werden, mit erkennbaren Unterschriften des Protokollführers sowie eines Vorstandsmitglieds, soweit die Satzung keine anderen Vorgaben enthält. Ein Muster für Einladung. Teilnehmerliste und Protokoll finden Sie auf Ihrer CD.

Sieben Mitglieder müssen unterschreiben

Mindestens sieben Mitglieder müssen die Gründungssatzung, möglichst vor Ort, eigenhändig unterschreiben. Dies kann schon in der Gründungsversammlung geschehen, wenn die vorbereitete Satzung nur geringfügig geändert wird. Die Originalsatzung wird nach Unterschrift zum wichtigsten Dokument für alle nachfolgenden organisatorischen Schritte. Es bleibt zunächst dem Vorstand überlassen, ob eine neutralisierte Fassung der Originalsatzung (etwa durch die Abspeicherung im PC) erstellt wird, die man den schon beigetretenen Gründungsmitgliedern oder auch Interessenten zur Verfügung stellt.

ACHTUNG

ERMÄCHTIGUNG ZU GERINGFÜGIGEN SATZUNGSÄNDERUNGEN

Das Risiko notwendiger Satzungsänderungen können Sie dadurch geringer halten, dass Sie sich als gewählter vertretungsberechtigter Vorstand bereits bei der Gründungsversammlung ermächtigen lassen, bei Beanstandungen vonseiten des Registergerichts oder durch das Finanzamt geringfügige Änderungen oder Ergänzungen vorzunehmen. Halten Sie diese Zustimmung durch die Mitglieder im Protokoll fest.

So melden Sie den Verein zum Vereinsregister an

Idealvereine müssen zur Erlangung der Rechtsfähigkeit nach der Vereinsgründung den Vorgang beim Vereinsregister anmelden. Zuständig ist das Amtsgericht, bei dem der Verein seinen künftigen Sitz hat. In Ausnahmefällen gibt es ein bestimmtes Amtsgericht, das für mehrere kleinere Amtsgerichtsbezirke zuständig ist, d. h. dort das Register führt. Auskunft über die Zuständigkeit erteilt ggf. ein Amtsgericht vor Ort. Eingetragen werden dort dann der Name des Vereins mit dem Zusatz „eingetragener Verein“ oder mit dem Kürzel „e. V“, dazu der Sitz, der Tag der Satzungserrichtung, Name, Geburtsdaten und Wohnorte der Vorstandsmitglieder sowie die Regelungen zur Beschlussfassung des vertretungsberechtigten Vorstands (§ 64 BGB).

Welche Unterlagen werden benötigt?

Mit dem Anmeldeschreiben müssen Sie die Urschrift der Satzung vorlegen, aus der sich auch die (mindestens) sieben Originalunterschriften der Gründungsmitglieder ersehen lassen.

AUF LESERLICHE NAMEN ACHTEN ACHTUNG

Achten Sie darauf, dass die Vor- und Nachnamen der Unterzeichner leserlich sind – einzelne Registergerichte verlangen dies. Man kann auf der Originalsatzung neben der Unterschrift den Namen in Blockschrift hinzufügen.

Soweit bei der Gründung auch juristische Personen als Gründungsmitglieder mitwirken wollen, muss man doppelt aufpassen. Denn auch bei juristischen Personen (z. B. GmbH) müssen ergänzend Handelsregisterauszüge neueren Datums vorgelegt werden, aus denen die Vertretungsberechtigung erkennbar ist. Falls nicht vertretungsberechtigte Mitarbeiter bei der Gründung mitwirken, muss zudem auch noch eine separate Vollmacht – ausgestellt von den Vertretungsberechtigten der juristischen Person – mit eingereicht werden. Unproblematischer lässt sich dies lösen, wenn mindestens sieben natürliche Personen die Satzung unterschreiben, also nicht für ihr Unternehmen handeln. Denn auch eine GmbH, weitere Personen/Gesellschaften können selbstverständlich auch später noch als Gründungsmitglied geführt werden.

Fügen Sie Ihren Unterlagen für das Registergericht zudem eine Abschrift oder Fotokopie des Gründungsprotokolls bei.

Unterschriften durch Notar beglaubigen lassen

Der vertretungsberechtigte Vorstand (im Sinne des § 26 BGB) muss eine Beglaubigung seiner Unterschriften auf dem Anmeldeschreiben vorlegen. Zuständig für die Unterschriftsbeglaubigung ist in aller Regel der Notar. In einzelnen Bundesländern kann auch der Ratschreiber zuständig sein, daher nachfragen! Der Notar wird lediglich anhand des ihm vorzulegenden Personalausweises eine Identitätsüberprüfung vornehmen und die Unterschriften öffentlich beglaubigen (§ 77 BGB). Er prüft daher nicht inhaltlich den Vorgang, wird jedoch im Regelfall die Anmeldungsunterlagen direkt an das Vereinsregister weiterleiten.

Über die neue gesetzgeberische Ermächtigung ist es nun künftig möglich, dass bei Vorlage der Anmeldung mit Unterlagen die notwendige Unterschriftsbeglaubigung abweichend von bisherigen Regelungen gleich beim

Vereinsregister erfolgen kann. Ob dies allerdings wegen der verwaltungsorganisatorischen Umsetzung für diese Neuregelung mit der Ermächtigung für die einzelnen Bundesländer kurzfristig erfolgen kann, muss abgewartet werden.

Mit welchen Kosten muss ich rechnen?

Bei einer Beglaubigung durch den Notar wird in der Regel ein Viertel der Anmeldegebühr aus dem üblichen Geschäftswert angesetzt. Legen Sie dem Notar ein fertig vorbereitetes Anmeldeschreiben vor, entsteht nur eine geringfügige Beglaubigungsgebühr von ca. 13 Euro. Für die Eintragung des Vereins durch das Registergericht wird die doppelte Gebühr (ausgehend vom Geschäftswert nach der Kostenordnung) angesetzt.. Die Übersendung der selbst erstellten Anmeldung mit Beglaubigungsvermerk an das Vereinsregister kann also Gebühren und Kosten sparen. Anders als im Gesellschaftsrecht ist die elektronische Übermittlung noch nicht zwingend bundesweit vorgeschrieben, nur in einzelnen Bundesländern wird das Vereinsregister auch bereits elektronisch geführt. Die Anmeldung zur Eintragung ist hingegen noch nicht möglich. Später soll dann auch weiterhin die Anmeldung in Papierform beibehalten und ermöglicht werden.

Hinzu kommen noch die Bekanntmachungskosten, die dadurch entstehen, dass die Vereinsgründung mit gewissen Angaben, meist in einer regionalen Tageszeitung, auf Veranlassung des Vereinsregisters veröffentlicht wird (§ 66 Abs. 1 BGB). Hierfür fallen je nach Länge der Bekanntmachung ca. 10–30 Euro an, die auf jeden Fall, auch bei Gebührenfreiheit, zu entrichten sind. Das Amtsgericht geht bei normalen Vereinsgründungen von einem Regel-Gegenstandswert von 3.000 Euro aus, was einer Gebühr von 52 Euro entspricht. In Berlin kostet die Bekanntmachung derzeit 11 Euro, was zu einem Gesamtbetrag von 63 Euro führen kann.

Ist allerdings gleich erkennbar, dass es sich um einen Großverein handelt, ggf. mit Beteiligung juristischer Personen als Gründungsmitglieder, ist damit zu rechnen, dass das Registergericht höhere Gegenstandswerte ansetzt, z. B. 10.000 oder 20.000 Euro. Dies kann bedeuten, dass z. B. bei einem Wert von 20.000 Euro bereits insgesamt 144 Euro an Eintragungskosten anfallen, zuzüglich der regional unterschiedlichen Bekanntmachungsgebühren. Das Gericht wird die Eintragung von der Zahlung eines Kostenvorschusses abhängig machen, es sei denn, es wird, soweit länderrechtlich möglich, gleich die Gebührenbefreiung wegen angestrebter Gemeinnützigkeit beim Vereinsregister mit beantragt.

GEBÜHRENERLASS MÖGLICH ACHTUNG

Wird der Idealverein als gemeinnützig anerkannt, führt dies in einzelnen Bundesländern (beim Vereinsregister nachfragen) zu einem Erlass der Eintragungsgebühren. Da das Finanzamt erst nach Prüfung der Satzung die Gemeinnützigkeit „erteilt", empfiehlt es sich, das Vereinsregister bereits bei der Anmeldung darauf hinzuweisen, dass die Gemeinnützigkeit angestrebt wird. Vielfach sind Registergerichte bereit, zunächst von den Eintragungsgebühren abzusehen. Als Vorstand sollten Sie sich jedoch um eine vorläufige Bescheinigung des Finanzamts bemühen, die Sie dann in Kopie umgehend beim Vereinsregister einreichen.

Die Eintragung erfolgt dann grundsätzlich frühestens sechs Wochen nach Anmeldung – nach der Prüfung durch das Register –, wenn die Satzung inhaltlich in Ordnung ist. Bei Bedenken erlässt das Registergericht meist eine Zwischenverfügung zur Behebung festgestellter Eintragungshindernisse. Beachten Sie in diesem Fall die Fristen und halten Sie ggf. Rücksprache mit dem Rechtspfleger beim Registergericht.

Die erfolgreiche Gründung

Nach erfolgter Registereintragung erhält der Verein seine Originalsatzung zurück, dazu einen Registerauszug mit dem Nachweis über die erfolgte Eintragung. Mit dem Datum der vollzogenen Eintragung hat der Verein seine Rechtsfähigkeit (§ 21 BGB) als juristische Person erlangt.

Damit gehen auch alle bisherigen Rechte und Pflichten des bis dahin entstandenen Vorvereins auf den neuen eingetragenen Verein über. Ab diesem Zeitpunkt können auch die beim Vereinsregister eingereichten Unterlagen bis hin zur Satzung eingesehen werden (§ 79 Abs. 1 BGB). Soweit in einzelnen Bundesländern vorhanden, könnten dann auch die Daten gegen eine geringe Gebühr elektronisch über das im Aufbau befindliche bundeseinheitliche Registerportal www.handelsregister.de/rp web/ welcome.do? im Internet eingesehen werden.

Zur Erstanmeldung folgendes Muster:

MUSTER: ERSTANMELDUNG

An das
Amtsgericht [...]
- Vereinsregister -

Anschrift Ort, Datum

Erstanmeldung zum Vereinsregister

Zur Eintragung im Vereinsregister melde ich/melden wir hiermit

XY-Verein e. V. mit Sitz in [...] an.

In der Gründungsversammlung am [...] wurden zu Vorstandsmitgliedern nach § 26 BGB bestellt:

Als 1. Vorsitzender: Herr [...], geb. am [...] Anschrift: [...]

Als 2. Vorsitzende: Frau [...],geb. am [...] Anschrift: [...]

Als Schatzmeisterin: Frau [...],geb. am [...] Anschrift: [...]

Es besteht für den 1. Vorsitzenden Alleinvertretungsbefugnis, ansonsten vertreten jeweils zwei Vorstandsmitglieder den Verein gemeinsam.

Die Anschrift des Vereins lautet wie folgt: [...]

Beigefügt werden die Urschrift der Satzung mit der Bitte um Rückgabe und Kopie hiervon sowie eine Abschrift des Versammlungsprotokolls der Gründungsversammlung mit der Beschlussfassung zur erfolgten Bestellung der vertretungsberechtigten Vorstandsmitglieder nach durchgeführten Wahlen.

Mit freundlichen Grüßen

[nach Satzungsvorgabe öffentlich beglaubigte Unterschrift des 1. Vorstands oder, falls Gesamtvertretung, durch die weiteren vertretungsberechtigten Vorstandsmitglieder]

Wann gründe ich einen Förderverein?

Spätestens dann, wenn ein Verein unabhängig von seiner Zielsetzung mit seinen Umsätzen in den Bereich der 35.000-Euro-Zweckbetriebsgrenze rutscht und damit körperschaftsteuerpflichtig wird oder aber aufgrund bestimmter Erfolge eine weitere finanzielle Förderung benötigt, wird der Ruf nach einem Förderverein laut. In Kultur und Sport, aber auch im wissenschaftlichen und schulischen Bereich ist dies sehr verbreitet.

Die rechtlichen und steuerlichen Vorteile nutzen

Auch ein Förderverein muss separat gegründet werden. Dazu sind alle oben bereits dargelegten Gründungsschritte und -voraussetzungen erforderlich. Sie können bereits über die Vereinsziele bzw. den Satzungszweck festlegen, dass der Förderverein eine ausschließliche, genau definierte Aufgabe hat (z. B. Förderung eines bestimmten Hauptvereins, einer gewissen Sportart/ Förderung des Sports allgemein oder einer kulturellen, wissenschaftlichen oder sozialen Aufgabe). Soweit der Förderverein nicht ausschließlich einen einzigen Zweck, etwa die Unterstützung eines bestimmten Vereins verfolgt, kann er auch mehrere Ziele haben. Beispielsweise können Sie für den kulturellen oder wissenschaftlichen Bereich vorsehen, dass es Aufgabe des Fördervereins ist, mehrere Organisationen oder gemeinnützige Ziele gleichzeitig zu unterstützen.

Der Förderverein als e. V. ist rechtlich selbstständig. Er hat die gleichen Rechte und Pflichten wie andere Vereine – auch steuerlich.

Wichtig: Für die Gründung sind die gleichen Wege einzuschlagen wie bei einem Verein in der Rechtsform des e. V. Eine Hilfe zur Satzungserstellung für den Förderverein finden Sie wiederum auf der CD. Wenn Wahlen anstehen, sollten in den engeren, vertretungsberechtigten Vorstand des Förder- und des Hauptvereins keinesfalls dieselben Personen gewählt und in vergleichbarer Position aktiv werden. Toleriert wird gerade noch eine einzelne Doppelfunktion – dass z. B. eine Person zugleich Schatzmeister im Hauptverein und zweiter Vorstand im Förderverein ist. Unproblematisch wäre es, Beisitzer im neuen Förderverein und Vorstandsmitglied im (begünstigten) Hauptverein zu sein. Das Finanzamt könnte sonst bei identischer Vorstandschaft einen fehlenden eigenen Entscheidungswillen und Gestaltungsmissbrauch unterstellen. Möglich sind dagegen die zeitliche Durchführung der Mitgliederversammlung des Fördervereins direkt im Anschluss an die des Hauptvereins oder Doppelmitgliedschaften in beiden Vereinen.

Wann wird ein Förderverein als steuerbegünstigt anerkannt?

Fördervereine oder auch Spendensammelvereine werden nur dann als steuerbegünstigt anerkannt, wenn einem anderen Verein bzw. einer anderen Organisation die Mittel für die Verwirklichung steuerbegünstigter (insbesondere gemeinnütziger) Zwecke zur Verfügung gestellt werden – z. B. einem Träger des öffentlichen Rechts, für dessen steuerbegünstigte Zwecke (§ 58 Nr. 1 und 2 AO). Die Weitergabe von Mitteln muss daher Satzungszweck sein. Es ist hier stets zu berücksichtigen, dass es sich um eine Ausnahmeregelung bei der Vereinsbesteuerung handelt, wenn eine gemeinnützige Körperschaft andere Körperschaften fördert und dafür Spenden sammelt oder auf andere Art Mittel beschafft. Die Verwaltungsvorgaben u. a. durch das BMF-Schreiben mit den umfangreichen Änderungen des Anwendungserlasses zur Abgabenordnung (AEAO) vom 21.4.2008 schreiben ausdrücklich vor, dass die Mittelbeschaffung in der Satzung festgelegt sein muss und auch der steuerbegünstigte Zweck, für den die Mittel bestimmt sind. Die Finanzverwaltung verwendet aber nun nicht mehr die Begriffe „Förderverein“ und „Spendensammelverein“, sondern nur noch „Mittelbeschaffungskörperschaft“.

ACHTUNG

KLARE REGELUNGEN ZWISCHEN HAUPT- UND FÖRDERVEREIN

Vermeiden Sie jede mögliche Einflussnahme des Hauptvereins auf die aktive Geschäftsführung des Fördervereins. Dieser kann auch z. B. unter Ausnutzung der 35.000-Euro-Zweckbetriebsgrenze eigene Veranstaltungen mit wirtschaftlichem Gewinn durchführen. Soweit der Förderverein z. B. Ausrüstungsgegenstände erwirbt, müssen klare Regelungen getroffen werden, ob diese vollumfänglich mit allen Haftungsrisiken in das Eigentum des begünstigten Vereins übergehen. Oft erfolgt z. B. auch die Beschäftigung von Trainern/Ausbildern durch den Förderverein, die für den Hauptverein tätig werden sollen. Auf die sich hieraus ergebenden Arbeitgeberpflichten ist zu achten!

Fördervereine werden auch oft zur Unterstützung wissenschaftlicher Aktivitäten etc. gegründet. Hier ist besonderer Wert auf die Formulierung des Vereinszwecks zu legen:

VEREINSZWECK: WISSENSCHAFTLICHE AKTIVITÄTEN BEISPIEL

„Zweck des Vereins ist die Förderung von ... Forschung und die Verbreitung der hierdurch erarbeiteten Ergebnisse.

Der Satzungszweck wird insbesondere durch die Durchführung und Unterstützung von Forschungsvorhaben, Veröffentlichung von Forschungsergebnissen, Veranstaltung von Exkursionen, Vorträgen, Seminaren und Arbeitstagungen, Einrichtung von Arbeitsgruppen und Zusammenarbeit mit Vereinigungen, die gleich lautende Ziele verfolgen, verwirklicht.

Der Förderverein strebt keinen Gewinn an und ist selbstlos tätig. Die Mittel des Vereins dürfen nur zu satzungsgemäßen Zwecken verwendet werden. Mitglieder erhalten keine Zuwendungen aus Mitteln des Vereins."

[ergänzt um die weiteren Vorgaben u. a. zur Vereinsauflösung nach Maßgabe der Steuer-Mustersatzung]

Fördervereine werden weiterhin auch dazu genutzt, um bestimmte kulturelle Einrichtungen, Baudenkmäler u. Ä. zu unterhalten.

BEISPIEL **VEREINSZWECK: FÖRDERUNG KULTURELLER EINRICHTUNGEN ETC.**

„Zweck des Vereins ist die ideelle und finanzielle Förderung der Erhaltung und Nutzung des ...

Der Satzungszweck wird vor allem verwirklicht durch geeignete Mittelbeschaffung, insbesondere durch Beiträge, Spenden sowie durch Veranstaltungen, mit denen der breiten Öffentlichkeit der Förderungszweck bekannt gemacht wird. Der Verein ist selbstständig tätig ..."

Bereits über die Satzung könnte hier sichergestellt werden, dass der Überschuss eines abgelaufenen Geschäftsjahrs dem Träger (Stadt/ Land) zur Verfügung gestellt wird – zur unmittelbaren und ausschließlichen Verwendung für Nutzung und Instandhaltung des Denkmals.

Ein anderer Grund für einen Förderverein wäre, einen eigenen Rechtsträger z. B. für Jugendheime und Altenpflegestätten zu erhalten. Hier müssen Sie bei der Formulierung des Vereinszwecks sicherstellen, dass ein auf Gewinnverwirklichung gerichteter gewerblicher Betrieb ausgeschlossen ist.

Soll die Unterstützung Ihres Vereins oder Projekts auch die Zustimmung oder Unterstützung der breiteren Öffentlichkeit finden, sollten Sie einen Förderverein mit allen (steuer-)rechtlichen Voraussetzungen gründen und führen. Lebhaft genutzt werden z. B. auch Fördervereinsinitiativen in den neuen Bundesländern, um dadurch als Rechtsträger Arbeitsplätze etwa im Umweltbereich schaffen zu können.

Im Sportbereich läuft die Zielsetzung des Fördervereins entweder auf die unmittelbare Unterstützung eines Hauptvereins hinaus oder aber allgemeiner auf bestimmte sportliche Betätigungen, um mehrere Körperschaften begünstigen zu können. Ist in der Satzung eines Fördervereins ein anderer Verein als begünstigt benannt, muss zunächst darauf geachtet werden, dass nur diesem die Mittel zukommen. Eine kleine Ausnahme gibt es dennoch: Man darf auch anderen gemeinnützigen Körperschaften/Organisationen finanzielle Mittel zur Verfügung stellen. Diese müssen nachweisbar steuerbegünstigt verwendet werden, im Weiteren darf nur eine teilweise Mittelweitergabe erfolgen – also höchstens die Hälfte der Einnahmen aus dem ideellen Bereich und den Überschüssen aus dem wirtschaftlichen Geschäftsbetrieb. Damit kann z. B. auch ein Musik- oder Sportförderverein etwa ein humanitäres Hilfsprojekt unterstützen, ohne gleich die Satzung ändern zu müssen (§ 58 Nr. 2 AO) – stets vorausgesetzt, die Mittel gehen an eine als gemeinnützig anerkannte Institution/ Körperschaft.

ABGRENZUNG ZUM HAUPTVEREIN ACHTUNG

Der Förderverein darf keinesfalls die vom Hauptverein ausgeübte bisherige wirtschaftliche Betätigung übernehmen. Sie müssen also auch andere Aufgaben wie z. B. das Sammeln von Spenden oder die Werbung neuer Mitglieder nachweisen, um den Vorwurf eines Gestaltungsmissbrauchs ausräumen zu können – gerade dann, wenn die wirtschaftliche Tätigkeit gegenüber dem ideellen Bereich überwiegt. Die Aktivitäten dürfen sich daher aus gemeinnützigkeitsrechtlichen Gründen keinesfalls darauf beschränken, z. B. nur einmal im Jahr die notwendigen Mittel über ein Vereinsfest mit Bewirtungseinnahmen zu beschaffen. Es müssen also unbedingt erkennbar ideelle – und nicht nur wirtschaftliche – Zwecke verfolgt werden, die durch Aufzeichnungen dokumentiert werden sollten. Um auch für den drohenden Vorwurf einer rein wirtschaftlichen Orientierung gewappnet zu sein, sollten Mitgliedsbeiträge erhoben werden und auch Spenden für den ideellen Bereich nach Möglichkeit über den Förderverein laufen, zumal von einer Weitergabe eingesammelter Mittel an den begünstigten Hauptverein etc. auszugehen ist.

Theoretisch können sogar mehrere Fördervereine gegründet werden. Es muss aber damit gerechnet werden, dass gerade im regionalen Umfeld die Suche nach Fördermitgliedern oder Spendenwilligen dadurch nicht unbedingt einfacher wird. Abgesehen davon wird das Finanzamt noch genauer prüfen, ob nicht ein Umgehungsversuch als „verkappter" Unterverein zum begünstigten Hauptverein vorliegt (§§ 42, 64 Abs. 4 AO).

Fördervereine können sich in der Satzung auch zum Ziel setzen, bestimmte ausländische Zwecke, Körperschaften oder Organisationen zu unterstützen. Zwar wird bei Auslandsförderung nicht der strenge Gemeinnützigkeitsnachweis wie bei der Förderung inländischer Körperschaften verlangt, aber es muss zumindest nachgewiesen werden, dass die ausländische Körperschaft eine vergleichbare Tätigkeit ausübt, die auch in Deutschland gemeinnützig wäre. Zudem müssen die erhaltenen Mittel vor Ort dann für gemeinnützige Zwecke verwendet werden.

Wie ist das mit den Mitgliedsbeiträgen?

Beim Förderverein ist nicht unbedingt eine feste Beitragsstaffelung für Mitglieder erforderlich, da einerseits Spenden (freiwillige Zahlungen Dritter oder von Mitgliedern), andererseits auch persönliche Unterstützungsleistungen der Mitglieder (z. B. Betreuungsleistungen) gewollt sein können. Je nachdem, ob besonders förderungsfähige Zwecke verfolgt werden, kann das Mitglied seinen Beitrag als Spende über die Jahressteuererklärung geltend machen (dies gilt leider nicht für die Bereiche Sport, Gesang/Chor oder Musik).

Obwohl als juristische Person völlig separat laufend, gilt der Grundsatz, dass man die steuerliche Berücksichtigung von Mitgliedsbeiträgen genauso wertet wie beim begünstigten Hauptverein.

ACHTUNG

TRENNUNG: PFLICHTZAHLUNGEN UND FREIWILLIGE LEISTUNGEN

Wichtig ist eine klare Trennung zwischen finanziellen Verpflichtungen (also Beiträge, Umlagen, Aufnahmegebühren etc.) und der Möglichkeit, freiwillige Spenden zu leisten. Bereits die vorläufige Gemeinnützigkeitsbescheinigung des Finanzamts gibt Auskunft darüber, ob das Mitglied gezahlte Mitgliedsbeiträge als Spenden steuerlich absetzen kann. Achten Sie darauf, dass Sie bei Fragen zum Vereinsbeitritt keine unzutreffenden Aussagen zum möglichen Steuerabzug der später zu zahlenden Beiträge und Umlagen machen!

Was gilt für Spendensammelvereine?

Auch für Spendensammelvereine – und vor allem für die Gemeinnützigkeit – besteht die Vorgabe, dass die Einnahmen im ideellen Bereich höher sein sollen als diejenigen aus dem wirtschaftlichen Geschäftsbetrieb. Sind hingegen die Mitgliedsbeiträge und Spendeneinnahmen geringer als die Einnahmen aus dem wirtschaftlichen Geschäftsbetrieb (z. B. aus steuerpflichtigen Werbeeinnahmen, Bewirtungsumsätzen etc.), ist damit zu rechnen, dass sich das Finanzamt nach dem Verhältnis zwischen dem ideellen und wirtschaftlichen Bereich näher erkundigt. Je nach dem Gesamteindruck – z. B. durch die Prüfung der Geschäftstätigkeit während des Jahres

– wird dann die gemeinnützigkeitsrechtliche Beurteilung erfolgen. Diese Vorgaben können gerade Sport-, Musik- oder Chorfördervereinen Probleme bereiten, wenn bei ohnehin geringen Spendeneinnahmen auch Mitgliedsbeiträge nicht in entsprechender Höhe erhoben werden können, die man den häufig vorrangig angestrebten Einnahmen aus wirtschaftlicher Betätigung gegenüberstellen kann.

Soweit der Förderverein sich nicht zum Ziel gesetzt hat, Mittel an eine andere Körperschaft weiterzugeben, kann der Zweck auch darauf gerichtet sein, Mittel für gemeinnützige Einrichtungen zu beschaffen – etwa für die Ausstattung des Kindergartens, der öffentlichen Bücherei, eines Bürger- oder Jugendzentrums, einer Begegnungsstätte u. v. m.

Der Förderverein kann auch als Arbeitgeber fungieren – also etwa die Beschäftigung von Vereinshelfern oder Übungsleitern übernehmen. Dies kann auch zur Unterstützung des begünstigten Hauptvereins geschehen, wobei dann natürlich die üblichen arbeitsrechtlichen, Steuer- und Sozialversicherungspflichten beachtet werden müssen.

Fördervereine können auch dem nach dem Satzungszweck geförderten Verein/der Körperschaft eigene oder angemietete Räume zur Nutzung für steuerbegünstigte Zwecke unentgeltlich überlassen (§ 58 Nr. 4 AO) – z. B. Sportanlagen oder Sportstätten. Ergänzend sollte dabei auf klare Nutzungsvereinbarungen geachtet werden, z. B. wer für die Instandhaltung oder Reparaturen verantwortlich ist.

Es muss aber grundsätzlich sichergestellt werden, dass der Empfänger die Mittel auch für gemeinnützige Zwecke einsetzt, gerade wenn es sich um Spendeneinnahmen des Fördervereins handelt. Vermeiden sollte man unbedingt, dass der begünstigte Hauptverein die finanzielle Unterstützung etwa für die Modernisierung der Vereinsgaststätte verwendet.

KEINE SCHWARZEN KASSEN! ACHTUNG

Steuerschädlich wäre es allerdings, wenn – wie im Sportbereich leider gelegentlich feststellbar – der Förderverein eine „schwarze Kasse" führt, die dazu dient, z. B. Sportler direkt zu unterstützen. Hier steht die Gemeinnützigkeit auf dem Spiel, bei ausgestellten Spendenbescheinigungen kann auch der Vorstand haften!

Anzutreffen sind in der Vereinspraxis allerdings auch kleinere „Förderkreise“ bzw. private Sponsorengruppen, die völlig unabhängig und ohne Vereinscharakter sporadisch tätig werden. Keinesfalls dürfen derartige „stille“ Rechtsgebilde Spendenbescheinigungen ausstellen, da sie nicht den Status der Gemeinnützigkeit besitzen. Ein Förderkreis, eine außen stehende Fördergemeinschaft o. Ä. kann dem Verein selbstverständlich eigene gesammelte Mittel spenden. Falls der Verein dafür Spendenbescheinigungen ausstellt, muss darauf geachtet werden, dass jeweils ein Einzelspender namentlich genannt wird. Erhalten aktive Mitglieder direkte Geldzuwendungen, scheidet natürlich eine Spendenbescheinigung aus. Zudem muss der Empfänger, was vielfach übersehen wird, diese Beträge selbst versteuern (Schenkungsteuer).

Würde der Verein eine mittelbare finanzielle Förderung durch diesen Personenkreis dulden oder sogar dabei mitwirken, müsste bei einer Überprüfung davon ausgegangen werden, dass der Verein steuerrechtlich eine unselbstständige Untergruppe führt – mit allen sich hieraus ergebenden Konsequenzen bei der Einnahmeseite. Der Förderkreis sollte z. B. einen Sportler auch nicht direkt finanziell oder mit Sachwerten (z. B. Pkw-Überlassung) unterstützen. Wird der Verein hier mit eingebunden, kann dies schnell zu lohnsteuerrechtlichen Konsequenzen (Lohnzahlungen durch Dritte) für alle Beteiligten führen. Auch mit sonstigen Umgehungsversuchen, wie etwa die Pro-forma-Beschäftigung eines Aktiven in einem Betrieb eines förderbereiten Mitglieds, kann das Finanzamt nicht hinters Licht geführt werden: Sogar steuerstrafrechtliche Konsequenzen für alle Beteiligten sind möglich. Auf der sicheren Seite ist man, wenn einfach ein eingetragener Förderverein gegründet wird – auch um leichter weitere Unterstützer gewinnen zu können.

Können Fördervereine finanzielle Rücklagen bilden?

Auch gemeinnützige Fördervereine können Rücklagen bilden (§ 58 AO). Sie haben die Möglichkeit, gesammelte Gelder langfristig im Vereinsvermögen zu halten. Ein Förderverein kann so auch zweckgebundene Rücklagen bilden, etwa für größere Projekte oder für Personaleinstellungen. Rücklagen sind gewinnneutral – sie dienen dazu, ohne gemeinnützigkeitsrechtliche Konsequenzen Finanzmittel anzusammeln. Wie bei jedem anderen Verein verlangt die Bildung von Rücklagen einen protokollierten Vorstandsbeschluss. Außerdem müssen Höhe und Grund für die Rücklage im Jahresbericht des Vorstands bzw. in der Anlage zur Steuererklärung angegeben werden. Neben den zweckgebundenen Rücklagen kommt hierbei insbesondere die freie Rücklage nach § 58 Nr. 7a AO in Betracht.

Grundsätzlich ist zu beachten: Für Fördervereine gelten alle sonstigen vereins- und gemeinnützigkeitsrechtlichen Anforderungen wie für den „normalen" e. V. – orientieren Sie sich daher auch an den nachfolgenden Steuerhinweisen! Das betrifft auch die Geschäftsführung des Vorstands, die nach gemeinnützigkeitsrechtlichen Vorgaben ausgerichtet werden muss: Der aktuelle Anwendungserlass zur AO verlangt nach Maßgabe des § 63 AO ausdrücklich, dass ordnungsgemäße Aufzeichnungen (v. a. die Aufstellung von Einnahmen und Ausgaben, eines Tätigkeitsberichts, Nachweise über die Bildung und Entwicklung von Rücklagen, Buchführung) geführt werden.

Bei der Mittelweitergabe ins Ausland muss unbedingt auf die ordnungsgemäße, ausschließlich für gemeinnützige Zwecke an deutschen Vorgaben orientierte Mittelverwendung mit Empfänger- und Verwendungsnachweisen geachtet werden. Es bestehen erhöhte Nachweispflichten (§§ 63, 90 Abs. 2 AO). Dies sollte unbedingt zuvor nochmals grundsätzlich mit dem Finanzamt abgeklärt werden! Für Auslandsspenden oder Mittelweitergaben sind die Neuvorgaben zum Spendenrecht durch BMF-Schreiben vom 16.5.2011 mit besonderen, erhöhten Voraussetzungen als Nachweis zur dortigen gemeinnützigen Betätigung der ausländischen begünstigten Körperschaft zu beachten.

Ergänzender Hinweis zur Umsetzung der Mittelvergabe: Um die Unabhängigkeit z. B. von einem zu fördernden Hauptverein nach dem Satzungszweck zu gewährleisten, sollte der nachvollziehbare „Zuschussweg" strikt eingehalten werden. Beispielsweise sollte zunächst die Bitte des Hauptvereins um Bezuschussung/finanzielle Unterstützung für eine steuerbegünstigte Maßnahme in die Vorstandssitzung beim Förderverein eingebracht und die Bewilligung mit genauen Vorgaben nach Abstimmung protokolliert werden. Lassen Sie sich dann später den Nachweis für die ausschließliche gemeinnützige/steuerbegünstigte Mittelverwendung durch den Hauptverein bestätigen.

Wie führe ich meinen Verein in der Praxis?

IM ZORN ZURÜCKGETRETEN BEISPIEL

„Gewählt ist gewählt!" Mit dieser recht barschen Äußerung wies der Vorsitzende den Rücktritt des Kassenwarts zurück, der aus Verärgerung über eine Vorstandsauseinandersetzung sein Amt nach nur knapp einem Jahr niederlegen wollte. Was der Vorsitzende nicht wusste: Zur Ausübung eines Ehrenamts kann niemand gezwungen werden. Es musste also bis zur Neuwahl ein kommissarischer Vertreter gesucht werden.

Dieses Kapitel will Ihnen helfen, in solchen und ähnlichen Fällen mehr (Rechts-)Sicherheit zu erlangen.

Angemeldet – was nun?

Ist die Vereinsanmeldung erledigt und trägt das Registergericht den Verein ohne Beanstandung im Vereinsregister ein, erhält der Vorstand die Urschrift der Satzung mit Eintragungsvermerk zurück. Damit kann er als „e. V." tätig werden. Jetzt gilt es, Mitglieder zu gewinnen und den Verein in der Öffentlichkeit bekannt zu machen.

Die Verwaltung organisieren

Nach der Gründungsversammlung, zum Teil aber auch erst nach der vollzogenen Eintragung des Vereins im Vereinsregister und der Bestätigung, gehört es zu einer der ersten Aufgaben in den Vorstandssitzungen, intern eine klare Aufgabenverteilung zu vereinbaren. Jeder über die Gründungsversammlung bereits gewählte Vorstand oder Beisitzer sollte Vorschläge machen, welche Aktivitäten jetzt einzeln oder gemeinsam in Angriff genommen werden. Ein kleiner Projektplan hilft hier weiter. Er dokumentiert nicht nur die abgesprochenen Vorgehensweisen, sondern ermöglicht auch, in bestimmten Abständen die Erledigung der Aufgaben zu kontrollieren und eventuell erzielte Lösungen im Interesse des Vereins nachzuprüfen. Dabei müssen Sie natürlich

- die angestrebte Größe des Vereins/die erwartete Mitgliederzahl,
- die bereits mit den Gründungsmitgliedern vorbesprochenen zeitlich nahen Ziele sowie
- die Möglichkeiten für einen besonderen persönlichen (ehrenamtlichen) Einsatz von Mitgliedern aus dem Gesamtvorstand

berücksichtigen.

Welche Bedeutung hat die Vorstandsarbeit?

Das Vorstandsamt ist ein Ehrenamt

Folgt man der Statistik, sind immerhin über 15 % aller Vereinsmitglieder ehrenamtlich tätig. Die Zahl der Ehrenamtlichen hat in den letzten Jahren prozentual zwar zugenommen, aber auch die Zahl der Vereine ist stark angestiegen, ebenso wie die verschiedensten Vereinsaktivitäten. Dennoch ist festzustellen, dass ehrenamtliche Kräfte eindeutig fehlen.

Ursache dafür sind u. a. die Konkurrenz durch diverse Angebote, aber auch verkrustete Vereinsstrukturen mit oft fehlender frühzeitiger Einbindung interessierter Mitglieder. Viele Menschen scheuen außerdem die Verantwortung und diversen Pflichten, die mit der Übernahme eines Vorstandsamts verbunden sind und deren Erfüllung der Staat und die Vereinsmitglieder verlangen. Auch darf die zeitliche Belastung nicht übersehen werden: Bereits beim kleinen oder mittelgroßen Verein wird vom Vorstand häufig ein Engagement von 15 bis 20 Stunden pro Woche erwartet – ein Aufwand, den nicht jedes Mitglied erbringen will oder kann. Der Zeitaufwand wird nach einer neueren Bertelsmann-Studie für einen Sportvereinsvorstand mit durchschnittlich ca. 432 Stunden (!) pro Jahr nur für Verwaltungstätigkeiten beziffert (ohne die sonstigen buchhalterischen

Pflichten). Es mangelt aber nicht nur an Vorständen, sondern auch an Übungsleitern, Betreuern, Jugendhelfern, auch an ehrenamtlichen Mitarbeitern aus dem Mitgliederkreis ohne Wahlamt etc. Nach einer Auswertung des DOSB gibt es dennoch 2,6 Millionen Ehrenamtliche, die mit über 500 Millionen Stunden pro Jahr allein in den fast 90.000 Sportvereinen tätig sind.

Keine Vergütung im Ehrenamt?

Eines ist zunächst klar: Bei ehrenamtlichem Einsatz kommt meist eine Bezahlung bis auf eine moderate Aufwandsentschädigung oder Auslagenersatz nicht in Betracht (z. B. für nachgewiesene Fahrtkosten, ausgelegtes Porto, Telefonkosten, Büromaterial etc.). Aber durch das Gesetz zur weiteren Stärkung des bürgerschaftlichen Engagements vom 10.10.2007 gibt es seither eine neue Steuerförderung durch den Ehrenamtsfreibetrag nach § 3 Nr. 26a EStG in Höhe von 500 Euro pro Jahr. Der Bundesgesetzgeber möchte damit Steuer- und Sozialversicherungskonsequenzen bei pauschalen Zahlungen und moderaten Entschädigungen für die Vorstandsmitarbeit verhindern. Es sind ja oft die Kleinbeträge, die dann „Steuerkummer" bereiten. Wie soll man z. B. bei einer vorhandenen Flatrate für das eigene Telefon und Internet den angefallenen Aufwand für Vorstandstätigkeiten korrekt gegenüber der privaten/beruflichen Nutzung abgrenzen? Wie kommt man bei kleineren Ausgaben für die Vorstandstätigkeit ohne Einzelbeleg weiter, ab welcher Höhe werden vom Verein/Verband gezahlte pauschale Sitzungsgelder auch noch steuerpflichtig? Mit der gesetzlichen Neuregelung soll das Ehrenamt erstmals über einen extra eingeführten Steuerfreibetrag gefördert werden – mit einem erfreulich weiten Anwendungsbereich. Der Ehrenamtsfreibetrag ist jedoch kein Steuerabzugsbetrag, den man ggf. über seine Jahressteuererklärung geltend machen kann. Er ist vielmehr ein Jahresfreibetrag, der nicht dem Verein, sondern höchstpersönlich jedem Mitbürger in Höhe von 500 Euro pro Jahr für nebenberufliche ehrenamtliche Einnahmen zusteht.

Allerdings ist die Grundregel zu beachten, dass der gemeinnützige Verein eine Vergütung „zahlen" muss. Der Umgang damit ist allerdings nicht so einfach, wie man auf den ersten Blick vielleicht vermutet. Will der Verein das Ehrenamt finanziell honorieren, muss zunächst mit einem Blick in die

Satzung geklärt werden, ob dort nicht der bislang übliche strikte „Ehrenamtlichkeitsgrundsatz“ für die Vorstandstätigkeit verankert ist. In diesem Fall muss erst die Satzung geändert werden (Festlegung einer Aufwandsentschädigung). Beachten Sie hierzu die Satzungsvorgaben in den Hinweisen zum Ehrenamtsfreibetrag im Steuer-ABC. Zudem benötigt man natürlich auch die entsprechenden Finanzreserven, um überhaupt Aufwandsentschädigungen gewähren zu können. So etwas darf nicht einfach vom Vorstand beschlossen werden, sondern bedarf im Regelfall stets der Zustimmung der Mitglieder.

ACHTUNG

INFORMATIONEN ZUM EHRENAMTSFREIBETRAG IM STEUER-ABC

Informieren Sie sich über den Anwendungsbereich des neuen Ehrenamtsfreibetrags im Steuer-ABC dieses Ratgebers! Anhand von Beispielsfällen wird dort erläutert, wie man diesen Freibetrag nicht nur auf Vorstandsebene, sondern auch für aktive ehrenamtlich tätige Vereinsmitglieder steueroptimal einsetzen kann.

Als Entlastung für den Vorstand ist sonst allenfalls denkbar, dass für bestimmte Tätigkeiten bezahlte Kräfte eingesetzt werden, etwa als angestellte Geschäftsführer, Voll- oder Teilzeitbeschäftigte oder stundenweise Aushilfen in der Geschäftstelle. Dies setzt aber zunächst einen gewissen finanziellen Rahmen (auch langfristig) beim Verein voraus, denn neben dem Gehalt müssen – wie bei allen Arbeitsverhältnissen – auch Sozialabgaben geleistet werden.

ACHTUNG

ÜBUNGSLEITERPAUSCHALE

Auch über die Übungsleiterregelung (§ 3 Nr. 26 EStG) darf der Vereinsvorstand für sein Vorstandsengagement nicht entschädigt werden. Wer dies nicht beachtet, riskiert den Verlust der Gemeinnützigkeit des Vereins! Der Vorstand darf daher für Aufwandsentschädigungen oder Sitzungsgelder den neuen Ehrenamtsfreibetrag nach § 3 Nr. 26a EStG nutzen. Zur Klarstellung: Da meist keine Arbeitnehmereigenschaft vorliegt, ist es Sache des Empfängers, die steuerlichen Konsequenzen als sonstige Einkünfte zu beachten.

Allenfalls größere Vereine, Verbände und Organisationen sind aufgrund der Haushaltslage und des großen Betreuungsaufwands in der Lage, heute schon auf fest angestellte Vereins- oder Verbandsgeschäftsführer zurückzugreifen. Weitere Hinweise zum Thema „Aufwandsentschädigung/Ehrenamtsfreibetrag“ finden Sie im Steuerteil!

DELEGIEREN SIE DIE AUFGABEN ACHTUNG

Um also den persönlichen Zeit- und Kostenaufwand für die Vorstandsarbeit zu reduzieren, sollten Sie gerade bei fehlenden Vereinsmitteln die Vorstandsarbeit aufteilen und an weitere bereitwillige und interessierte Mitglieder delegieren. Prüfen Sie zudem im Steuerkapitel die Übersicht zu den steuerlichen Möglichkeiten beim Aufwandsersatz (etwa durch Sitzungsgelder) etc. als kleinen finanziellen Ausgleich!

Wie kann der Verein seinen Vorstand entlasten?

Zu einem modernen Vereinsmanagement gehört es ganz einfach, dass man die Vereinsführung gleichmäßig auf mehrere Schultern verteilt und regelmäßig auch einmal in einer internen Vorstandssitzung prüft, ob die bisherigen Organisationsregelungen noch ausreichend sind oder geändert werden müssen. Steht eine größere Veranstaltung an, gehört es eben nicht unbedingt zu den Aufgaben des vertretungsberechtigten Vorstands, die Vorbereitung, Durchführung und spätere Abwicklung komplett zu übernehmen. Finden Sie eine oder mehrere Personen aus dem Kreis der Vorstandschaft oder setzen Sie einen besonderen Ausschuss mit dem einen oder anderen Vorstandsmitglied und weiteren interessierten oder fachlich besonders geeigneten Mitgliedern ein.

Eine Entlastung der Vorstandsmitglieder können Sie auch dadurch erreichen, dass Sie eine Geschäftsstelle einrichten, die zumindest für einige Stunden während der üblichen Bürozeiten von verschiedenen Vereinsmitgliedern ehrenamtlich oder auf Minijob-Basis besetzt ist.

Prüfen sollte man natürlich die Möglichkeiten zur Beschäftigung von Mitgliedern etwa auf der Basis der 1-Euro-Job-Regelung. Damit kann man Mitglieder bei dauerhafter Arbeitslosigkeit konkret in die Vereinsarbeit einbinden und sie so auch etwas motivieren. Die Hartz-IV-Reform hat eine günstige Sonderregelung für Hartz-IV-Empfänger, die sich nebenberuflich in Vereinen und Verbänden engagieren, mit sich gebracht, die seit 1.4.2011 gilt. Dieser Personenkreis mit einem sozialrechtlichen Anspruch auf Grundsicherung kann weiterhin anrechnungsfrei die (steuerfreien) Vergütungen von gemeinnützigen Organisationen bis zur Höhe von 175 Euro monatlich erhalten. Begünstigt sind dabei die gezahlten Vergütungen aus öffentlichen Kassen (§ 3 Nr. 12 EStG, bei Anwendung des Ehrenamtsfreibetrags nach § 3 Nr. 26a EStG, für begünstigte Übungsleitertätigkeiten nach § 3 Nr. 26 EStG, für ehrenamtliche Betreuung nach § 3 Nr. 26b EStG). Dabei muss im Eigeninteresse der für den Verein engagierten Mitarbeiter auf monatliche anstelle von beispielsweise vierteljährlichen Abrechnungen geachtet werden, da im Sozialrecht das strikte monatliche Zuflussprinzip gilt und damit auch nur monatlich die besondere Freibetragsregelung jeweils zur Anwendung kommt.

Darf man als Vorstandsmitglied angestellt werden?

Wenn es tatsächlich gegenüber dem Finanzamt gelingt, einen klaren Unterschied zwischen den Tätigkeiten als Vorstand und als Geschäftsführer nachzuweisen, wird ein solches Beschäftigungsverhältnis möglicherweise noch akzeptiert. Einige Vereine nutzen die Minijob-Regelungen als Vergütungsmöglichkeit für das eine oder andere Vorstandsmitglied. Ist aber in der Satzung verankert, dass die Vorstandsarbeit ehrenamtlich ausgeführt wird, gibt es hier bereits den ersten Widerspruch. Auch der neue Ehrenamtsfreibetrag setzt voraus, dass der Ehrenamtlichkeitsgrundsatz nicht generell in der Satzung enthalten ist. Hinzu kommt, dass bei einer Vorstandsbezahlung, selbst wenn diese vorrangig den Aufwand der Repräsentation abdecken soll, die allgemeinen lohnsteuer- und sozialversicherungsrechtlichen Vorgaben zu beachten sind. Wichtig ist daher: Klären Sie wegen gemeinnützigkeitsrechtlicher Bedenken Vergütungen an Vorstände, die über pauschale Aufwandsentschädigungen/Sitzungsgelder hinausgehen, unbedingt mit dem Finanzamt ab!

Unabhängig von den unten konkretisierten steuerlichen Hinweisen dürfte im Übrigen nach wie vor der Grundsatz gelten, dass bis auf einige „Profivereine" die Vorstandsarbeit uneingeschränkt als Ehrenamt angesehen wird. Prüfen Sie daher unbedingt in Ihrer Vereinssatzung, ob sich dort nicht zumindest der Hinweis auf eine angemessene Vergütung bzw. die Zahlung eines Aufwandsersatzes für Vorstandstätigkeiten als „Kann-Bestimmung" findet.

Hinweis: Der Bundesgerichtshof hat hierzu in seiner Entscheidung v. 3.12.2007, II ZR 22/07 nochmals festgestellt, dass ein echter Vergütungsanspruch für Vereinsorganmitglieder/Vorstände als Abweichung von der im BGB ausdrücklich vorgesehenen Ehrenamtlichkeit einer Satzungsgrundlage bedarf. Eine Vereinsordnung, die nicht Satzungsbestandteil ist, genügt nicht. Es gilt immer noch der Grundsatz, dass Vereinsämter ehrenamtlich, somit ohne Anspruch auf Vergütung bzw. Entschädigungen für persönlichen Arbeitsverlust auszuüben sind (so auch die gesetzliche Vorgabe nach §§ 27 Abs. 3, 662 ff. BGB). Die Vergütung kann auch nicht per Vorstandsbeschluss festgelegt werden, sondern bedarf der Zustimmung über eine entsprechende Satzungsermächtigung in der Mitgliederversammlung. Möglich wäre auch die Bestellung eines Geschäftsführers oder einer sonstigen Vertrauensperson als besonderer Vertreter nach § 30 BGB. Diese Möglichkeit muss aber in der Satzung verankert sein. Diese Person wird dann wie ein vertretungsberechtigter Vorstand ins Vereinsregister eingetragen. Nach Gesetz erstreckt sich dabei die Vertretungsmacht auf alle Rechtsgeschäfte, die der zugewiesene Geschäftskreis gewöhnlich mit sich bringt. Umso wichtiger ist daher eine genaue Tätigkeitsbeschreibung, auch über den Anstellungsvertrag bei bezahlter Geschäftsführertätigkeit.

Auch wenn diese besondere Stellung nicht gewollt ist, sollte man über die Satzung auf jeden Fall aufnehmen, dass der Verein einen oder mehrere Geschäftsführer bestellen kann.

Wie beschäftigt man einen Geschäftsführer?

Neben der Delegation an weitere Vorstandsmitglieder, Aufgabenverteilung innerhalb des Vorstandsgremiums, Unterstützung durch Projektgruppen etc. kann durchaus auch zur Steigerung der Effektivität bei der Vereinsarbeit überlegt werden, einen Vereinsgeschäftsführer einzusetzen. Es versteht sich von selbst, dass man natürlich auch bei einem Geschäftsführer, wie bei jedem sonstigen Beschäftigten im Verein, die steuer- und sozialversicherungsrechtlichen Vorgaben strikt beachten muss (Näheres im Kapitel „Was muss ich bei den Steuern beachten?"). Rein arbeitsrechtlich betrachtet, kann man den finanziellen Aufwand im Vorfeld dadurch reduzieren, dass ein zeitlich befristeter Vertrag abgeschlossen wird. Einige Vereine einigen sich aber hierbei wegen der häufig angespannten Finanzlage darauf, damit nur einen auf ehrenamtlicher Basis tätigen Geschäftsführer zu beauftragen. Je nach Verantwortungsbereich wäre auch zu prüfen, ob zusätzlich und vertragsabhängig diese Person die Stellung eines besonderen Vertreters nach § 30 BGB haben sollte. Er wird dadurch durch Eintragung im Vereinsregister zum weiteren gesetzlichen Vertreter.

BEISPIEL

EHRENAMTLICHER GESCHÄFTSFÜHRER

Das langjährige Vereinsmitglied ist nach Eintritt in den Ruhestand und wegen seiner besonderen kaufmännischen Kenntnisse damit einverstanden, nach Bestätigung durch die Mitgliederversammlung künftig ehrenamtlich als Geschäftsführer tätig zu werden. Der neue Vorstand soll dadurch in finanziellen Angelegenheiten unterstützt und entlastet werden. Es wird ein konkretes Aufgabengebiet definiert und die sich hieraus ergebenden Rechte und Pflichten werden schriftlich in einer Aufgaben- und Tätigkeitsbeschreibung festgelegt. Für Fahrten und Reisen im Interesse des Vereins besteht ein Anspruch auf Ersatz der Kosten nach steuerlichen Grundsätzen. Möglich wäre zudem die Zahlung eines steuer- und sozialversicherungsfreien Aufwandsersatzes in Höhe von bis zu 500 Euro pro Jahr – vorausgesetzt, der Verein verfügt über genügend Mittel und die Führungsaufgabe wird nebenberuflich ausgeübt. Der finanzielle Aufwand hält sich für den Verein damit in Grenzen. Über eine Vereinbarung werden auch die Vollmachten nach Höhe und Umfang festgelegt.

Was muss ich bei einem Vorstandswechsel und Wahlen beachten?

Auch der Wechsel im vertretungsberechtigten Vorstand ist dem Vereinsregister unverzüglich mitzuteilen. Dies gilt selbst dann, wenn die Vorstandsneuwahl lediglich einen (internen) Ämterwechsel bringt, etwa dass der 2. Vorsitzende künftig als 1. Vorsitzender amtiert. Kein besonderer Handlungsbedarf besteht, wenn sich die Amtszeit der gewählten Vorstände und Vertreter nach § 26 BGB durch Neuwahl verlängert. Besteht im Verein z. B. Einzelvertretungsbefugnis für einzelne Vorstände, kann auch ein neu gewählter Vorstand das Wahlergebnis beim Vereinsregister anmelden (§ 67 Abs. 1 BGB). Nutzen Sie hierfür das Anmeldungsschreiben auf der CD – erforderlich ist allerdings die Beglaubigung der Unterschrift des oder der Anmeldenden. Neu gewählte Vorstandsmitglieder, die nach der Satzung kein Amt als gesetzlicher Vertreter nach § 26 BGB ausüben, z. B. Beisitzer oder Mitglieder im erweiterten Vorstand, werden ohnehin nicht namentlich im Vereinsregister eingetragen.

Wie lange bleibt ein Vorstand im Amt?

Die Amtsperiode des Vorstands bestimmt sich nach der Regelung in der Vereinssatzung. Meist ist dort verankert, dass der Gesamtvorstand nach Ablauf seiner bisherigen Amtszeit neu zu wählen ist. Für die Dauer der Amtszeit gibt es an und für sich keine Beschränkungen. Ist laut Satzung eine Wiederwahl nicht ausgeschlossen, kann ein Vorstand auch für mehrere Perioden im Amt bleiben.

Üblich ist eine Amtszeit von zwei bis vier Jahren. Innerhalb dieses Zeitraums lässt sich sehr deutlich ersehen, ob die Vorstände in der Lage sind, nicht nur die laufenden Geschäfte des Vereins zu führen, sondern auch neue Ideen zur Zweckverwirklichung des Vereins umzusetzen. Empfehlenswert ist auch eine Satzungsregelung dahin gehend, dass der bisherige Vorstand in seinem Amt bleibt, bis der neue satzungsgemäß bestellt ist – lohnend für die Fälle, dass eine genaue Amtszeit festgelegt ist und z. B. die Mitgliederversammlung erst einige Monate später stattfinden kann.

Was geschieht bei einer vorzeitigen Amtsniederlegung?

Manchmal legt ein Vorstandsmitglied etwa aus Verärgerung, aber auch aus anderen persönlichen Gründen (Wegzug vom Ort, Arbeitsüberlastung etc.) vorzeitig sein Amt nieder. Das Vorstandsamt ist ein Ehrenamt – Sie können einen Vorstand daher nicht verpflichten, sein Amt bis zur Neuwahl weiterzuführen.

ACHTUNG

SENSIBILITÄT BEIM VORSTANDSWECHSEL

Eine vorzeitige Amtsniederlegung macht nicht nur innerhalb des Vorstands, sondern auch im Kreis der Mitglieder schnell die Runde. Wird das Vorstandsamt wegen Meinungsverschiedenheiten aufgegeben, sollten Sie den Ausstieg innerhalb des Vorstands über eine allgemein verträgliche interne Regelung ermöglichen.

Versuchen Sie selbst bei ernsthaften Auseinandersetzungen innerhalb der Vorstandschaft, den bisher engagierten Vorstand wenigstens als Vereinsmitglied zu erhalten. Nicht selten schließt sich nämlich ein verärgerter Vorstand einem vergleichbaren Verein an oder gründet gar selbst einen Konkurrenzverein!

Besonders problematisch wird es natürlich, wenn es sich etwa um den 1. Vorstand handelt, der vielleicht auch in diversen weiteren Gremien bzw. Verbänden stark engagiert war. Enthält die Satzung die empfohlene Regelung, dass bei einer vorzeitigen Amtsniederlegung der Vorstand befugt ist, ein vorläufiges „Ersatzmitglied" zu bestimmen, kann man wenigstens problemlos den Zeitraum bis zur anstehenden Vorstands-Neuwahl überbrücken. Legen Sie dabei fest, ob der „kommissarische" Vertreter für den Vorstandsbereich bis zur nächsten anstehenden ordnungsgemäßen Mitgliedersammlung mit Neuwahlen im Amt bleiben oder eine zeitliche engere Vorgabe mit einer Nachwahl in der nächsten Mitgliederversammlung abweichend zum Wahlrhythmus nach Satzung erfolgen soll.

Handelt es sich allerdings um ein vertretungsberechtigtes Vorstandsmitglied und liegt zwischen der Aufgabe des Vorstandsamts und der turnusmäßigen Neuwahl ein größerer Zeitraum, bleibt auch im Interesse der Mitglieder häufig nur der Weg, über eine außerordentliche Mitgliederversammlung eine Nachwahl durchzuführen. Ansonsten behilft man sich in der Vereinspraxis damit, bei der nächsten Mitgliederversammlung die Nachwahl mit auf die Tagesordnung zu setzen.

Wird das Vorstandsamt nicht aus Verärgerung, sondern etwa aus beruflichen Gründen niedergelegt, sollte sich der Vorstand bald über einen geeigneten Vertreter verständigen, soweit die Satzung hierzu eine Ermächtigung für den verbleibenden Zeitraum vorsieht. Nach Rücksprache mit dem geeigneten Kandidaten muss dann ein Vorstandsbeschluss herbeigeführt werden, der auch unbedingt in einem Protokoll vermerkt werden muss. Die frühzeitige Festlegung auf einen (neuen) Kandidaten durch den bisherigen Vorstand hat natürlich für die anstehende Wahl keine weitere rechtliche Bedeutung, d. h. die Mitglieder können in der Hauptversammlung jederzeit entsprechend weiteren Vorschlägen einen anderen Kandidaten nachwählen.

Ist eine solche Ermächtigung für den Vorstand in der Satzung nicht enthalten, bleibt der jeweilige Posten nach Amtsniederlegung unbesetzt, bis über die nächste Mitgliederversammlung die Nachwahl stattgefunden hat. Zeichnet sich allerdings ab, dass es für verschiedene Positionen im größeren Kreis der Vorstandschaft keine Kandidaten gibt, sollte man ggf. mit einer Satzungsänderung auf diese Situation reagieren und die Zahl der Vorstandsmitglieder reduzieren.

Gravierende Meinungsverschiedenheiten, Vorwürfe aus dem Kreis der Mitgliedschaft oder heftige Kritik an der Amtsführung können auch dazu führen, dass eine Abwahl stattfindet, z. B. über eine hierzu einberufene außerordentliche Mitgliederversammlung.

Wichtig: Die Wirkung einer Amtsniederlegung wird oft nicht hinreichend zutreffend gewürdigt.

RÜCKTRITT VOM RÜCKTRITT? BEISPIEL

Im Verlauf einer Vorstandssitzung kommt es zu einer heftigen verbalen Auseinandersetzung zwischen dem 1. Vorstand und seinem Stellvertreter. Mit dessen Vorwürfen konfrontiert, dass Bedenken für das letzte Jahr seiner Amtszeit bestünden, erklärt der 1. Vorstand seinen Rücktritt zu Protokoll und gegenüber den überraschten Anwesenden. Die weiteren Vorstandsmitglieder versuchen vehement, den 1. Vorstand zur Amtsweiterführung zu bewegen, woraufhin dieser erklärt, dass er sein Wahlamt nun doch noch bis Ende seiner Wahlzeit ausüben und seinen erklärten Rücktritt zurücknehmen würde. Sein Stellvertreter weist zutreffend darauf hin, dass wegen des erklärten Rücktritts erst über eine anstehende Neuwahl diese Funktion wieder ausgeübt werden könnte.

Übrigens: Sie können bei der Wahl des Vorstands durchaus Mitglieder mit entsprechender Vereinsbindung berücksichtigen, indem Sie z. B. in der Satzung vorsehen, dass für das Vorstandsamt eine mindestens einjährige Mitgliedschaft vorausgesetzt wird.

Bei gravierenden Auseinandersetzungen mit dem Vorstand, mit einzelnen Vorstandsmitgliedern und Unzufriedenheit aus dem Kreis der Mitgliedschaft stellt sich die Frage nach der Abwahl, gerade dann, wenn keine Bereitschaft zur Amtsaufgabe besteht. Die Vereinssatzung kann eine Abwahl nie ausschließen, allenfalls darauf begrenzen, dass dies nur aus wichtigem Grund erfolgen kann wegen grober Pflichtverletzungen, erkennbarer Unfähigkeit zur ordnungsgemäßen Geschäftsführung o. Ä. Eine solche Entscheidung könnte dann ein Amtsinhaber sogar gerichtlich vor dem Amtsgericht überprüfen lassen.

Häufiger ist in diesen zum Glück seltenen Fällen die Einberufung einer außerordentlichen Mitgliederversammlung mit dem Tagesordnungspunkt der Abwahl und damit verbundener Neuwahlen. Kommt dies vonseiten der Mitglieder, müssen zunächst die besonderen Antragsvoraussetzungen mit den nach Satzung vorgesehenen Mehrheiten erfüllt werden, es sei denn der Vorstand reagiert selbst. Erfolgt die Abwahl in der Mitgliederversammlung, endet das Amt der Person, die Neuwahl ist dann je nach Position umgehend sofort erforderlich. Dabei wirkt der Abwahlbeschluss auch dann, wenn die Position nicht gleich nachgewählt wird.

Für Notfälle, d. h. bei fehlender Vertretungsbefugnis (als gesetzlicher Vertreter), müssen Sie beim Amtsgericht (Vereinsregister) einen Antrag auf Bestellung eines Notvorstands (§ 29 BGB) stellen. Findet sich auf Vorschlag aus dem Verein kein bereitwilliges und geeignetes Mitglied, bestellt das Registergericht gelegentlich sogar einen Rechtsanwalt als unabhängigen Vertreter.

Wie läuft die Wahl des Vorstands ab?

Sie sollten die Neuwahl von Vorständen intern mindestens drei bis sechs Monate vorbereiten, da die Kandidatensuche oft schwierig ist. Falls sich außerhalb des vertretungsberechtigten Vorstands kein Kandidat findet, kann die Position theoretisch unbesetzt bleiben. Außerhalb des vertretungsberechtigten Vorstands (§ 26 BGB) ist auch eine Doppelbesetzung möglich, wenn die Satzung dies nicht ausdrücklich ausschließt.

Soweit die Satzung (bitte nachprüfen!) keine Einzelwahl des Vorstands vorschreibt, könnte auf Vorschlag und mit ausdrücklicher Billigung der Mitgliederversammlung zur Durchführung eines vereinfachten Wahlvorgangs der zur Kandidatur bereite Gesamtvorstand in einem Wahlgang, also als „Listenvorschlag", gewählt werden. Dieses Verfahren wird bei kleineren Vereinen und einem bewährten, eingespielten Vorstand, der sich zur Wiederwahl stellt, aus Vereinfachungsgründen häufig praktiziert – natürlich nur dann, wenn zeitlich die komplette Neuwahl des Gesamtvorstands ansteht und selbst bei Einzelposten keine Gegenkandidaten genannt werden! Wenn die Satzung hingegen vorschreibt, dass Vorstandsmitglieder in festgelegter Reihenfolge zu wählen sind, schließt dies eine Blockwahl aus (OLG Bremen, Beschluss v. 1.6.2011, HaufeIndex 2739308). Ein von der Satzungsvorgabe abweichendes Wahlverfahren muss ansonsten über die Einladung zur Mitgliederversammlung konkret und vorab angekündigt werden.

Die Durchführung eines derartigen Verfahrens ist jedoch rechtlich nicht unumstritten. Auf der sicheren Seite bleibt man daher mit der Einzelabstimmung, die mit einem souveränen Wahlleiter auch recht zügig abgewickelt werden kann. Wichtig ist aber bei der Vorstellung der Einzelkandidaten die protokollierte Frage durch den Versammlungsleiter nach weiteren Kandidaten-Vorschlägen. Häufig hält man, soweit keine spezielle Regelung in der Satzung vorhanden ist, strikt am Prinzip der Einzelwahl von Vorstandsämtern fest; allenfalls bei Beisitzern wählt man, soweit keine weiteren Kandidaten vorhanden sind, gelegentlich mit Zustimmung der anwesenden Mitglieder die namentlich benannten Vorstandskandidaten für das Beisitzeramt en bloc.

Soweit Vereine an einen Dachverband angeschlossen sind und die Regelungen des Dachverbands ergänzend verbindlich gelten, muss zur Sicherheit auf jeden Fall geprüft werden, ob sich über sog. „Hauptsatzungen" des Verbands nicht ergibt, dass Vorstände einzeln zu wählen sind. Dies ist z. B. oft bei politischen Parteien der Fall. Die Nichtbeachtung dieser Vorgaben könnte dazu führen, dass die Gesamtwahl unwirksam wäre. Häufig benachrichtigen einzelne Mitglieder das Registergericht, damit es überprüft, ob wegen Bedenken gegen den Abstimmungsmodus gefasste Beschlüsse oder Wahlen unwirksam, wenn nicht sogar nichtig sind. Dies könnte eine erneute Mitgliederversammlung notwendig machen.

Soweit die Satzung vorsieht, dass eine Stimmrechtsübertragung möglich ist, sollte das Protokoll bei der Feststellung der wahlberechtigten Teilnehmer den Hinweis enthalten, dass die Vollmacht zur Stimmrechtsausübung nachgewiesen wurde.

ACHTUNG

FÜR DAS PROTOKOLL

Denken Sie bei einer Vorstandswahl daran, im Protokoll nicht nur die Bereitschaft zur Kandidatur, sondern auch die einzeln erteilte Zustimmung zur Annahme des Ehrenamts mit dem genauen Abstimmungsergebnis zu vermerken. Gibt es in der Satzung keine Vorgaben, erfolgt die Abstimmung meist per Handzeichen. Im Protokoll sind dann die Ergebnisse nach Ja-/Nein-Stimmen und Enthaltungen aufzunehmen, mit ergänzender Angabe der Zahl der anwesenden wahlberechtigten Abstimmungsteilnehmer. Unerlässlich sind hierbei die konkreten individuellen Regelungen in der Satzung, die bestimmte Mehrheiten der anwesenden Stimmberechtigten in der Mitgliederversammlung vorsehen und strikt eingehalten werden müssen.

Soweit keine abweichende Regelung vorhanden ist, kann im Einzelfall ein an der Teilnahme am Wahlvorgang verhinderter Kandidat auch in Abwesenheit gewählt werden. Dies setzt eine schriftliche Einverständniserklärung zur Kandidatur voraus, die Erklärung, dass im Fall der Wahl das Amt angenommen wird, und natürlich die Zustimmung der anwesenden Mitglieder.

Die geheime Abstimmung ist die Ausnahme, es sei denn die Satzung schreibt dies vor. Kommt der Antrag erst in der Mitgliederversammlung, muss darüber zuvor separat abgestimmt werden, wobei dann die einfache Mehrheit der anwesenden stimmberechtigten Mitglieder auf Zulassung im Einzelfall ausreicht.

Enthält die Satzung (wie üblich) keine Regelung, darf eine „Stimmenhäufelung" auf einzelne Kandidaten nicht erfolgen. Gleiches gilt für eine Vorstandswahl im schriftlichen Verfahren, die nur möglich ist, wenn alle Vereinsmitglieder diesem Verfahren zustimmen. Auch die zu Beginn ausgelegte Teilnehmerliste mit der Angabe zur Stimmberechtigung ist hilfreich – auch zum Abgleich des Wahlergebnisses. Nicht übersehen: Es zählen nur die positiv abgegebenen Stimmen, also Ja- bzw. Nein-Stimmen. Stimmenthaltungen werden nicht mitgezählt. Ist über die Satzung die einfache Mehrheit vorgesehen, genügt dann bereits die hauchdünne Mehrheit von einer Stimme, selbst bei einer großen Anzahl von Enthaltungen. Dabei kommt es auf die abgegebenen Stimmen der in der Mitgliederversammlung anwesenden, stimmberechtigten Mitglieder an.

In welchem Turnus wird gewählt?

In den häufigsten Fällen schreibt die Satzung für den Gesamtvorstand eine bestimmte Amtszeit verbindlich vor. Er muss dann insgesamt in der Mitgliederversammlung neu gewählt werden. Die Einschränkung eines Kandidaten, dass er z. B. nur für ein Jahr zur Verfügung steht, ist nicht möglich. Intern könnten Sie allenfalls vereinbaren, dass er dann z. B. nach dem Jahr sein Amt aufgibt.

Zeitversetzte Wahlen

Im Sportbereich, aber auch bei Gesangs- und Musikvereinen entscheidet man sich häufig für abweichende Zeiträume bei der Besetzung des Gesamtvorstands. Damit will man vermeiden, dass durch eine anstehende Generalversammlung plötzlich der gesamte Vorstand „ausgetauscht" wird. Gerade bei Vereinen, die auf eine langfristige, kontinuierliche Vorstandsarbeit Wert legen, bei der dann auch die Einarbeitung neuer Vorstandsmitglieder durch noch amtierende Vorstände gewährleistet ist, hat sich eine zeitversetzte Wahl bewährt. Hier ein Formulierungsvorschlag für die Satzung:

BEISPIEL **FORMULIERUNG FÜR ZEITVERSETZTE WAHLEN**

„Der Vereinsvorstand steht im zweijährigen Turnus wie folgt zur Wahl:

- in ungeraden Jahren: der 1. Vereinsvorsitzende und der Vereinskassierer sowie zwei Mitglieder des Beirats;
- in geraden Jahren: der 2. Vorsitzende, der Schriftführer sowie zwei Mitglieder des Beirats."

Positionen des Gesamtvorstands

In der Satzung muss genau festgelegt werden, mit welchen Positionen der Gesamtvorstand besetzt wird. Bei einzelnen Vereinen werden neben den klassischen Vorstandspositionen oft auch noch Abteilungsleiter, Jugendsprecher etc. für die Wahl vorgesehen. Möglich wären auch funktionsabhängige Differenzierungen dahin gehend, ob nur eine beratende Mitwirkung im Gesamtvorstand gewünscht wird oder eine uneingeschränkte Mitwirkung einschließlich Abstimmungs- und Entscheidungsbefugnis. Diese Grundsatzfragen bleiben allerdings der Entscheidung der Mitglieder bei der Beschlussfassung der Gründungssatzung oder einer späteren Satzungsänderung vorbehalten.

Vorsicht bei Ämterhäufungen: Die Mitglieder legen über die Satzung fest, ob im Vorstand mehrere Positionen übernommen werden können. Dabei kann verständlicherweise der 1. Vorstand nicht gleichzeitig sein Stellvertreter als 2. Vorstand sein. Zweckmäßigerweise sollte daran gedacht werden, dass man Ämterhäufung nur zulässt, wenn es eben nicht um gesetzliche Vertreter geht. Man könnte beispielsweise in der Satzung die Möglichkeit einräumen, dass ein in der Vorstandschaft gewählter Amtsinhaber auch Positionen außerhalb der Vorstandschaft zusätzlich ausüben kann, etwa als Abteilungsleiter, Leiter einer Gruppe etc.

Berücksichtigen Sie in der Satzung auch Einzelregelungen darüber, wer als Vorstandsmitglied überhaupt wählbar ist – meist genügt der Hinweis, dass es sich um ordentliche Mitglieder entsprechend § x der Satzung handelt. Für den Vertreter der Jugendversammlung, soweit der Verein dies berücksichtigt hat, müssen Sie die einschlägige Jugendordnung beachten, einschließlich der rechtlichen Vorgaben für Minderjährige als Kandidaten.

Wichtig ist aber auf jeden Fall die Beachtung des Grundsatzes, dass die nach der Satzung vorgesehenen Führungspositionen üblicherweise entweder durch die Mitgliederversammlung gewählt werden oder dass für bestimmte Positionen der Vorstand Personen berufen kann – sofern dies aus der Satzung hervorgeht. Gegebenenfalls bedarf die Berufung dann nur noch der nachträglichen Bestätigung (auf Protokollvermerk achten!) durch die Mitgliederversammlung.

Soweit es eine Vorstandsordnung oder einen Geschäftsverteilungsplan gibt, sind darin meist die Zuständigkeiten und Tätigkeitsbereiche geregelt. Bei Abstimmungen in Vorstandssitzungen gilt, wenn in der Satzung nicht anders geregelt, meist die einfache Mehrheit. Der Beisitzer hat daher das gleiche Stimmengewicht wie jedes andere Vorstandsmitglied. In der Vereinssatzung kann man neben Aussagen zur Einberufung und Durchführung von Sitzungen ergänzend z. B. vorgeben, dass eine bestimmte Mindestanzahl von Vorstandsmitgliedern zur Beschlussfassung anwesend sein muss. Bei Patt-Situationen kann dem 1. Vorstand/Präsidenten außerdem der Stichentscheid zugebilligt werden. In Vereinen, die Repräsentanten aus dem Bereich des öffentlichen Lebens oder aus dem kirchlichen Umfeld einbinden möchten, kann in der Satzung sogar vorgesehen werden, dass diesen eine genau zu beschreibende Vorstands- oder Präsidiumsposition vorbehalten bleibt. Der Träger benennt dann – ohne Wahl – den dafür vorgesehenen Vertreter. Je nach Satzung ist dann aber eine Bestätigung durch die Mitgliederversammlung notwendig.

VORSTANDSMITGLIEDER AUS DEM ÖFFENTLICHEN LEBEN BEISPIEL

Der Bürgermeister wird Vorstandsmitglied im Museumsverein, der Pfarrer oder ein sonstiger kirchlicher Vertreter wird Vorstand in einem kirchlich ausgerichteten Sozialverein oder Kindergarten-Förderverein oder ein Behördenvertreter in einem e. V. mit öffentlicher Zweckverwirklichung/Zielsetzung.

Wie informiere ich das Vereinsregister?

Sie müssen dem Vereinsregister neben dem Anmeldungsschreiben eine Abschrift/Fotokopie des Sitzungsprotokolls über den Ablauf der Mitgliederversammlung vorlegen. Achten Sie darauf, dass das Sitzungsprotokoll in ordnungsgemäßer Weise zuvor unterzeichnet wurde. Für die Mitteilung beim Vorstandswechsel an das Vereinsregister sind die beglaubigten Unterschriften aller vertretungsberechtigten Vorstandsmitglieder (dies können wieder- oder neu gewählte sein) erforderlich (also wie bei Satzungsänderungen), soweit, wie oben dargelegt, keine Einzelvertretung besteht. Personenbedingte Veränderungen beim vertretungsberechtigten Vorstand (nach § 26 BGB) werden allerdings nicht allgemein veröffentlicht, aber ins Vereinsregister eingetragen.

Was gilt bei Wiederwahl?

Bei der Wiederwahl müssen Sie dem Registergericht lediglich durch formlose Mitteilung, zweckmäßigerweise mit einer Kopie des Protokolls der Mitgliederversammlung, mitteilen, dass eine Wiederwahl der vertretungsberechtigten Personen für x Jahre stattgefunden hat. Der Weg zum Notar wegen Unterschriftsbeglaubigung ist nicht notwendig (§ 67 BGB)!

Wissenswertes für den Vorstand

Wie weit geht die Auskunftspflicht des Vorstands?

Im Rahmen der Mitgliederversammlung hat der Vorstand auf Verlangen Auskunft über die Vereinsangelegenheiten zu erteilen (§ 666 BGB). Dies betrifft zumindest die wesentlichen Ereignisse und geschäftlichen Entwicklungen für das betreffende Vereinsjahr. Üblicherweise wird der Vorstand dies in der Jahresmitgliederversammlung im Rahmen seines Geschäfts- oder Rechenschaftsberichts vornehmen, wobei auch Fragen zu den Vereinsangelegenheiten zu beantworten sind.

Ansonsten geht die Rechtsprechung davon aus, dass außerhalb von Mitgliederversammlungen kein besonderer, umfassender Auskunftsanspruch einzelner Mitglieder besteht. Der Vorstand steht ausschließlich zum Verein selbst in einem Rechtsverhältnis, nicht zu einzelnen Mitgliedern. Bei Verletzung von Amtspflichten wird er nur vom Verein schadensersatzpflichtig gemacht. Somit bietet im Regefall nur die Mitgliederversammlung dem einzelnen Mitglied die Möglichkeit, Fragen zu stellen - auch im finanziellen Bereich. Es wird dabei häufig auch ein gewisses Geschick und gute Verhandlungsführung notwendig sein, um in der Versammlung besorgte, verärgerte oder vielleicht auch nur zu neugierige Mitglieder zufriedenzustellen.

Was bedeutet die Entlastung des Vorstands?

Meist wird nach dem Geschäftsbericht des Vorstands, der Erläuterung zum Kassenbericht und nach dem Bericht der Kassenprüfer die Entlastung des Vorstands beantragt. Die Mitgliederversammlung stimmt über die Entlastung ab. Wird die Entlastung erteilt, bedeutet dies, dass die Mitgliederversammlung der Geschäftsführung des amtierenden Vorstands für das abgeschlossene Vereinsjahr oder, soweit vorgesehen, bis zum Ende der Wahlperiode im folgenden Geschäftsjahr zugestimmt hat.

Die Entlastung hat sehr große rechtliche Bedeutung, denn sie wirkt wie ein Verzicht. Das bedeutet also, dass damit auch etwaige Ersatzansprüche gegen den Vorstand erlöschen. Mit einer Einschränkung: Die Entlastung betrifft nur alle „bekannten" Vorkommnisse, die bei verständiger Würdigung des Geschäftsberichts nachvollzogen werden können. Ist z. B. ein Rechenschaftsbericht unvollständig, verschweigt ein Vorstand heikle Punkte, kann dies bedeuten, dass trotz einer erteilten Entlastung auch weiterhin Regressansprüche durch den Verein bei festzustellender Schädigung des Vereinsvermögens möglich sind.

Was geschieht, wenn die Entlastung verweigert wird?

Ein Vorstand, der seine Geschäfte ordnungsgemäß geführt hat, kann theoretisch mit einer Feststellungsklage vor Gericht gehen und dort seinen Anspruch auf Entlastung geltend machen. Wird die Entlastung jedoch einem Altvorstand verweigert, weil z. B. Ungereimtheiten der Geschäftsführung bekannt werden, heißt es für den neu gewählten Vorstand aufzupassen: Er hat nun eine sachgemäße Prüfung durchzuführen, ob Regressansprüche gegen den ausgeschiedenen Amtsvorgänger, vielleicht sogar gerichtlich, geltend gemacht werden müssen.

Wichtig ist in diesem Zusammenhang auch das Verhalten der Kassenprüfer, ob diese der Mitgliederversammlung die Entlastung des Vorstands empfehlen. Eine Teilentlastung kann nur gegenüber einzelnen Vorstandsmitgliedern erteilt werden. Die Entlastung hat allerdings zunächst nur interne Bedeutung – kommt eine Steuer- oder Soziaversicherungsprüfung, hat die vorherige Entlastung kaum Bedeutung. Davon unabhängig ist natürlich die Entlastung durch die anwesenden Mitglieder auch als persönliche Wertschätzung für die geleistete Vorstandsarbeit zu sehen.

Brauchen wir eine Vorstandsordnung?

Empfehlenswert ist ggf. außerhalb der Satzung eine schriftliche Vorstandsordnung, auf die in der Satzung verwiesen wird. Die Aufnahme von unzähligen Einzelvorgaben in die Satzung wird damit vermieden. Zulässig wäre natürlich die Aufnahme von Regelungen für die Arbeit des Vorstands auch in der Satzung, also eine Art „Generalklausel“.

Empfehlenswert ist, die Art der Abstimmung festzuhalten (jedes Vorstandsmitglied hat eine Stimme, bei Stimmengleichheit entscheidet z. B. die Stimme des 1. Vorstands). Darüber hinaus sollte die Vorstandsordnung Vorgaben für einen bestimmten Sitzungsrhythmus enthalten („Der Vereinsvorstand tagt mindestens einmal monatlich. Sitzungen des Gesamtvorstands sollen mindestens einmal im Quartal oder nach Bedarf stattfinden.“). Die Leitung der Sitzung sollte dem Vereinsvorsitzenden übertragen sein; bei Verhinderung wird er durch seinen Stellvertreter (2. Vorstand) ersetzt. Für Eilentscheidungen können ergänzend auch besondere Abstimmungsverfahren, z. B. telefonisch, schriftlich auch per Fax/E-Mail, vorgesehen werden, bis hin zur Mindestzahl anwesender Vorstände zur Sitzungsdurchführung.

ACHTUNG

REGELUNG ZUR BESCHLUSSFÄHIGKEIT

Der Vorstand ist beschlussfähig, wenn zwei Drittel des gesamten Vereinsvorstands anwesend sind. Bei Beschlussunfähigkeit muss der Vereinsvorsitzende binnen sieben Tagen eine zweite Sitzung mit derselben Tagesordnung einberufen. Diese ist dann ohne Rücksicht auf die Zahl der anwesenden Vorstände beschlussfähig.

Beteiligung der Jugendvertretung

Keine Sollvorschrift, aber auf jeden Fall empfehlenswert ist eine Regelung für die Einbindung der Jugendvertretung. In der Vorstandsordnung könnte also vorgesehen werden, dass der 1. oder 2. Vorsitzende die Interessen der jugendlichen Mitglieder vertritt und sich zum ständigen Kontakt mit den Jugendvertretern verpflichtet. Empfehlenswert und für die Einbindung auch durchaus von Vorteil ist etwa die Teilnahme des Jugendvertreters an bestimmten strategischen Vorstandssitzungen, soweit er nicht bereits zum Gesamtvorstand gehört.

Ohnehin sollte der Vorstand daran denken, über die Vorstandsordnung oder Satzung vorzusehen, dass in regelmäßigen Abständen Jugend- oder Abteilungsvertreter an den Vorstandssitzungen teilnehmen, soweit es um Probleme oder aber auch um finanzielle Aspekte, die diese betreffen, geht. Beachten Sie ggf. vorhandene Verbandsvorgaben, z. B. dass Zuschüsse zur Jugendarbeit Ihres Vereins nur dann gewährt werden, wenn ergänzend eine für den Verein geltende Jugendordnung verabschiedet wurde.

Welche Funktion hat der Kassenprüfer?

Egal, ob er als Kassenprüfer oder Revisor bezeichnet wird: Nahezu jede Satzung enthält den Hinweis, dass ein bis zwei Prüfer die Aufgabe haben, die Vereinsfinanzen unter die Lupe zu nehmen – nicht nur die Barkasse, sondern alle Konten: Einsichtnahme in Belege/Unterlagen und zumindest eine stichprobenartige Überprüfung, ob die im Kassenbuch und im Jahresabschluss enthaltenen Zahlen mit den Einnahmen und Ausgaben übereinstimmen. In den Mustersatzungen auf Ihrer CD-ROM finden Sie Hinweise zum genauen Prüfungsumfang, zu Wahlen etc. Festgeschrieben wird häufig die Vorgabe, dass nach Abschluss der Kassenprüfung dem Vorstand ein schriftlicher Bericht über das Prüfungsergebnis vorzulegen ist, zudem ein Bericht mit dem Ergebnis in der anstehenden Mitgliederversammlung.

TEILENTLASTUNG WEGEN UNGEKLÄRTER VORGÄNGE BEISPIEL

Die Kassenprüfer informieren die Mitglieder darüber, dass es Geschäftsvorfälle gibt, die im Rahmen der Kassenprüfung wegen Abwesenheit des „Finanzvorstands“

nicht aufgeklärt werden konnten. Durch Beschluss der anwesenden Mitglieder könnte dann zunächst eine Teilentlastung der anderen Vorstände erfolgen.

Wegen der aufsichtsratsähnlichen Funktion der Prüfer wird teilweise vom Kassenwart/Schatzmeister vor Beginn der Prüfung eine Erklärung verlangt, dass sämtliche Kassenunterlagen, Belege, Kontoauszüge etc. vollständig übergeben wurden. Um jegliche Missverständnisse zu vermeiden, sollte man die Übergabe der Unterlagen schriftlich bestätigen lassen.

Der Kassenprüfer hat eine Geheimhaltungspflicht über seine Feststellungen. Er wird bei Unregelmäßigkeiten zur weiteren Aufklärung zunächst den Vorstand informieren. Die Mitglieder sind über die Ergebnisse mündlich zu informieren. Werden (steuer-)strafrechtlich relevante Vorgänge festgestellt, etwa Unterschlagungen, grobe steuerliche Verstöße (z. B. „Schwarzkasse"), muss der Kassenprüfer selbst reagieren, um sich nicht der Beihilfe schuldig zu machen. Es sollte sofort eine Vorstandssitzung einberufen werden. Daran wird sich eine Revision durch einen externen Steuerberater/Wirtschaftsprüfer anschließen, um ein schnelles objektives Ergebnis erreichen zu können. Es gibt übrigens noch keinen Fall in der Finanzrechtsprechung, dass neben dem Vorstand auch Kassenprüfer haftbar gemacht wurden.

Empfehlenswert ist auch die gleiche Amtsperiode wie für den Vorstand in der Satzung. Die Wahrung der Unabhängigkeit setzt ergänzend voraus, dass der Kassenprüfer nicht dem Vorstand angehören darf, wobei auch Dritte/Nichtmitglieder zu Kassenprüfern gewählt werden könnten. In der Satzung sollte eine nachvollziehbare Regelung stehen, wie weit der Prüfungsauftrag von einem oder mehreren Prüfern gehen soll. Bei fehlenden Kandidaten, aber manchmal durchaus auch mit Billigung der Mitgliederversammlung nach der Satzung könnte diese Kontrolle der vereinsinternen Geschäftsführung im Mitgliederinteresse auch (als bezahlter Auftrag) etwa an Angehörige der steuerberatenden Berufe übertragen werden.

ACHTUNG

AUSLAGENERSATZ UND AUFWANDSENTSCHÄDIGUNG FÜR PRÜFER

Der Prüfer hat, falls angefallen, einen Anspruch auf Auslagenersatz. Kassen- und Rechnungsprüfern von größeren Vereinen/Verbänden könnte zudem eine pauschale Aufwandsentschädigung gewährt werden (Ehrenamtsfreibetrag nutzen).

Welche Bedeutung hat die Mitgliederversammlung?

Aus der Sicht eines Mitglieds ist die Nutzung der Vereinsangebote und die Mitwirkung am Vereinsleben der vorrangige Grund für einen Beitritt. Meist sieht bereits die Satzung einen Katalog von Mitgliedschaftsrechten vor, insbesondere im Zusammenhang mit der Teilnahme an den Versammlungen, Veranstaltungen und Angeboten – damit liegt ein vertragsähnliches Verhältnis vor, das aber nicht immer reibungslos funktioniert:

STÖRENFRIED BEI DER VERSAMMLUNG BEISPIEL

„Dem Vorstand werde ich es heute schon zeigen!" Laut schimpfend betritt ein Vereinsmitglied den Saal der jährlichen Mitgliederversammlung. Nach mehreren Zwischenrufen wird es dem 1. Vorsitzenden zu viel: Er fordert den Ruhestörer auf, den Saal zu verlassen. Von seinem Rechtsanwalt erfährt das Mitglied schon am nächsten Tag, dass es auch im Vereinsleben ein Hausrecht gibt.

In der Mitgliederversammlung müssen Sie als Vorstand insbesondere Rechenschaft über Ihre Vorstandsaktivitäten ablegen und bekommen eine Rückmeldung, was die Mitglieder vom Verein und Ihnen erwarten. Diese Rückmeldung muss freilich nicht so ausfallen wie oben.

Übrigens: Über die Satzung lässt sich durchaus steuern, wer überhaupt stimmberechtigtes Mitglied ist. Je nach dem Willen der Vereinsgründer kann man zwischen ordentlichen und außerordentlichen Mitgliedern differenzieren. Das Teilnahmerecht an Mitgliederversammlungen und die Rechte nach § 37 BGB (Einberufungsverlangen) werden gewährt, die außerordentlichen Mitglieder (z. B. Fördermitglieder) haben jedoch kein Stimmrecht in der Versammlung. Diese Lösung wird oft bei überregional tätigen Vereinen gewählt, um durch die Einbindung der aktiven Mitglieder den Verein vor Ort besser lenken zu können.

Wie lade ich richtig ein?

Achten Sie unbedingt auf die Einhaltung der Ladungsfristen für Mitgliederversammlungen. Machen Sie hier Fehler, kann dies unter Umständen dazu führen, dass gefasste Beschlüsse, oft rückwirkend, für ungültig erklärt werden. Entscheidend sind natürlich die genauen zeitlichen Vorgaben entsprechend der Satzung. Beweispflichtig im Streitfall ist übrigens der Verein für den rechtzeitigen Zugang der Einladung. Kalkulieren Sie also bei üblicher Zweiwochenfrist den Postlauf mit einigen Tagen ein. Kommt Post zurück, weil die Adresse nicht mehr stimmt, oder ging die Einladung durch ein Versehen an die falsche bzw. alte Anschrift, führt dies noch nicht automatisch zur Unwirksamkeit der gefassten Beschlüsse. Dies ist nur dann der Fall, wenn der Beschluss oder die Abstimmung bei Teilnahme der fehlenden Mitglieder anders ausgefallen wäre. Empfehlenswert ist daher der Satzungshinweis zu Einladungen, dass diese an die zuletzt vom Mitglied benannte Mitgliederadresse erfolgt.

Welche Form soll die Einladung haben?

Bei schriftlicher Einberufung der Mitgliederversammlung durch Übersendung der Tagesordnung innerhalb des in der Satzung vorgesehenen Zeitraums gibt es meist keine Probleme, insbesondere wenn man schon in der Satzung verankert hat, dass die letzte „ladungsfähige“, d. h. dem Verein bekannte Anschrift des Mitglieds maßgebend ist.

Neben der schriftlichen Einladung ist auch die ordnungsgemäße Bekanntmachung etwa in öffentlichen Mitteilungsblättern (Gemeindeblatt, Stadtanzeiger), in der Tageszeitung oder durch Aushang im Vereinsheim möglich. Probleme tauchen hierbei meist erst dann auf, wenn man etwa auswärtige (z. B. auch passive) Mitglieder hat, die eben nicht im Einzugsbereich des Mitteilungsblattes wohnen. Der Schriftführer hat daher auf jeden Fall darauf zu achten, dass bei den auswärtigen Mitgliedern die Einladung schriftlich durch Übersendung der Tagesordnung vorgenommen wird.

FRISTGERECHTE EINLADUNG INS PROTOKOLL AUFNEHMEN ACHTUNG

Sie sollten unbedingt berücksichtigen, dass zu Beginn der Mitgliederversammlung in das Protokoll aufgenommen wird, dass ordnungsgemäß entsprechend der Satzung, also fristgerecht, zur Mitgliederversammlung eingeladen wurde. Nach einer Entscheidung des LG Gießen v. 23.06.1998, 7 T 278/98 können Hauptversammlungsbeschlüsse nicht angegriffen werden, wenn eine beschlussfähige Mitgliederversammlung hierüber entschieden und kein Vereinsmitglied in der Versammlung (trotz Hinweis durch den Versammlungsleiter oder Vorstand) die Nichteinhaltung der Ladungsfrist gerügt hat. Dies gilt sogar dann, wenn die Ladungsfrist um zwei Tage zu kurz bemessen war.

Porto sparen?

Eine kostengünstige Alternative zur Einladung per Post ist die Übersendung per E-Mail – dies muss allerdings in der Satzung festgelegt werden. Nehmen Sie dies bei Neugründungen gleich mit auf. Bei bestehenden Vereinen berücksichtigen Sie es gelegentlich anlässlich anderer Satzungsänderungen. Allerdings akzeptieren einige Vereinsregister diesen ausschließlichen Kommunikationsweg nicht. Mit einer Formulierung wie „schriftliche Einladung, die auch an die vonseiten des Mitglieds zuletzt bekannt gegebene E-Mail-Adresse erfolgen kann“ kann man auch diese kleine Hürde meistern.

Wer darf die Mitgliederliste einsehen?

Ein allgemeines Einsichtsrecht in die Mitgliederliste besteht nicht. Für ein derartiges Verlangen muss ein besonderes, begründetes Interesse an der Einsicht vom Vereinsmitglied vorgetragen werden.

BEISPIEL

EINSICHTSRECHT

Ein Mitglied hat Bedenken, dass ein Beschluss in der Hauptversammlung als Mehrheitsbeschluss nicht ordnungsgemäß zustande gekommen ist. Um feststellen zu können, ob auch tatsächlich nur ordentliche, stimmberechtigte Mitglieder abgestimmt haben, wäre dieses Auskunftsverlangen wohl berechtigt. Wenn also Minderheitenrechte (§ 37 BGB) tangiert werden, besteht ein grundsätzliches Einsichtsrecht.

Der Vorstand, aber auch die oft eingeschaltete Geschäftsstelle, sollte beim Auskunftsverlangen auf die Persönlichkeitsrechte der Mitglieder achten, also die datenschutzrechtlichen Belange im Auge behalten. Die Aushändigung von Fotokopien der Mitgliederliste oder die Überlassung des Gesamtdatenbestands darf keinesfalls ohne ein besonders begründetes, nachgewiesenes und feststellbares Interesse vorgenommen werden. Je nach Auskunftsverlangen kann man auch „abgedeckte" Mitliederlisten zur Einsicht gewähren. Umgekehrt darf auch ein Vorstand ohne Zustimmung des Mitglieds dessen Daten nicht weitergeben, vor allem nicht für werbliche Zwecke. Oft kommt es aber auch zur Aufforderung gegenüber dem amtierenden Vorstand, dass einzelnen Mitgliedern zum gegenseitigen Austausch zu Maßnahmen der Vereinsführung Namen und Anschriften anderer Mitglieder ausgehändigt werden sollen. Dies ist ein auch datenschutzrechtlich umstrittenes Begehren, das nach der Rechtsprechung durch die Einschaltung eines eingeschalteten, fremdbeauftragten Treuhänders gelöst werden soll. Der Treuhänder erhält das Datenmaterial und durch Hinweise in Vereinspublikationen wird auf die Möglichkeit für diese besondere, im Vereinsinteresse erforderliche Kommunikationsmöglichkeit über den Treuhänder hingewiesen. Damit lässt sich das Problem lösen, indem Mitglieder nur dann direkt Kontakt miteinander aufnehmen, wenn das gegenseitige Interesse vorhanden ist, ohne dass der gesamte Mitgliederdatenbestand einzelnen Mitgliedern ausgehändigt werden muss.

Besondere Vorsicht ist auch bei den Veröffentlichungen auf der Vereinshomepage geboten: Für die Veröffentlichung jeglicher Angaben (Adressen, Fotos) muss die Zustimmung der Betroffenen eingeholt werden, wobei man neben dem Hinweis zur Speicherung der Daten im Vereinsinteresse auch die Zustimmung zur sachgerechten Berichterstattung und mediengerechten Veröffentlichung in der Vereinszeitschrift, auf der Homepage etc. gleich aufnehmen könnte. Der im Bundesdatenschutzgesetz vorgesehene Widerruf als gesetzliche Regelung steht dem Mitglied jedoch stets zur Verfügung. Vorsicht aber bei Weitergabe der Mitgliederdaten für werbliche Zwecke o. Ä. durch den Verein oder Verband: Entsprechende Ermächtigungen, selbst wenn damit über Sponsoringverträge finanzielle Zwecke im Eigeninteresse erreicht werden sollen, bedürfen der Ermächtigung durch die Mitglieder. Bei größeren Vereinen/Verbänden mit Beschäftigten müsste zur Einhaltung der Datenschutzvorgaben ohnehin ein Datenschutzbeauftragter bestellt werden.

Wie sollte eine Einladung zur Mitgliederversammlung aussehen?

Für die Einladung kann das unten stehende Muster verwendet werden, wobei bei Neuwahlen des Vorstands auch oft die Bezeichnung „Generalversammlung“ statt „Hauptversammlung“ erscheint. Bei „normalen Hauptversammlungen“ ohne Wahl lassen Sie die entsprechenden Passagen einfach weg. Weitere Tagesordnungspunkte wären z. B. Beitragserhöhungen, außerordentliche Beschlussfassung über ... etc. Falls Wahlen, Satzungsänderungen oder Beschlüsse von besonderer (finanzieller) Tragweite anstehen, sollten für das Verständnis wichtige Informationen beigefügt werden.

EINLADUNG ZUR HAUPTVERSAMMLUNG

(Name des Vereins)
(Anschrift des Mitglieds)

(Ort), den ...

Sehr geehrtes Mitglied,

hiermit laden wir Sie zu der am _____, den_______ um ___ Uhr in der Gaststätte ________/im Vereinshaus _____ in ________ (Ort) stattfindenden ordentlichen diesjährigen Mitgliederversammlung ein.

Folgende Tagesordnung ist vorgesehen:

1. Begrüßung/Feststellung der ordnungsgemäßen Einberufung und Beschlussfähigkeit
2. Totengedenken
3. Jahresbericht des 1. Vorsitzenden
4. Bericht der Abteilung ...
5. Bericht der Abteilung ...
6. Kassenbericht
7. Bericht über Kassenprüfung
8. Aussprache über die Berichte
9. Entlastung des Vorstands
10. Anträge
11. Ehrungen
12. Neuwahlen: Vorstandschaft/Kassenprüfer
13. Festsetzung der Mitgliedsbeiträge für nächstes Vereinsjahr/ Änderung der Beitragsordnung
14. Vorschau auf das neue Vereinsjahr/Finanzplan 20xy
15. Verschiedenes

Ergänzende Anträge zur Tagesordnung sind innerhalb der satzungsmäßig vorgesehenen Frist von bis zu ... Wochen beim Vorstand schriftlich einzureichen.

Mit freundlichen Grüßen
Der Vorstand

... e. V.

Was muss ich beim Ablauf beachten?

Bei Neuwahlen sollte der bisherige Vorstand darauf achten, dass er alle Tagesordnungspunkte vorzieht, über die er selbst berichten kann. Der Altvorstand sollte vor seiner Entlastung auch noch die kurz- oder langfristige Finanzplanung erläutern. Dann erst sollte ein Wahlleiter gefunden werden, der mit Zustimmung der Anwesenden die Wahlen durchführt. Nach diesem Tagesordnungspunkt führt dann der neue Vorstand die Versammlung bis zum Ende durch.

Wer darf an der Mitgliederversammlung teilnehmen?

Eine heikle Frage, die der Entscheidung der Mitgliederversammlung (§ 32 Abs. 1 BGB) vorbehalten bleibt, ist, ob Nichtmitglieder von der Versammlung ausgeschlossen werden sollen. Der Versammlungsleiter kann beantragen, dass die Versammlung hierüber entscheidet.

Soweit eine Satzung keine diesbezüglichen Regelungen enthält, gilt der Grundsatz, dass eine Mitgliederversammlung nicht öffentlich ist. Ein besonderes Recht auf Anwesenheit für Dritte besteht daher nicht, nicht einmal für Pressevertreter. Sie sollten allerdings nicht so weit gehen, für den Zutritt einen Mitgliederausweis oder sonstigen Berechtigungsnachweis zu verlangen, denn eine Mitgliederversammlung hat natürlich immense Bedeutung in der Außenwirkung und für die Öffentlichkeitsarbeit.

Falls, wie üblich, auch Gäste anwesend sein dürfen, haben diese allerdings kein besonderes Recht zu Wortmeldungen, es sei denn, dies wird zugelassen. An Abstimmungen dürfen sie erst recht nicht teilnehmen.

Wie zählen die Stimmen bei Abstimmungen und Wahlen?

Nach der Rechtsprechung des Bundesgerichtshofs und der nun erfolgten BGB-Änderung zählt bei Wahlen, aber auch bei sonstigen Beschlüssen in der Mitgliederversammlung nur die Zahl der abgegebenen Ja- und Nein-Stimmen der anwesenden, teilnehmenden stimmberechtigten Mitglieder. Stimmenthaltungen werden nicht mitgezählt (§ 38 Abs. 2 BGB).

BEISPIEL

STIMMENZÄHLUNG

Bei 40 stimmberechtigten Mitgliedern stimmen 19 Mitglieder für den Vorstandskandidaten A, 20 Mitglieder für den Kandidaten B. Ein Mitglied enthält sich der Stimme: Damit ist B gewählt.

BEISPIEL

MINDERHEITENBESCHLUSS

Die Hauptversammlung stimmt über einen langfristigen Sponsorenvertrag ab. Von den 70 anwesenden Vereinsmitgliedern sprechen sich nur die Vorstandschaft und ein kleiner Kreis weiterer Mitglieder, insgesamt 20 Personen, für diesen Antrag aus. Der Rest enthält sich, was so auch protokolliert wird. Ergebnis: Es liegt eine ordnungsgemäße Beschlussfassung vor, dem Antrag auf Abschluss des Vertrags ist damit stattgegeben, obwohl die Mehrheit dies nicht ausdrücklich befürwortet.

Ungültig abgegebene Stimmen werden wie Stimmenthaltungen nicht berücksichtigt. Gleiches gilt übrigens, wenn ein Vereinsmitglied dem Versammlungsleiter schon vor Beginn der Abstimmung erklärt, dass es sich weigert, an einer Abstimmung teilzunehmen. Enthält die Satzung für bestimmte Vorgänge keine abweichende Regelung (z. B. qualifizierte Mehrheit), gilt für die Beschlussfassung der Grundsatz, dass die Mehrheit der anwesenden, stimmberechtigten Mitglieder über das Zustandekommen eines Beschlusses entscheidet (§ 32 Abs. 1 Satz 3 BGB). Bei festgestellter Stimmengleichheit (Ja-/Nein-Stimmen) ist der Beschluss damit nicht zustande gekommen. Wenn in der Satzung nichts anderes geregelt ist, bedeutet das, dass nach § 33 BGB Einstimmigkeit bei Zweck- und eine 3/4-Mehrheit bei Satzungsänderungen erforderlich ist. Zur Vorbereitung der Mitgliederversammlung sollte daher immer die geltende Satzung konsultiert werden, um prüfen zu können, ob nicht abweichende Mehrheiten für bestimmte Beschlussfassungen vorgesehen sind. Umso wichtiger ist die Notwendigkeit, zu Beginn von Abstimmungen die genaue Zahl der anwesenden stimmberechtigten Mitglieder und ihre Stimmabgabe gerade für später anstehende abstimmungsrelevante Tagesordnungspunkte wie Wahlen, zu Einzelbeschlüssen oder Satzungsänderungen auch für das Protokoll festzustellen.

Darf ich mein Stimmrecht übertragen?

Zunächst kommt es auf den Satzungsinhalt an: Schweigt sich die Satzung hierzu aus, gilt der Grundsatz, dass ein Mitglied nur persönlich abstimmen darf – eine Stimmrechtsübertragung ist unzulässig (§ 34, 40 Abs. 2 BGB).

STIMMRECHTSÜBERTRAGUNG ACHTUNG

Satzungen in Großvereinen/Verbänden sehen z. T. die Möglichkeit der Stimmrechtsübertragung vor – mit Nachweispflichten (Vollmacht etc.). Empfehlenswert ist die Beschränkung auf eine bestimmte Höchststimmenzahl, die man auf eine Person vereinigen darf. Damit werden „Blockabstimmungen" vermieden. Andererseits ergibt sich ein nicht zu unterschätzendes Mitglieder- oder Delegiertenvotum daraus, wenn z. B. bei Anwesenheit eines Mitglieds/Delegierten dieser mit Satzungsermächtigung bis zu fünf Stimmen übertragen erhält. Man könnte das übertragbare Stimmrecht für bestimmte Vorgänge, z. B. für Satzungsänderungen oder Beschlussfassungen für die Auflösung/Fusion, durch Satzungsvorgaben ausschließen.

Wie gehe ich mit Anträgen zur Mitgliederversammlung um?

Ein hoch sensibler Punkt ist die Behandlung von Anträgen zur Mitgliederversammlung. Bereits die Satzung sollte klare Aussagen darüber enthalten, wie man mit Anträgen außerhalb der Tagesordnung umzugehen hat. Der Versammlungsleiter hat die einzelnen Tagesordnungspunkte aufzurufen und im Rahmen der Aussprache die Wortmeldungen der anwesenden Mitglieder zu berücksichtigen. In der Versammlung sprechen zu können, gehört zu den elementaren Grundrechten der Mitglieder. Bei größerem Diskussionsbedarf hilft eine Rednerliste weiter – in der Reihenfolge der Wortmeldungen. Redezeitbeschränkungen bedürfen zuvor der Zustimmung der Mitglieder. Bei wiederholten unsachlichen oder nur polemischen Wortmeldungen eines aufgebrachten Mitglieds könnte der Versammlungsleiter mit einem Antrag auf Übergang zum nächsten Tagesordnungspunkt unnötige Debatten im Interesse der anderen Anwesenden verhindern.

Was ist mit Dringlichkeitsanträgen?

Üblich sind Klauseln wie „Über Anträge, die nicht in der Tagesordnung verzeichnet sind, kann in der Mitgliederversammlung nur abgestimmt werden, wenn sie mindestens zwei Wochen vor der Versammlung schriftlich beim 1. Vorstand eingegangen sind und den Mitgliedern mindestens eine Woche zuvor zur Kenntnis gebracht wurden“ oder: „Dringlichkeitsanträge dürfen in der Mitgliederversammlung nur behandelt werden, wenn die Versammlung mit einer Zweidrittelmehrheit der anwesenden Mitglieder beschließt, dass sie als weitere Tagesordnungspunkte aufgenommen werden.“ Mit Ausnahme von Satzungsänderungen.

Soweit keine besondere Regelung über Dringlichkeitsanträge berücksichtigt wurde, was häufig bei älteren Satzungen der Fall ist, muss der Vorstand bzw. Versammlungsleiter sehr sensibel damit umgehen. Es versteht sich von selbst, dass ein sachgerechter ergänzender Antrag durch die Mitgliederversammlung behandelt werden sollte. Sogenannte „Erforschungsanträge“, also Anträge auf Auskunft, Vorlage von Unterlagen etc., führen allerdings meist dazu, dass größere Diskussionen auftreten, die zur Störung des gesamten Ablaufs führen können.

Soweit kein satzungsmäßiges Recht auf Aufnahme eines Zusatzantrags besteht, ist stets im Einzelfall zu prüfen, ob man die Mitglieder nicht kurzfristig auffordert, über den ergänzenden (nicht fristgerecht eingebrachten) Antrag abzustimmen. Der Antrag wird also zunächst einmal nachträglich zugelassen.

Detailfragen zur finanziellen Lage des Vereins etc. können von einem gut vorbereiteten Vorstand durchaus auch im Rechenschaftsbericht berücksichtigt werden. Vielleicht reicht auch die Zusage, dass in der Aussprache hierzu Stellung genommen wird. Damit kann der Vorstand die Versammlung beruhigen und der Antragsteller merkt, dass sein Anliegen ernst genommen wird. Auf jeden Fall sollten die für die Mitgliederversammlung abgelehnten Dringlichkeitsanträge vom Vorstand berücksichtigt werden, indem dem Mitglied eine anschließende Aussprache angeboten wird, damit nicht der Eindruck entstehen kann, der Vorstand übergehe berechtigte Mitgliederinteressen.

Auch Änderungen der Reihenfolge und Beschlussfassung der Tagesordnung bedürfen der Zustimmung der anwesenden Teilnehmer. Gleiches gilt für einen Beschluss, einen Tagesordnungspunkt zu streichen.

Vorsicht bei der Durchführung von Abstimmungen ohne Versammlung: Enthält die Satzung hierzu keine Vorgaben, ist ein schriftlich gefasster Beschluss nur dann wirksam, wenn alle Mitglieder schriftlich ihre Zustimmung zu diesem Beschluss erklärt haben (§ 32 Abs. 2 BGB). Ein Beschluss außerhalb von Mitgliederversammlungen setzt also die Einstimmigkeit zu dieser Vorgehensweise voraus.

SATZUNGSZWECK MUSS KONKRETER FORMULIERT WERDEN BEISPIEL

Das Vereinsregister verlangt nach der Anmeldung, dass der Satzungszweck konkreter gefasst und einige Passagen anders formuliert werden. An einer Mitgliederversammlung kommt der neue Verein nur vorbei, wenn alle bisherigen Mitglieder schriftlich der Änderung zustimmen.

Daher sollte in der Jahresmitgliederversammlung versucht werden, bei Beachtung der vorgegebenen Tagesordnung Einwendungen, Kritik oder Anregungen aufzunehmen, bei allzu lebhaften Diskussionen die Redebeiträge aber auf die Fragestellung zu konzentrieren – gelegentlich keine leichte Aufgabe.

SCHWIERIGKEITEN IM ABLAUF VERMEIDEN ACHTUNG

Werden Sie als Person angegriffen, ist es sinnvoll, ein anderes Vorstandsmitglied zu bitten, für diesen Punkt die Gesprächsleitung zu übernehmen. Empfehlenswert ist zudem, gleich nach der Eröffnung der Versammlung eine kurze Bestätigung der Anwesenden einzuholen, dass die Sitzung nach der vorgelegten, fristgerecht übersandten bzw. bekannt gegebenen Tagesordnung durchgeführt wird.

Eine gut vorbereitete Tagesordnung bietet den Vorteil, dass man weiter gehende Fragestellungen oder Diskussionswünsche außerhalb von TOPs im Interesse der anderen anwesenden Mitglieder bis zum Aufruf des Tagesordnungspunktes „Verschiedenes/Sonstiges" zurückstellen kann. Bei plötzlich auftauchenden Zusatzanträgen in der Versammlung ist allerdings auf die satzungsmäßigen Vorgaben zu achten.

Auskunftsrecht in der Mitgliederversammlung

Alle Auskunfts- und Einsichtsrechte der Mitglieder in Vereinsunterlagen beschränken sich im Regelfall auf Nachfragen bzw. Auskunftsansprüche über Einzelvorgänge gegenüber dem Vorstand in der Mitgliederversammlung (vgl. auch S. 98). Das „einfache" Mitglied kann daher nicht bei einem Vorstandsmitglied persönlich die Bücher oder die Buchhaltung etc. einsehen – unbeschadet des Rechts, bei Unklarheiten oder fehlenden Erläuterungen eine Sonderprüfung zu verlangen, die Entlastung einzelner verantwortlicher Vorstandsmitglieder zu verweigern bis hin zum Antrag auf Abwahl. Für die finanziellen Belange des Vereins bestehen ohnehin für die Kassenprüfer im Auftrag aller Mitglieder gezielte Einsichts- und auch sehr weitgehende Prüfungsrechte der Vereinsgeschäftsführung.

Geht es aber um strittige Beschlüsse aus Mitgliederversammlungen, sollte beachtet werden, dass ein Mitglied durchaus bei Bedenken gegen die Rechtmäßigkeit – z. B. der richtigen Abstimmungsverhältnisse oder der Beschlussfähigkeit – über das Registergericht eine Überprüfung erreichen kann. Leider kommen in der Vereinspraxis immer wieder anschließende gerichtliche Schritte zur Feststellung der Unwirksamkeit von Mitgliederversammlungsbeschlüssen, meist jedoch wegen Formfehlern bei Einladung, Abstimmungen etc. vor.

ACHTUNG

RECHTZEITIG REAGIEREN

Vorstände sollten im persönlichen Gespräch oder in der Vorstandssitzung versuchen, bei Verärgerung einzelner Mitglieder umfassend Auskunft und Gelegenheit zur weiteren Aussprache anzubieten. Dies sollte zeitnah geschehen, um Gruppenbildungen im Verein zu vermeiden und um Austritten vorzubeugen.

Zu starke Kritik und zu großer Ärger insbesondere nach Wortmeldungen in Versammlungen konzentrieren sich häufig auf das (persönliche) Verhalten eines Vorstandmitglieds. Gelegentlich kann ein anderer Vorstand über ein sachliches Gespräch und einen Vermittlungsversuch drohende Eskalationen und spätere Austritte vermeiden.

Wenn Sanktionen gegenüber einzelnen Mitgliedern notwendig sind

Leider führt das Verhalten einzelner Mitglieder manchmal dazu, dass ein verantwortungsvoller Vorstand auch der Frage nach möglichen Sanktionen nachgehen muss. Dabei müssen auch die ergänzenden Verbandsrichtlinien beachtet werden, die teilweise sehr weitgehende Sanktionen gegenüber dem Mitglied vorsehen.

Es stellt sich die Frage, ob man gleich von Anfang an (nach Neugründung) zusätzliche Straf- bzw. Rechtsordnungen für den Verein benötigt. Häufig reicht die in der Gründungssatzung bereits vorgesehene Vereinsausschlussregelung aus, um einzelne Mitglieder zu sanktionieren, wobei eine Zuständigkeitsregelung (Vorstand, Mitgliederversammlung) aus der Satzung erkennbar sein muss. Teilweise schwierig ist dabei die konkrete Feststellung von Ausschlussgründen, die eine derart gravierende Maßnahme rechtfertigen. Auch hier ist es oft Tatfrage, ob gleich ein so schwerwiegender Verstoß gegen die Satzung oder das Ansehen des Vereins vorliegt, der einen Ausschluss rechtfertigt. Eine schriftliche Abmahnung durch den Vorstand und ein ergänzendes vertrauliches Gespräch sollten dem immer vorausgehen.

Die allgemein schwierige wirtschaftliche Lage führt häufig zu verschleppten oder völlig fehlenden Beitragszahlungen. Die Berechtigung zum Vereinsausschluss wegen Nichterfüllung der Mitgliedschaftspflichten – Mahnung vorausgesetzt – ist teilweise in Satzungen schon vorgesehen. Vor der Mitteilung des Vereinsausschlusses sollte mit dem Mitglied Kontakt aufgenommen werden und eine Stundung, Beitragsbefreiung für ein Jahr oder der Umstieg auf den geringeren Beitrag als passives Mitglied vereinbart werden. Falsch wäre es, Zahlungsunwilligkeit zu ignorieren – denn schon wegen der Gleichbehandlung der übrigen Mitglieder ist die Vereinsgeschäftsführung, übrigens auch aus gemeinnützigkeitsrechtlichen Gründen, verpflichtet, die Zahlungen zu überwachen und konsequent einzufordern.

Hinweis zum Vereinsausschluss: Ist die Mitgliederversammlung nach der Satzung für den Ausschluss von Vereinsmitgliedern zuständig, müssen die betroffenen Mitglieder bereits in der Einladung zur Versammlung beim TOP „Ausschluss von Mitgliedern“ namentlich genannt werden. Sonst können Beschlüsse in der Mitgliederversammlung nach § 32 BGB unwirksam sein, so das OLG Brandenburg in seinem Urteil vom 21.02.2006 (114 24/05).

Müssen Abstimmungen geheim sein?

Ist eine geheime Abstimmung nicht in der Satzung vorgeschrieben, muss einem dahin gehenden Antrag während der Mitgliederversammlung nicht unbedingt stattgegeben werden. Der Antrag auf Geheimabstimmung muss der Mitgliederversammlung zunächst zur Beschlussfassung vorgelegt werden. Dabei genügt entsprechend der Satzung meist die einfache Mehrheit der anwesenden Stimmberechtigten.

ACHTUNG

NICHT ZU OFT GEHEIM ABSTIMMEN

Satzungsregelungen dahin gehend, dass dem Antrag eines Mitglieds auf geheime Abstimmung entsprochen werden muss, sind nicht unbedingt empfehlenswert. Dies kann in der Vereinspraxis dazu führen, dass nicht nur der Ablauf der Versammlung erheblich gestört wird, sondern es kann bei Interessenten oder auch bei Gästen und Teilnehmern aus dem Bereich der öffentlichen Verwaltung der Eindruck entstehen, dass es mit der „Vereinshygiene" nicht ganz stimmt.

Bilden Sie mit Zustimmung der Mitglieder für eine geheime Abstimmung eine Wahlkommission bzw. einen Wahlausschuss zur späteren Stimmenzählung. Bereiten Sie für dieses Abstimmungsverfahren nutzbare Stimmzettel zur Abgabe rechtzeitig vor. Prüfen Sie auch hier z. B. bei einer Verbandszugehörigkeit über die dortige Hauptsatzung nach, ob für bestimmte Beschlussfassungen (z. B. Vorstandswahlen) eine geheime Abstimmung bereits zwingend vorgeschrieben ist.

Wenn eine Satzungsänderung ansteht

Oft wird nach Jahren eine Satzungsänderung notwendig, weil sich z. B. der Vereinszweck geändert hat oder einzelne Bestimmungen in der Satzung modifiziert werden müssen. Wünsche zur Satzungsänderung können auch von den Mitgliedern vorgetragen werden. Gelegentlich wird auch vonseiten des Finanzamts verlangt, dass ältere Satzungen an die geänderte steuerliche Betrachtungsweise der Finanzverwaltung angepasst werden. Einer der Auslöser, der zu einem regelrechten Satzungsänderungsboom in den letzten beiden Jahren führte, war die Notwendigkeit, zumindest den kompletten Wortlaut der Steuermustersatzung in ältere Vereinssatzungen zu übernehmen. Dabei ging es meist bei bereits gemeinnützigen Vereinen um die zutreffende Empfängerdefinition ganz am Ende jeder Satzung für den Fall der Auflösung des Vereins/Verbandes und die ausschließliche und unmittelbare Zweckverwendung durch die steuerbegünstigte Körperschaft. Dies wird noch weiteren alsbaldigen Handlungsbedarf auslösen.

Die Anpassung von Satzungen verlangt der Steuergesetzgeber ausdrücklich, daher auf jeden Fall für die anstehende Mitgliederversammlung die Satzung abgleichen! Bei Neugründungen wird dies ohnehin von Anfang an bereits aus gemeinnützigkeitsrechtlichen Gründen verlangt.

Handlungsbedarf besteht außerdem aus vorrangig steuerlichen, gemeinnützigkeitsrechtlichen Gesichtspunkten, wenn abweichend vom Ehrenamtsprinzip gewählte Vorstände angemessene Sitzungsgelder, Vergütungen/Aufwandsentschädigungen erhalten sollen. Denn erst muss für ein derartiges bescheidenes Vergütungsmerkmal als kleine finanzielle Anerkennung zur Ausübung des Ehrenamtes die Satzungsermächtigung mit der Abweichung vom strikten Ehrenamtsprinzip vorhanden sein, dann darf erst die Auszahlung der Vergütung zukunftsorientiert erfolgen. Denn eine bislang geltende Billigkeitsregelung ist zum 31.12.2010 ausgelaufen.

Die Satzungsänderung als Tagesordnungspunkt

Bringen Sie Satzungsänderungen rechtzeitig in die jährliche Mitgliederversammlung ein! Wichtig ist, dass bei der Einladung in der Tagesordnung aufgeführt wird, welche Satzungsänderung angestrebt wird. Satzungsänderungen müssen ausdrücklich als besonderer Tagesordnungspunkt angekündigt werden – unter „Verschiedenes" kann eine Satzungsänderung nicht rechtswirksam beschlossen werden.

Nach § 32 Abs. 1 S. 2 hängt die Beschlussfassung in der Mitglieder- oder Delegiertenversammlung ohnehin davon ab, dass der Beratungsgegenstand den Mitgliedern rechtzeitig mitgeteilt wurde, damit diese danach auch die Teilnahme an der Versammlung entscheiden können. Es wird zwar nicht erforderlich, wie z. B. bei anderen Gesellschaftsformen, den kompletten Wortlaut der Satzung mitzuteilen (so z. B. § 124 Abs. 2 AktG). Nicht ausreichend wäre es nach der Rechtsprechung jedoch, nur den Tagesordnungspunkt „Neufassung der Satzung" zu nennen, es sei denn in der Anlage zur Einladung wird auch der Satzungsvorschlag übermittelt. Vorteilhaft, wenn auch nicht zwingend notwendig, ist die Beifügung bzw. Übermittlung einer Satzungssynopse, also die Gegenüberstellung der Änderungen nach alter Satzung und dem Neuvorschlag für die Beschlussfassung.

Gegenstand kann jede Änderung des Inhalts oder Wortlauts der Satzung sein. Da später das Vereinsregister selbst bei nur einer einzigen Änderung zusätzlich eine komplette Fassung der geänderten Satzung verlangt, sollte man bei der Ankündigung die Änderung(en) und die Neufassung gleich mitbeschließen lassen.

Vorgeschrieben ist nach § 33 BGB für die Abstimmung hierzu die Mehrheit von drei Vierteln der erschienenen, anwesenden Mitglieder zur Beschlussfassung, es sei denn die Satzung sieht etwas anderes, z. B. wie häufig üblich eine Zweidrittelmehrheit vor (§ 40 BGB). Zur Änderung des Vereinszwecks wird die Zustimmung aller Mitglieder benötigt, wobei Nichtanwesende ihre Zustimmung schriftlich erteilen können (§ 33 BGB). Änderungen nur des Wortlauts (sprachliche Korrekturen), Ergänzungen oder Erweiterungen des Zwecks sind i. A. noch keine Zweckänderung. Unten finden Sie ein Beispiel einer Satzungsänderung als Tagesordnungspunkt, wobei kurze Begründungen für den Anlass stets empfehlenswert sind.

BESONDERE SATZUNGSREGELUNGEN GEHEN VOR ACHTUNG

Da es manchmal sehr schwer ist, tatsächlich alle Mitglieder zu erreichen, sollten Sie in der Satzung des Vereins zur Änderung des Vereinszwecks auch hierfür die übliche Zweidrittel- oder Dreiviertelmehrheit der anwesenden Stimmberechtigten verankern.

Bei umfangreicheren Satzungsänderungen kann es sich auch lohnen, den Anwesenden eine kleine Gegenüberstellung von alter Satzungsregelung (links) und Neudefinition (rechts) vorzulegen oder ggf. mit der Einladung zu übersenden. Der Vorstand sollte in der Versammlung außerdem kurz die Notwendigkeit der Satzungsänderung erläutern. Wichtig ist zudem die ergänzende Beschlussfassung zur Neufassung der Satzung, zumal bei Anmeldung beim Registergericht diese Neufassung nach jeglicher Satzungsänderung mit eingereicht werden muss.

Im Vorfeld werden zur Abstimmung in der Vorstandschaft meist kleinere Satzungskommissionen eingesetzt, um konkrete Formulierungsvorschläge vorzubereiten. Der Vorstand sollte dabei auch überprüfen, ob die Vorgaben der steuerlichen Mustersatzung enthalten sind. Gibt es rechtliche Probleme, Formulierungs- oder Definitionsschwierigkeiten, sollte entweder Rechtsrat eingeholt oder das Vereinsregister um Zustimmung nach kurzer Vorprüfung gebeten werden. Erfahrungsgemäß stoßen Satzungsänderungen nicht unbedingt stets auf das allgemeine Mitgliederinteresse. Dennoch sollte der Vorstand oder ein beauftragtes Mitglied kurz die Gründe und die Notwendigkeit erläutern, ohne komplett nochmals die Gesamtsatzung durchzugehen.

MUSTER **TAGESORDNUNG** **CD-ROM**

[...]

3. Tätigkeitsberichte
4. Kassenprüferbericht und Entlastung des Vorstands
5. Antrag des Vorstands auf folgende Satzungsänderungen sowie Beschlussfassung über Satzungsneufassung:
   Zu § ... Mitgliederversammlung (Ergänzung neu): „Die Mitgliederversammlung hat u. a. den Haushalt und die Jahresfinanzplanung zu genehmigen."
   Ergänzt wird: „einschließlich der von den jeweiligen Vereinsabteilungen vorgelegten Haushaltspläne."
   Zu § ... Haftungsfreistellung (neu): „Die Haftung aller Vereinsorganmitglieder, auch der Abteilungen sowie der mit der Vertretung des Vereins beauftragten Vereinsmitglieder, wird auf Vorsatz oder grobe Fahrlässigkeit beschränkt entsprechend der gesetzlichen Regelung nach §§ 31a, 31b BGB.
   Zu § ... Auflösung des Vereins wegen Steuermustersatzung (neu): Bei Streichung der bisherigen Empfängerfestlegung nach bisheriger, vorheriger Rücksprache mit dem Finanzamt soll nach Maßgabe der Steuermustersatzung die Empfängerbenennung wie folgt lauten: „[...] fällt das restliche Vereinsvermögen an den xy- Verband e. V., der es unmittelbar und ausschließlich für gemeinnützige Zwecke zu verwenden hat."
   Die vorgesehen Satzungs-Neufassung ist beigefügt und wird ergänzend in der Versammlung ausgelegt.
6. Verschiedenes/Vereinsplanungen etc.

Das Vereinsregister unterrichten

Ist die Satzungsänderung von der Mitgliederversammlung beschlossen worden, so müssen Sie das Vereinsregister davon unterrichten. Dazu benötigen Sie den Beschluss, also Original und Kopie des Protokolls der Mitgliederversammlung (§ 71 BGB). Dafür können Sie folgendes Muster verwenden, das Sie auch auf Ihrer CD als Textvorlage finden:

CD-ROM

MITTEILUNG EINER SATZUNGSÄNDERUNG

MUSTER

An das Amtsgericht ...
– Registergericht –
(Adresse)

Datum

Anmeldung der Satzungsänderung und Änderung des Vorstands des _______________ Vereins e. V.

Registernummer _______________ des AG _______________

Als vertretungsberechtigtes Vorstandsmitglied wird hiermit die Satzungsänderung sowie Änderung im Vorstandsamt zur Eintragung in das Vereinsregister angemeldet.

Auf der ordnungsgemäß einberufenen Mitgliederversammlung vom _________ wurde beschlossen:

1. Die Satzung wie folgt zu ändern:

§ ... Der Verein wird künftig von jeweils zwei vertretungsberechtigten Vorstandsmitgliedern gemeinsam vertreten.

§ ... Die Vereinsauflösungsklausel wurde an den Wortlaut der Steuermustersatzung angepasst.

2. Zur neuen 2. Vorsitzenden wurde Frau ..., geb. am ..., ansässig in ... am ... [Datum] gewählt.

In der Anlage übersende ich die Abschrift des Versammlungsprotokolls der Mitgliederversammlung vom ..., aus der sich die Beschlussfassungen zu Ziffer 1 und 2 ergeben, sowie den Wortlaut und die Neufassung der geänderten Satzung.

Als allein vertretungsberechtigter Vorstand versichere ich, dass die Mitgliederversammlung satzungsgemäß mit Vorlage der Tagesordnung einberufen wurde, Beschlussfähigkeit bestand und die angemeldeten Beschlüsse ordnungsgemäß zustande gekommen ist.

Mit freundlichen Grüßen

(Vorstand)

(öffentlich beglaubigte Unterschrift des Vorstandsmitglieds)

Satzungsänderungen sind vom vertretungsberechtigten Vorstand, bei Einzelvertretungsbefugnis z. B. vom 1. Vorsitzenden, anzumelden. Bei Neufassung der Satzung müssen die Änderungen stichwortartig bezeichnet werden, mit der Mitteilung, dass die beigefügte Neufassung angemeldet wird. Nicht vergessen: Sie benötigen den Beglaubigungsvermerk des Notars über die Echtheit der Unterschrift des Vorstands, soweit nicht bereits durch die aktuelle Rechtsänderung auch das Vereinsregister die Unterschriftsbeglaubigung vornehmen kann. Für eine Satzungsänderung ist (im Gegensatz zur Erstanmeldung) die Unterschrift nur eines (allein vertretungsberechtigten) Vorstands erforderlich. Soweit nach Satzung nur mehrere Vorstände den Verein gemeinsam vertreten können, müssen dann so viele Mitglieder, wie für die wirksame Vertretung erforderlich sind, die Anmeldung nach Unterschriftsbeglaubigung vornehmen.

Satzungsänderungen werden im Regelfall erst mit der Eintragung im Vereinsregister (konstitutive Wirkung, § 71 Abs.1 BGB) wirksam. Besondere zeitliche Vorgaben, etwa dass bestimmte Änderungen erst ab 1. Januar des nächsten Vereinsjahres in Kraft treten sollen, müssen Sie unbedingt zuvor mit dem Registergericht abstimmen.

Soweit bei bestehenden Vereinen über eine Satzungsänderung auch Vorstandspositionen funktionell verändert werden sollen, gleichzeitig aber die Amtszeit des bisherigen Vorstands mit der nachfolgenden Neuwahl endet, muss für den Wahlvorgang ein „Reservebeschluss“ von der zuständigen Mitgliederversammlung eingeholt werden. Das bedeutet, dass der alte Vorstand noch im Amt bleibt, bis die Satzungsänderung zum Vorstandsamt vollzogen und vom Registergericht eingetragen wurde. Erst dann wird die Neuwahl nach den neuen Satzungsvorgaben „wirksam“.

Neben den meist noch anfallenden Beglaubigungskosten wegen der ausstehenden Umsetzung der Beglaubigungsmöglichkeiten durch den Notar (11,60 Euro inkl. MwSt. bei einem Regelgeschäftswert) verlangt das Registergericht eine Bearbeitungsgebühr nach § 80 KostO.

Wie sollte das Protokoll aussehen?

Die Protokollpflicht über den Ablauf und die Ergebnisse der Mitgliederversammlung ist meist schon in der Satzung verankert. Bestimmen Sie vor Beginn und Eröffnung der Versammlung zunächst den Protokollführer, soweit die Satzung diese Aufgabe nicht bereits einer bestimmten Person, z. B. dem Schriftführer, zugewiesen hat. Lassen Sie gleich zu Beginn eine Anwesenheitsliste herumgehen, um die Zahl der anwesenden stimmberechtigten Mitglieder in Erfahrung bringen zu können.

Wichtig ist nach Eröffnung der Versammlung die Feststellung der Beschlussfähigkeit. Für Satzungsänderungen und Vorstandswechsel muss das Protokoll dem Registergericht vorgelegt werden. Sogar das Finanzamt fordert häufig das Versammlungsprotokoll zur Einsichtnahme an. Passen Sie auch bei zugelassenen Neuanträgen während der Mitgliederversammlung auf: Der Protokollführer sollte sich unbedingt die Zeit nehmen, den meist mündlich vorgetragenen Antrag wörtlich aufzunehmen. Der Versammlungsleiter sollte dann erst nach nochmaligem Vorlesen des Antrags mit der Abstimmung zur Zulassung dieses Antrags beginnen. Auch sollte es zur Aufgabe des Vorstands gehören, dass aus welchem Grund auch immer gefertigte Protokolle als Sitzungsniederschriften sehr sorgfältig vor Freigabe intern nochmals geprüft werden. Soweit die Satzung hierzu keine Vorgaben macht, ist es üblich, dass der Protokollführer und ein Vorstandsmitglied, meist der 1. Vorsitzende oder sein Stellvertreter, das fertiggestellte Protokoll „für die Richtigkeit“ unterzeichnen.

Wie finanziere ich meinen Verein?

Die Vereinsfinanzierung ist ein schwieriges Kapitel. Einerseits benötigt man dringend Reserven, andererseits möchte man auch möglichst steuerfrei bleiben. Die folgenden Abschnitte geben Ihnen Hilfestellungen, welche Finanzierungsmöglichkeiten es für Ihren Verein gibt und was Sie wegen der steuerlichen Auswirkungen beachten sollten.

Mitgliedsbeiträge sind nicht genug

Jeder Vereinsvorstand kennt das Problem: Nur mit Mitgliedsbeiträgen und Einzelspenden lässt sich ein vernünftiger Vereinshaushalt das Jahr über nicht finanzieren. Denn auch Vereine spüren zwischenzeitlich einen gewissen Konkurrenzdruck, nicht nur durch andere Vereine, sondern auch – im sportlichen Bereich – durch Fitnesscenter oder andere gewerbliche Anbieter.

Dadurch dass etwas größere Vereine immer weitere Abteilungen aufbauen und zusätzliche Vereinsangebote unterbreiten, stagniert der Mitgliederstand bei sog. Mono- oder Einspartenvereinen häufig oder sinkt sogar. Darüber hinaus führt die wirtschaftlich angespannte Lage dazu, dass Mitglieder, spätestens wenn es um die Zahlung des jährlichen Beitrags geht, sehr genau prüfen, ob sich eine Mitgliedschaft für sie noch lohnt. Die Folgen sind Kündigungen oder der Wechsel von einer aktiven zu einer passiven Mitgliedschaft oder in den Förderverein, natürlich verbunden mit geringeren Einnahmen für den Verein.

Aufpassen sollte man bei Diskussionen, dass Spenden steuerlich sinnvoller sind als Mitgliedsbeiträge – dies gilt vor allem bei Sport- oder Musikvereinen, deren Mitgliedsbeiträge nicht steuerlich geltend gemacht werden können. Spenden aber sind freiwillige Leistungen – damit ist ein Ausstieg als Mitglied oft schon absehbar. Daher ist es besser, eine gut strukturierte Beitragsordnung vorzusehen, die den Mitgliedern auch in Bezug auf die finanziellen Möglichkeiten einen dauerhaften Verbleib im Verein ermöglicht.

Kann ich die Mitgliedsbeiträge beliebig erhöhen?

Bei einem verbesserten Vereinsangebot für Mitglieder und höheren Belastungen der Vereinskasse (u. a. durch reduzierte Zuschüsse) müssen Sie unbedingt die Frage in die Vorstandssitzung einbringen, ob und in welchem Umfang Sie Mitgliedsbeiträge anpassen können und sollten. Hierbei müssen Sie drei Grundsätze beachten:

- Eine Erhöhung der Mitgliedsbeiträge muss über die Jahres-Mitgliederversammlung laufen, egal ob es hier einen Einzelbeschluss gibt oder eine vorhandene Beitragssatzung/-ordnung geändert wird.

- Selbst geringfügige Erhöhungen von Mitgliedsbeiträgen können Kündigungen auslösen. Wichtig ist, dass der Vorstand in der Mitgliederversammlung in der Lage ist, den Grund für die Beitragserhöhung plausibel zu erklären. Hilfreich sind dabei natürlich Vergleiche mit ähnlichen Leistungen gewerblicher Anbieter bis hin zu deutlichen Hinweisen im Bereich der Jugendarbeit etc.

- Sie sollten jede Erhöhung von Mitgliedsbeiträgen zum Anlass nehmen, insgesamt über die Beitragsstruktur nachzudenken. Ergibt sich aus den Mitgliederlisten, dass es z. B. viele Kinder gibt, sollten Sie prüfen, ob Sie nicht einen Familienbeitrag einrichten, der dann auch den Erwachsenen die Möglichkeit bietet, aktiv im Verein mitzuwirken und Leistungen in Anspruch zu nehmen.

Fazit: Als verantwortungsvoller Vorstand müssen Sie überaus sensibel mit Beitragserhöhungen umgehen.

Versicherungshinweis: Oft bieten Vereine zunächst kurze Probe- oder Schnuppermitgliedschaften an – sicherlich eine Möglichkeit, um Neumitglieder an den Verein heranzuführen. Man sollte dabei aber unbedingt die versicherungsrechtliche Seite prüfen. Im Sportbereich gelten die Rahmenverträge bei der Sportversicherung überwiegend nur für Mitglieder mit mindestens einjähriger Vereinsmitgliedschaft. Unter Umständen muss eine Nichtmitgliederversicherung abgeschlossen werden.

Darf ein Mitglied wegen einer Beitragserhöhung (fristlos) kündigen?

Nur in bestimmten Ausnahmefällen ist ein Mitglied nach der bisherigen Rechtsprechung zu einer fristlosen Kündigung nach einer Beitragserhöhung berechtigt. Entscheidende Kriterien sind hier die Höhe des bisherigen Vereinsbeitrags, der Umfang der Erhöhung im Einzelfall sowie die Frage, ob damit eine unzumutbare Belastung eintritt.

Allgemein kann man sagen, dass bei einer Erhöhung im Bereich von 50 % oder mehr das Mitglied zur außerordentlichen Kündigung berechtigt ist. Nach einer Entscheidung des LG Hamburg (Urteil v. 29.04.1999, Az.: 302 S. 128/98) kann ein um 300 % angehobener Beitrag nicht verlangt werden. Eine rückwirkende Erhöhung verstößt gegen Treu und Glauben (§ 242 BGB) und berechtigt zur fristlosen Kündigung der Mitgliedschaft. In der Rechtsprechung wird auch berücksichtigt, ob der Grund für die Beitragserhebung plausibel sein muss.

Mit der fristlosen Kündigung kann man sich während des laufenden Vereinsjahrs vorzeitig lösen. Mit einer „normalen" Kündigung kann das Mitglied – je nach Satzung – unkompliziert meist zum Ende des Jahres austreten, insbesondere wenn z. B. im Frühjahr oder Mitte des Jahres eine Beitragsanpassung für das Folgejahr beschlossen wurde.

Kann ich Umlagen beliebig einfordern?

Achten Sie bei der Einforderung von Umlagen auf ein ordnungsgemäßes Verfahren. Verlangt wird zudem, dass diese Umlagen nur zukunftsorientiert beschlossen und eingefordert werden dürfen, also keinesfalls rückwirkend! Der BGH hat hierzu bereits mit Urteil vom 24.09.2007 (Az. II ZR 91/06) die klare Vorgabe gemacht, dass Umlagepflichten nicht nur eindeutig aus der Vereinssatzung hervorgehen müssen. Mehr noch – zum Schutz des einzelnen Vereinsmitglieds muss die künftige Umlagehöhe bestimmbar sein, um auf zu hohe künftige Belastungen ggf. auch mit einem Vereinsaustritt reagieren zu können. Im Urteilsfall wurde neben dem Mitgliedsbeitrag dessen sechsfacher Betrag als zusätzliche künftige Umlage für ein Bauprojekt noch nicht als Grund für eine fristlose Kündigung der Mitgliedschaft eingestuft.

Wurde eine satzungsmäßig nicht abgedeckte Umlage beschlossen, so kann bei Widerstand einzelner Mitglieder diese Umlage zivilrechtlich nicht eingefordert werden, selbst wenn der Beschluss mit der Rückendeckung der Mitgliederversammlung erfolgte.

ACHTUNG

VERFAHREN ZUR EINFORDERUNG VON UMLAGEN

- Sieht die Satzung/Beitragsordnung eine Umlagemöglichkeit vor?
- Hat die Zustimmung für die Ermächtigung von Sonderumlagen der Mitgliederversammlung vorgelegen?
- Ist in der Satzung die Erhebung von Sonderumlagen vorgesehen, eventuell auch der Höhe nach begrenzt?
- Vermeiden Sie unbedingt rückwirkende Umlagen.
- Legen Sie den genauen Verwendungszweck dar und führen Sie ihn dann auch aus. Fordern Sie keinesfalls pauschale Sonderumlagen, die versteckte Beitragserhöhungen sind!

Wie bekomme ich Zuschüsse für meinen Verein?

Mögliche Ansprechpartner für Zuschüsse sind die Kommunen und die Verbände. Regelmäßig informieren die Verbände von sich aus, soweit sie die zuständige „Verteilungsstelle“ für Regional-, Landes- oder Bundeszuschüsse sind. Der Vorstand, der den Verein im Verband vertritt, sollte sich zumindest einen groben Überblick über laufende oder neue Förderprogramme verschaffen. Wichtig ist auch ein interner Fristenkalender, damit Anträge rechtzeitig abgegeben werden. Für die künftige Haushaltsplanung kann es sich lohnen, nachzufragen, ob überhaupt noch Zuschussmittel zur Vergabe vorhanden sind. Anlaufstellen neben Verbänden können aber auch die Kommunen sein, die zur Unterstützung der Verwirklichung der gemeinnützigen Zweckverfolgung neben rein finanziellen Zuschussprogrammen auch sonstige Unterstützungsleistungen anbieten können. Neben festen Projektförderungen sollten Vorstände auch daran denken, direkt über den Gemeinderat der Möglichkeit eines allgemeinen Vereinszuschusses nachzugehen. Dies gilt fristbezogen auch für neu gegründete und als gemeinnützig anerkannte Vereine wegen möglicher Berücksichtigung bei den Haushaltsmitteln der Kommunen/Städte.

Wie funktionieren Sponsoring und Werbung?

Sponsoring und Werbung sind Marketinginstrumente, also Maßnahmen von Unternehmen, um Produkte, Marken oder auch den eigenen Betrieb in der Bevölkerung bekannt zu machen. Wussten Sie, dass sich z. B. Banken, Versicherungen, Energie- und Chemiegroßunternehmen mit über 60 % vorrangig für den Kunst- und Musikbereich engagieren? Und mit ca. 37 % bevorzugt der Handel das Kultursponsoring. Auf Platz 1 steht natürlich der Sport. Das Schlusslicht sind leider immer noch die Bereiche Soziales und Umwelt.

Ausgehend davon, dass Vereine und Verbände ideale Zielgruppen sind, mit denen man auch zahlreiche Mitglieder oder Vereinsinteressenten erreichen kann, gewinnen entsprechende Marketingmaßnahmen durch gewerbliche Anbieter immer mehr an Bedeutung. Je nach Bedeutung des Vereins, sei es wegen seiner Größe oder seiner Erfolge, gibt es immer häufiger vertragliche Abschlüsse mit dem Ziel, dass einerseits der Verein aus der Zusammenarbeit entsprechende Einnahmen erzielt und andererseits der Vertragspartner in die Werbung durch oder mit dem Verein einsteigen kann.

Natürlich handelt es sich dabei nicht immer um Millionenverträge. Bei ca. 95 % aller Verträge fließen relativ bescheidene Einnahmen: Die Anzeige in der Vereinszeitung, der Abschluss eines Bandenwerbevertrags für eine Spielsaison und die Ausstattung der Mannschaft mit Trikots und dem Werbeaufdruck sind bekannte Beispiele.

Was wird für Werbung gezahlt?

Bei kleinen bis mittelgroßen Vereinen spielt neben dem wirtschaftlichen Interesse auch eine gewisse „Spendierfreudigkeit" eines Werbepartners eine Rolle. Allgemein lässt sich allerdings feststellen, dass das bisherige Sponsoring-Engagement sehr deutlich zurückgefahren wurde. Sogar laufende Verträge sind von Etatkürzungen betroffen.

Grundsätzlich gilt: Das Interesse des Werbepartners hängt von der Selbstdarstellung des Vereins ab und von der Breitenwirkung, die sich der Partner aus der Zusammenarbeit mit dem Verein erhofft. Legen Sie auf jeden Fall dar, welche Werbemittel Sie anbieten können. Gerade bei kleineren Werbeaufträgen, z. B. bei Banden- oder Trikotwerbung, wird der Werbepartner eher vom Wunsch, den Verein zu fördern, als von der Hoffnung auf wirtschaftlichen Erfolg geleitet.

BEISPIEL

ANNONCE IN VEREINSZEITUNG

Ein Anreiz für Anzeigenkunden und eine Möglichkeit für den Verein, einen etwas höheren Preis zu verlangen, wäre der Service, auch das Layout für die Annonce einer örtlichen Firma in der Vereinszeitung anzubieten. Vielleicht findet sich ja unter den Vereinsmitgliedern ein Grafiker, der die Gestaltung übernehmen kann.

Wichtig: Denken Sie bei plötzlich festgestellten Kürzungen der Zuwendungen an den Verein sofort über die finanziellen Auswirkungen für den laufenden Vereinshaushalt nach:

- Gibt es vielleicht die Chance, dass der zugesagte Betrag zeitverzögert ausbezahlt wird? Können kleinere, alternative Sponsoringpakete entworfen und angeboten werden?
- Wer kommt als neuer, zusätzlicher Sponsor in Betracht?
- Gibt es Empfehlungen aus dem Kreis der Mitglieder?
- Wer passt mit Blick auf die Verfolgung des Vereinszwecks noch als potenzieller Sponsorpartner zum Verein?

Was ist der Unterschied zwischen Sponsoring und Werbung?

Werbung und Sponsoring unterscheiden sich einerseits in der Höhe der Einnahmen, die an den Verein fließen, andererseits in den steuerlichen Auswirkungen.

Welche Zusagen darf man an einen Sponsor machen?

Ein Verein, also jede gemeinnützige Körperschaft, darf auf Plakaten, in Ausstellungskatalogen oder nahezu jeder denkbaren sonstigen Weise auf das Engagement durch Sponsoren hinweisen. Hierbei kann sogar das Logo oder Emblem des Sponsors verwendet werden. Nur: Der Hinweis darf nicht in besonderer Weise „hervorgehoben" sein!

Mit entsprechender Zurückhaltung kann man einiges an Steuern sparen. Es darf also weder aus dem Vertrag noch aus der Durchführung der Sponsoring-Unterstützung erkennbar werden, dass der Verein „aktive" Hilfe für Marketingmaßnahmen leistet. Falls der Sponsor ein größeres Leistungspaket vom Verein verlangt, sollten Sie dieses in eine „wasserdichte" Sponsoringvereinbarung und einen separaten Werbevertrag aufgliedern.

Steuerkonsequenzen bei Werbeeinnahmen?

Soweit der Verein optisch mitwirkt, also die Produkt- oder Anzeigenwerbung des Vereinsförderers aktiv unterstützt, kommen die Werbeeinnahmen grundsätzlich in den steuerpflichtigen wirtschaftlichen Geschäftsbetrieb. Körperschaft- und Gewerbesteuer fallen aber zunächst noch nicht an, wenn die Einnahmen des Vereins für das Vereinsjahr aus dem wirtschaftlichen Geschäftsbetrieb einschließlich der Umsatzsteuer nicht mehr als 35.000 Euro betragen (Besteuerungsgrenze nach § 64 Abs. 3 AO seit 2007). Schon bei größeren Werbetafeln mit dem Logo des Förderers rutscht man in den Bereich der steuerpflichtigen Werbeeinnahmen. Bei der Gewinnermittlung können die Betriebseinnahmen durch Werbung (selbst betriebene Bandenwerbung, Trikotwerbung, Inserate, Anzeigengeschäfte, Vergütung für Lautsprecherdurchsagen) mit den tatsächlichen Betriebsausgaben hierfür gemindert werden. Hinzu kommt, dass bei der Ermittlung des verbleibenden „steuerpflichtigen Einkommens" zusätzlich ein Freibetrag bei der Körperschaftsteuer (KSt) und bei der Gewerbesteuer von

5.000 Euro abgezogen wird. Der Restbetrag wird dann allerdings besteuert, wenn auch seit 2008 mit nur noch 15 % bei der KSt. Hinzu kommt die regional unterschiedliche Gewerbebelastung mit weiteren ca. 12–15 % an zusätzlicher Steuerbelastung.

Das Ziel – steuerfreie Einnahmen im Bereich der Vermögensverwaltung – kann auch dadurch erreicht werden, dass der Verein seine Werbemöglichkeiten, also das Recht zur Werbung mit entsprechenden Nutzungsmöglichkeiten, nicht selbst vermarktet (also der Verein selbst einen Werbevertrag schließt), sondern das Recht zur Nutzung der Werbemöglichkeiten insgesamt an einen unabhängigen Werbeunternehmer (z. B. eine Werbeagentur, den Veranstalter etc.) verpachtet. Wenn hier z. B. die Werbeagentur ein bestimmtes Entgelt zahlt, bleibt dies beim Verein steuerfrei. Es wird also nicht bei der 35.000-Euro-Besteuerungsgrenze als zusätzlicher, steuerrelevanter Bruttoumsatz berücksichtigt. Bei der Verpachtung der Werbung muss dem „Pächter" aber ein rechnerischer Gewinn von mindestens 10 bis 15 % aus dem Netto-Gewinn verbleiben. Vorsicht bei der Bereitwilligkeit einzelner Mitglieder, hier als externer Werbepartner mitzuwirken. Damit wird das Mitglied sofort steuerlicher Unternehmer mit allen sich für Gewerbetreibende ergebenden steuerlichen Konsequenzen – auch bei der angestrebten Realisierung und den Erwartungen bei diesen Werbegeschäften kann es manchmal von Vorteil für den Verein sein, wenn auf externe Dienstleister zurückgegriffen wird.

ACHTUNG

VEREINSRECHTE TEILWEISE VERPACHTEN

Man kann durchaus auch nur einen Teil seiner Vereinsrechte für werbliche Zwecke verpachten. Dann werden aber inhaltlich klar formulierte Verträge benötigt, z. B. nur für eine bestimmte Veranstaltung, nur für Bandenwerbung.

Eine Besonderheit jedoch gilt: Liegt keine Veranstaltung vor, die in den wirtschaftlichen Geschäftsbetrieb fällt, sondern handelt es sich um eine als Zweckbetrieb einzustufende sportliche, soziale oder kulturelle Veranstaltung, gibt es eine besondere Vereinfachungsregelung:

Den Gewinn aus erzielten Werbeleistungen für steuerbegünstigte Tätigkeiten – also häufig die Werbeeinahmen aus dem Bereich des Zweckbetriebs – dürfen Sie auf Antrag pauschal mit 15 % der Netto-Einnahmen ansetzen (§ 64 Abs. 6 AO). Als ausreichender Antrag gilt hierbei schon die Angabe des Gewinns mit dem pauschal ermittelten Betrag in der Körperschaftsteuererklärung.

Der Verein kann sich im Übrigen jedes Jahr neu entscheiden, ob er von dieser Möglichkeit Gebrauch machen will. Man ist also nicht für spätere Veranlagungszeiträume gebunden. Eine Aufteilung zwischen Pauschalierung und Einzelnachweis der Betriebsausgaben für einzelne Werbeeinnahmen während des Jahres ist hingegen nicht möglich. Bemessungsgrundlage für die günstige Pauschalierungsmöglichkeit sind die gesamten Werbeeinnahmen in den steuerbegünstigten Bereichen ohne Umsatzsteuer. Dies führt in vielen Fällen zu nicht zu unterschätzenden Steuervorteilen, denn häufig fallen bei einem gemeinnützigen Verein keine größeren Ausgaben im Zusammenhang mit den Werbeeinnahmen an. Es lässt sich leicht berechnen, dass dieses Wahlrecht mit nur 15 % der Nettoeinnahmen die Steuerpflicht erheblich reduzieren kann.

Aber aufgepasst: Für Werbeeinnahmen im Zusammenhang mit anderen wirtschaftlichen Geschäftsbetrieben gibt es keine Betriebsausgabenpauschalen. Diese wären somit grundsätzlich steuerpflichtige Einnahmen (z. B. bei Vereinsfesten oder aus sportlichen Veranstaltungen), bei denen die Brutto-Einnahmen die Zweckbetriebsgrenze von 35.000 Euro überschreiten. Trennen Sie daher das Jahr über unbedingt die Einnahmen und auch Ausgaben zum Zwecke der zutreffenden Verbuchung und Versteuerung der Werbeeinnahmen.

Soweit keine reinen Spenden vorliegen und damit die Einnahmen im ideellen Bereich des Vereins verbucht werden können, bieten Sponsorenverträge auch Umsatzsteuervorteile. Bei Einnahmen aus der Vermögensverwaltung gilt der ermäßigte Umsatzsteuersatz von 7 % (§ 12 Abs. 1 Nr. 8 UStG), bei Werbeeinnahmen mit Zuordnung zum wirtschaftlichen Geschäftsbetrieb in Höhe von 19 % ab 2007.

Umsatzsteuerhinweis: Vorsicht bei Werbemaßnahmen auf der Vereins-Homepage: Laufen hier Fremd-Werbebanner oder gibt es für Werbeauftritte Geld von Werbepartnern, dann liegen Einnahmen im steuerpflichtigen wirtschaftlichen Geschäftsbetrieb vor. Auch nur das Logo verbunden mit einem Link mit dahinter steckenden werblichen Aussagen zum Sponsorpartner dürfte bereits die Grenzen der steuerfreien Vermögensverwaltung überschreiten, damit voll steuerpflichtig sein.

Stimmen Sie bei unklaren vertraglichen Leistungen die zutreffende Verbuchung mit dem Finanzamt vorher ab. die finanzielle Belastung (USt) liegt allerdings meist beim Verein. Denken Sie daran, bei notwendiger Korrektur dem Sponsorpartner zeitnah eine berichtigte Rechnung zuzuschicken. Im Regelfall ist die Vorsteuer als Werbeaufwand beim Sponsor ohnehin ein Abzugsposten. Soweit der Verein noch als Kleinunternehmer mit seinen Einnahmen im Vorjahr unter 17.500 Euro liegt, darf natürlich die USt nicht auf der Rechnung erscheinen.

Weitere Hinweise zur Abgrenzung von steuerpflichtigen Werbeeinahmen zum steuerbegünstigten Sponsoring finden Sie im nachfolgenden ABC des Steuerrechts!

Worauf ist bei Vertragsabschluss zu achten?

Bei Abschluss größerer Sponsoring- oder Werbeverträge sollten Sie Vertragsentwürfe zuvor durch einen Rechtsanwalt prüfen lassen. Als verantwortungsvoller Vorstand sollten Sie z. B. darauf achten, ob man sich und, wenn ja, wie lange tatsächlich in die Hand nur eines Hauptsponsors begeben will.

Unterscheiden Sie auch unbedingt – selbst wenn es sich um dasselbe Unternehmen handelt – über zwei getrennte Verträge zwischen reinen, steuerbegünstigten Sponsoring- und Werbeleistungen. Sie können sich hierfür auch an den beigefügten kleineren Sponsorverträgen auf der CD orientieren. Meist legen aber die Unternehmen von sich aus den unterschriftsreifen Vertrag vor.

Als verantwortungsvoller Vorstand gilt es, diese Vertragsklauseln unbedingt zu prüfen und auch zu beurteilen, ob dies für den Verein überhaupt so machbar ist. Dies gilt insbesondere auch für die Zahlungsfristen/Fälligkeiten der Sponsorzahlungen und die zu vereinbarenden Sanktionen, wenn Zahlungen ausbleiben. Nur in wenigen Fällen, etwa im Sportbereich, ist die Einholung einer Verbandszustimmung zusätzlich notwendig.

Besondere Vorsicht ist beim Abschluss von Werbemobilverträgen geboten. Bei allem Interesse an der Überlassung eines Fahrzeugs für den Verein ist dies wegen der häufig leasingähnlichen Belastungen, der teilweise ungeklärten Versicherungs- und Volleigentumslage sehr sorgfältig zu prüfen. Zudem können selbst bei kostenloser Überlassung mit Werbeaufdrucke sofort Umsatzsteuerbelastungen entstehen, denn es liegt ein tauschähnlicher Umsatz vor. Bemessungsgrundlage sind im Regelfall die Anschaffungskosten des Fahrzeugs beim überlassenden Unternehmen. Dabei ist die Frage zu beachten, ob das Eigentum sofort oder erst nach Ende der Laufzeit des Werbemobilüberlassungsvertrags übergeht.

Eine kleine Steuerfalle kann sich aber auch auftun, wenn der gemeinnützige Sportverein von dem einen oder anderen Sponsor Trikots mit Werbeaufdrucken erhält. Obwohl dies ein „Geschenk“ ist, wird es aufgrund der optisch jederzeit erkennbaren Werbeverpflichtung steuerlich dem wirtschaftlichen Geschäftsbetrieb als Einnahme zugeordnet. Zudem sind aus dem Wert der geschenkten Trikots 19 % Umsatzsteuer abzuführen.

Zur Vorstandshaftung: Welche Risiken nimmt man auf sich?

Sich ehrenamtlich für seinen Verein zu engagieren ist für die gemeinnützig ausgerichtete Zweckverfolgung im Interesse der Mitglieder und auch der Allgemeinheit wichtiger denn je. Denn nur mit persönlichem Einsatz und mit häufig damit verbundenen Freizeitopfern lassen sich diese Ziele verwirklichen. Als Vorstand führt man gemeinsam mit Vorstandskollegen eine juristische Person, nämlich den „Verein". In der freien Wirtschaft wäre dies ein sicherlich gut bezahlter Geschäftsführerposten, wenn man einen Blick auf die GmbH wirft. Aber selbst wenn man die Honorierungsfrage völlig außer Betracht lässt, denn der Ehrenamtlichkeitsgrundsatz ist immer noch die Kernaussage bei der Vereinsführung, so sollte man zumindest wissen, dass ein aktiver Vorstand bei Fragen der Geschäftsführungstätigkeit insbesondere zur umfassenden Erfüllung der steuerlichen Pflichten für den Verein in haftungsrechtlicher Hinsicht einem gut bezahlten GmbH-Geschäftsführer als gesetzlicher Vertreter gleichgestellt wird.

Diese Aussage mag zu einer Beunruhigung führen, jedoch keinesfalls zur leider immer häufiger vorkommenden Absage zur Übernahme eines Vorstandspostens im Ehrenamt. Die Eigenmotivation sollte bereits im ersten Ansatz darin liegen, dass viele Mitbürger bewusst das Vertrauen in den einzelnen Vorstandskandidaten setzen und ihm oder ihr zutrauen, die Geschicke des Vereins langfristig und erfolgreich vorrangig im Mitgliederinteresse zu führen.

Haftung bei grober Fahrlässigkeit oder Vorsatz

Wissen sollte man dazu, dass bei grundlegender Beachtung gewisser „Spielregeln" und Vorgaben sich die immer wieder im Raum stehende Haftungsfrage deutlich entschärft.

Denn zunächst steht der Verein als Haftungsobjekt immer im Vordergrund, und zwar mit dem Vereinsvermögen. Ohne es zu bagatellisieren, kommt die denkbare persönliche Haftung und Verantwortung des einzelnen Vorstandsmitglieds meist nur dann in Betracht, wenn in grober Weise, juristisch ausgedrückt „grob fahrlässig“ oder sogar vorsätzlich gegen geschäftliche Standards und allgemein im Wirtschaftsleben geltende kaufmännische Grundsätze verstoßen wurde. Es wird also allgemein erwartet, dass die Geschäftsführung entsprechend § 276 BGB sorgfältig ausgeübt wird; das Handeln oder Unterlassen wird mit der Sorgfalt gemessen, die eine gewissenhaft und ihrer Aufgabe gewachsene Person anzuwenden pflegt.

Aber es ist sicher nachvollziehbar, dass fehlende Erfahrungen und Befähigungen als Entschuldigungsgrund nicht ausreichen, wenn es später mal zu Fehlern bzw. Schadensfällen kommen sollte. Es ist Sache des Vorstands, eine Position nur dann zu übernehmen, wenn er sie sich auch zutraut. Es ist seine persönliche Aufgabe, sich dann die richtige, wenn auch mit finanziellem Aufwand für den Verein verbundene Unterstützung zu holen, um Einzelaufgaben im Vereinsinteresse klären/lösen zu können.

Die Befürchtung, bei Übernahme des Ehrenamtes auch noch mit seinem persönlichen Vermögen zu „haften“, kann im Regelfall entkräftet werden.

Die auch medienträchtigen Haftungsfälle betreffen meist den Fall der Insolvenz eines Vereins, wenn nach früheren gravierenden Fehlern Gläubiger, das Finanzamt oder die Sozialversicherungsbehörden versuchen, wegen fehlenden Vereinsvermögens ergänzend an einzelne Vorstandsmitglieder haftungsrechtlich heranzugehen. Wer sogar vorsätzlich versucht, die Mittelbeschaffung und Kapitalausstattung seines Vereins etwa durch Steuermanipulationen zu verbessern, hat schon im Vorfeld die ihm als Ehrenamt übertragene Vertrauensposition nicht richtig verstanden. Zudem kommt es sicherlich vorstandsintern auch darauf an, welche konkrete Position ausgeübt wird und welche Überwachungsaufgaben auf einzelne Mitglieder zukommt.

Nach dem Grundsatz der Organhaftung haftet somit zunächst der Verein mit seinem Vermögen für alle rechtsgeschäftlichen und tatsächlichen Handlungen des Vorstands, wenn hieraus ein Schaden eingetreten ist (so u. a. § 31 BGB). Auch der Gesetzgeber hat dies erkannt und zwischenzeitlich durch zwei nicht zu unterschätzende BGB-Änderungen versucht, die drohende Vorstandshaftung insbesondere wegen zivilrechtlicher Schadensersatzansprüche zu entschärfen. Der nun geltende § 31a BGB sieht ausdrücklich vor, dass für den Fall, dass ein Vorstandsmitglied leicht fahrlässig einen Schaden verursacht, aus dem sich ein Anspruch ihm gegenüber ergibt, der Verein ihn freistellen muss.

Denn für das Vereinsrecht gilt zunächst der Grundsatz der Vereinshaftung nach § 31 BGB. Der e. V. haftet also für einen verursachten Schaden im Außenverhältnis mit seinem Vereinsvermögen, ggf. auch für bestimmte Schäden, unabhängig davon ob diese hinreichend durch die bestehende Vereins-Haftpflichtversicherung abgesichert sind. Typische Fälle sind Schadensersatz- und Schmerzensgeldansprüche Dritter, soweit der Verein den Schaden verursacht und zu vertreten hat (§§ 823 ff., 280, 311, 241 BGB). Denn § 31 BGB sieht die Eintrittspflicht des Vereins vor, wenn der Vorstand, ein Mitglied des Vorstands oder ein anderer berufener Vertreter in Ausführung seiner Tätigkeiten Dritte schädigt.

Seit dem 3.10.2009 (Gesetz zur Begrenzung der Haftung von ehrenamtlich tätigen Vereinsvorständen, BGBl I 2009 S. 3161) gilt nun speziell für Vorstände eine besondere Haftungsbefreiungsvorschrift nach § 31a BGB: Ein Vorstand, der jährlich nicht mehr als 500 Euro an Vergütungen vom Verein erhält, haftet persönlich bei Schadensverursachungen seinem Verein und den Mitgliedern nur dann, wenn der Schaden vorsätzlich oder grob fahrlässig verursacht wurde.

Zwischenzeitlich wurde diese Haftungsfreistellung sogar auf Mitglieder außerhalb des Vorstandsbereichs erweitert, soweit diese im Auftrag des Vereins aktive Führungsaufgaben übernommen haben, ohne der Vorstandschaft anzugehören (§ 31b BGB n. F.).

Typische Fälle, bei denen Regressfälle beim Verein eintreten und ein Freistellungsanspruch für verantwortliche Vorstände besteht, sind z. B. die fahrlässige Nichtbeachtung von Verkehrssicherungspflichten bei fehlender sachgerechter Überwachung durch Vorstände oder der fahrlässig nicht fristgerecht eingereichte Zuschussantrag, der einen finanziellen Schaden für den Verein (und seine Mitglieder) nach sich zieht.

Wann konkret grobe Fahrlässigkeit vorliegt, ist allerdings Auslegungsfrage im Einzelfall.

Bei größeren Veranstaltungen von Vereinen, z. B. bei Reitturnieren, sollte sorgfältig die versicherungsrechtliche Absicherung geprüft werden. Möglich wäre zudem eine Haftungsbegrenzung z. B. durch vereinbarte allgemeine Geschäftsbedingungen.

Ist eine Vermögensschadenhaftpflichtversicherung sinnvoll?

Einige größere Vereine/Verbände mit entsprechendem Haushaltsvolumen und Mitteln schließen zudem ergänzende Vermögenshaftpflichtversicherungen als Zusatzversicherung ab, um handelnde Vorstände vor persönlichen Schadensersatzansprüchen schützen zu können. Dabei zählt dann auch die Abwehr von Ansprüchen zu den Leistungen einer (nicht billigen) Vermögensschadenhaftpflichtversicherung.

Es kann sich durchaus empfehlen, als aktiver Vorstand nach § 26 BGB dieser Versicherungsfrage im persönlichen Interesse nachzugehen und entsprechende Angebote einzuholen, denn nur selten gibt es über den Verbandsanschluss diese zusätzliche Absicherung.

Das besondere Risiko liegt eindeutig im Bereich des Steuer- und Sozialversicherungsrechts für vertretungsberechtigte Vorstände. Denn die §§ 34, 69 AO stellen ausdrücklich für den Fall einer persönlichen Haftung auf den gesetzlichen Vertreter des Vereins zur umfassenden Erfüllung der Vorgaben und Pflichten ab. Auch § 10b Abs. 4 EStG ist ein nicht zu unterschätzender Haftungssondertatbestand bei der Spendenhaftung, wenn unzutreffende Spendenbescheinigungen durch den Verein ausgestellt werden.

Beim Verein als Arbeitgeber sieht zudem das Sozialversicherungsrecht (§ 28e SGB IV) eine persönliche Haftung des Vorstandsorgans vor, wenn schuldhaft gegen Arbeitgeberpflichten verstoßen, keine zutreffenden Sozialversicherungsbeiträge abgeführt und/oder bestimmte Meldepflichten nicht erfüllt wurden. Vergleichbar ist haftungsrechtlich die Situation bei der Lohnsteuerhaftung nach § 42a Abs. 1 EStG bei Beschäftigung von Arbeitnehmern, mit der Möglichkeit des Finanzamts, neben dem Verein auch den Vorstand als Gesamtschuldner haftungsrechtlich nach Ermessensausübung in Anspruch nehmen zu können.

Die zuvor dargestellte vereinsinterne Entlastung durch die Mitgliederversammlung hilft bei einem „Behördenregress" nicht weiter. Allerdings wird im Regelfall der Zugriff auf Vorstände nur dann erfolgen, wenn das Vereinsvermögen für nachträgliche Steuer- und Sozialversicherungsforderungen nicht ausreicht. Die Steuerechtsprechung kommt jedoch im Einzelfall selbst bei einer vorhandenen Vorstandsordnung mit Ressortaufteilung zu einer persönlichen Haftung eines anderen Vertretungsberechtigten wegen der bestehenden Gesamtverantwortung der Vorstände nach § 26 BGB mit dem Grundsatz der Gesamtgeschäftsführung. Denn die gesetzlichen Vorgaben zur umfassenden Erfüllung steuerlicher Pflichten nach § 34 AO sind nicht komplett delegierbar. Wenn sich Anhaltspunkte für eine eben nicht gewissenhafte Aufgabenerfüllung z. B. des üblicherweise zuständigen Schatzmeisters bzw. des für das Rechnungswesen zuständige Vorstandsmitglieds ergeben, muss trotz Ressortaufteilung gehandelt werden. Es darf daher keinesfalls auf eine interne Überwachung verzichtet werden, wobei jedes Vorstandsmitglied im Kollegenkreis ohnehin einen umfassenden Auskunftsanspruch hat (so u. a. FG München, Urteil v. 15.7.2010, 14 V 1552/10). Wird „geblockt" und kann sich ein Vorstandsmitglied nicht durchsetzen, sollte dies mit entsprechendem Vermerk zur Dokumentation im Vorstandprotokoll vermerkt und im Eskalationsfall sogar die Amtsniederlegung in Betracht gezogen werden.

Zur Haftung des Vorstands für Steuerschulden

Grundsätzlich hat der gesetzliche Vertreter (also im Regelfall der vertretungsberechtigte Vorstand) dafür Sorge zu tragen, dass die Steuern aus dem Vermögen des Vereins entrichtet werden (§ 34 AO). Den Vorstand treffen daher nicht nur die Pflicht zur Erfüllung der Buchführungsvorgaben und die Steuererklärungspflicht, sondern für ihn gelten auch besondere Mitwirkungs- und Auskunftspflichten.

Falls ein Vereinsvorstand jedoch vorsätzlich oder grob fahrlässig seinen steuerlichen Verpflichtungen für den Verein nicht nachkommt, kann er auch persönlich als gesetzlicher Vertreter des Vereins mit seinem Privatvermögen für die Steuerschulden haftbar gemacht werden.

BEISPIEL

HAFTUNG MIT PRIVATVERMÖGEN

Nach der Entscheidung des Bundesfinanzhofs vom 23.06.1998, BStBl 1998 II S. 761 gelten für den ehrenamtlichen Vereinsvorstand die gleichen Haftungsgrundsätze wie für einen in der freien Wirtschaft tätigen GmbH-Geschäftsführer. Im entschiedenen Fall ging es um die Lohnsteuerhaftung eines Vereinsvorstands. Dieser Vorstand hatte bei der Beschäftigung von Arbeitnehmern die einbehaltene Lohnsteuer nicht zeitnah ans Finanzamt abgeführt, weil der Verein über längere Zeit nicht zahlungsfähig war. Der BFH unterstellte dem Vorstand eine Pflichtverletzung und bestätigte die persönliche Inanspruchnahme des Vorstands für die Steuerschulden des Vereins.

Es gibt zwischenzeitlich auch zahlreiche weitere Finanzgerichtsentscheidungen mit der klar erkennbaren Tendenz, dass den ehrenamtlichen vertretungsberechtigten Vorstand auf jeden Fall eine sehr strenge Kontroll- und Überwachungspflicht trifft, was die Beachtung der Steuerpflichten für den Verein angeht. Es besteht manchmal sogar ein doppeltes Risiko: Möglich ist, dass bei grob fahrlässigem, auf jeden Fall bei vorsätzlichem Handeln das Finanzamt neben dem Verein mit seinem Vereinsvermögen auch den oder die verantwortlichen Vorstände per Haftungsbescheid heranzieht. Dies kann dazu führen – gerade bei größeren, nachträglich festgesetzten Steuerschulden für zurückliegende Jahre –, dass bei Zahlungsunfähigkeit des Vereins das private Vermögen des Vorstands angegangen wird. Bei unklaren Sachverhalten in der Vergangenheit können zudem Zuschätzungen drohen, was zu erheblichen Steuernachzahlungen plus Verzinsung führen kann.

Abgesehen davon, dass die Finanzverwaltung durch Kontrollmitteilungen bei Lieferantenrechnungen, Prüfung der Protokolle, Auswertung von Zeitungsberichten u. v. m. über sehr detaillierte Erfahrungswerte verfügt und ein Verein wie jeder andere Steuerzahler auch wahrheitsgemäße und vollständige Angaben machen muss, darf in diesen Fällen die Reaktion der

Mitglieder nicht unterschätzt werden: In nahezu allen Fällen liegt keine persönliche Bereicherung der Vorstandsmitglieder vor, aber als Konsequenz folgen oft ein klares Misstrauensvotum in öffentlichen Versammlungen, die fehlende Entlastung und gelegentlich auch noch Regress- und Schadensersatzansprüche durch den Verein selbst.

Um eine persönliche Inanspruchnahme zumindest bei fahrlässig verursachten Steuerfehlern zu vermeiden, sollte der Verantwortungsbereich für finanzielle Vorgänge mit allen damit verbundenen Überwachungs- und Berichtspflichten in einer Vorstandsordnung geregelt werden.

UNTERLAGEN VOR VEREINSPRÜFUNGEN DURCHGEHEN ACHTUNG

Man sollte bei angekündigten Vereinsprüfungen – meist über drei Jahre – die Unterlagen vorab durchsehen, gerade wenn in diesen Jahren ein Vorstandswechsel stattgefunden hat. Dies entbindet den neuen Vorstand nämlich nicht davon, sich im Vereinsinteresse über die früheren Jahre zu informieren. Werden Fehler oder Lücken in der Buchhaltung entdeckt, sollte dies sofort berichtigt werden. Denn nicht nur gegenüber dem Finanzamt, sondern auch gegenüber dem Verein und seinen Mitgliedern ist der neue, jetzt im Amt befindliche Vorstand sogar verpflichtet, ggf. auch alte Fehler zu berichtigen.

FEHLENDE NACHWEISE BEISPIEL

Für das laufende Vereinsjahr werden neue Übungsleiterverträge abgeschlossen. Der neue Kassierer stellt fest, dass neben der Vergütung zusätzlich Pauschalbeträge für Fahrtkosten etc. ohne Nachweis gewährt wurden. Sowohl für die laufende als auch für die Geschäftstätigkeit der letzten Jahre sollte die steuerliche Wertung geprüft und ggf. sofort berichtigt werden. Das manchmal in Vereinen auftauchende Argument „Das haben wir schon immer so gemacht!" entbindet nicht von der zutreffenden Behandlung von Vergütungen und Geschäftsvorgängen. Stets mitgeprüft werden insbesondere die schlüssige Einnahme- und Ausgabensituation im Bereich des steuerpflichtigen wirtschaftlichen Geschäftsbetriebs. Gerade beim selbst bewirtschafteten Vereinsheim mit Umsätzen aus Bewirtungen kann dies hin bis zur Überprüfung von Warenkauf mit dem Abgleich einer angemessenen Erlössituation etc. gehen.

Auch bei Verträgen sollten Sie aufpassen: Nehmen Sie Abstand von Verträgen per Handschlag. Bei jeglichen Prüfungen, ob Sozialversicherungsträger, Finanzamt oder Berufsgenossenschaft, wird regelmäßig bei Beschäftigungsverhältnissen jeder Art die Vorlage von Verträgen verlangt. Dabei kann man nicht ausschließen, dass bei nicht klaren oder fehlenden Unterlagen sogar Mitarbeiter, Übungsleiter etc. direkt befragt werden, was vereinsintern für einige Unruhe sorgen kann. Beachten Sie: Im Dreijahresrhythmus prüft auch die Sozialversicherung durch die Deutsche Rentenversicherung Bund die Beschäftigungsverhältnisse im Verein. Verstärkt und regelmäßig werden dabei gerade Übungsleiter-/Minijob-Verhältnisse unter die Lupe genommen. Unerlässlich ist es daher, bei jeglichen Arten von bezahlten Beschäftigungsverhältnissen einen schriftlichen Vertrag abzuschließen und ein Lohnkonto zu führen. Auf Ihrer CD finden Sie entsprechende Musterverträge.

Grundsätzlich sollten Vereine Kapitalreserven bilden, um zeitnah etwa im Bereich der Umsatz- und Lohnsteuer die anfallenden Steuerbeträge regulieren zu können. Soweit ein Haftungsbescheid ergeht, hält sich das Finanzamt bei Inanspruchnahme an denjenigen, der für den Bereich der Vereinsfinanzen verantwortlich zeichnet. Bei dieser verschärften Steuerhaftung für Vereinsvorstände kommt es nicht darauf an, ob der Vorstand ehrenamtlich oder uneigennützig tätig ist oder vielleicht ausschließlich im Interesse des Vereins versucht hat, Liquiditätsschwierigkeiten z. B. durch nicht rechtzeitige Zahlung von Steuerbeträgen an das Finanzamt zu überbrücken!

Übersteigt die laufende Arbeit mit ihren finanziellen und damit ggf. auch steuerrelevanten Vorgängen den Wissensstand und den zumutbaren Umfang einer ehrenamtlichen Tätigkeit, sollte selbst für Teilbereiche, etwa Buchführung, Lohnbuchhaltung, Erstellung eines Jahresabschlusses oder Steuererklärungen, ein Steuerberater – z. B. auch aus dem Kreis der Mitglieder – beauftragt werden. Der Gebührenaufwand hält sich in Grenzen, eventuell kann eine „wohlwollende“ Gebührenvereinbarung getroffen werden.

Ein abschließender steuerstrafrechtlicher Hinweis

Wird zudem bei Vereinsprüfungen erkennbar, dass Steuermanipulationen erfolgt sind – etwa verschwiegene Umsätze, also die Schwarzkassenproblematik –, kann dies sogar zur Einleitung eines Steuerstrafverfahrens gegen die einzelnen zuständigen Vorstände führen. Strafrechtlich kommt es dabei natürlich darauf an, wen der Vorwurf trifft, wer davon wusste oder dies gedeckt hat. Besonders relevant sind festgestellte Verstöße gegen steuerliche Pflichten bei der Umsatz-, Gewerbe- und insbesondere der Lohnsteuer (Stichwort Handgeld, schwarze Beschäftigungsverhältnisse/ Vergütungen, schwarze Kassen etc.) bis hin zum Vorwurf des Sozialversicherungsbetrugs.

SOFORT HANDELN ! ACHTUNG

Entdeckt man als gewählter Vorstand derartige möglicherweise auch steuerstrafrechtlich relevante Vorgänge, sollte neben der steuerlich zutreffenden Behandlung im laufenden Vereinsjahr auch die Berichtigung/Nacherklärung für Vorjahre erfolgen. Möglich ist dies theoretisch bis zum tatsächlichen Beginn einer anstehenden Steuerprüfung beim Verein – z. B. über eine Selbstanzeige. Aber abwarten bis zur Prüfung sollte man keinesfalls, denn manchmal kommt es auch vor, dass bereits finanzamtsintern ein Steuerermittlungsverfahren eingeleitet wurde, wenn über andere Informationswege, z. B. anonyme Anzeigen oder die Auswertung von Kontrollmitteilungen, ein Anfangsverdacht besteht. Dies schließt dann oft die Möglichkeit zur Berichtigung auch über eine Selbstanzeige aus.

Hinweis: Eine Nacherklärung für den getrennt zu betrachtenden Sozialversicherungsbereich hat für die strafrechtliche Würdigung des Vorwurfs eines Sozialversicherungsbetrugs nach § 266a StGB keine dem Steuerrecht vergleichbare Strafbefreiungswirkung wie bei einer Steuer-Selbstanzeige.

Soweit man als neu gewählter Vorstand Steuersünden in der Vergangenheit feststellt, sollte man dies unverzüglich in einer Vorstandssitzung offenlegen und daraufhin sofort einen externen steuerlichen Berater zum Zwecke einer Gesamtrevision einstellen.

Verschaffen Sie sich also bei Amtsübernahme einen aktuellen Überblick über die wichtigsten Steuer- und Sozialversicherungsspielregeln, selbst wenn der Vereinszweck, denn Sie ja im Mitgliederauftrag fördern sollen, auf den ersten Blick nur mittelbar betroffen ist. Mangelnde Kenntnis oder Unkenntnis schützen vor der Haftung leider nicht. Nutzen Sie zur Absicherung des Vereins und auch für sich persönlich die Möglichkeit, bestimmte vereinsbezogene Geschäftsvorgänge im Bedarfsfall fachlich kompetenten Dienstleistern zu übertragen. Dies gilt insbesondere für die Erfüllung der steuerlichen Pflichten wie Buchhaltung. Jahresabschluss etc. Auch muss man als ehrenamtlicher Vorstand nicht unbedingt persönlich eine komplette Lohnbuchhaltung selbst betreuen, wenn der Verein zur Erfüllung seiner Ziele im Mitgliederinteresse mit beschäftigten Aushilfen, also Arbeitnehmern arbeitet.

Mit einer klaren Vorstands-Ressortaufteilung und Abgrenzung der verantwortlichen Tätigkeiten, aber auch durch die Einschaltung eines Lohn- oder Steuerberatungsbüros kann das persönliche Haftungsrisiko reduziert werden, zumal die Vorstandshaftungsrisiken auch darin liegen können, dass eine nicht ausreichende Überwachung von vereinsinternen Vorgängen und Abwicklungen erfolgt.

In der Hoffnung, dass sich das Problem der Zahlungsunfähigkeit oder Überschuldung nicht stellen wird, sollten Sie dennoch bei ersten Alarmsignalen sofort handeln. Schnell rutscht auch ein ehrenamtlicher, vertretungsberechtigter Vorstand wegen später vorgeworfener Insolvenzverschleppung u. Ä. in die Haftung, wenn trotz Zahlungsproblemen nicht richtig gehandelt wird. Vorgaben für Vereine enthält u. a. § 42 BGB, wobei auch das Registergericht über die Insolvenz eines Vereines unterrichtet (§§ 74,75 BGB).

Davon unabhängig sollten Sie bei auftretenden Zahlungsproblemen auch alles versuchen, um Gläubiger (bis hin zum Finanzamt) zu Ratenzahlungsvereinbarungen, Zahlungsaufschub und/oder Erlass von Zinsbelastungen zu bewegen. Kreditinstitute helfen da im Regelfall nicht mehr weiter. Die Fälle, dass nicht professionelle Vereine Kredite bis hin zu Bürgschaften erhalten, sind in der Vereinspraxis sehr, sehr selten. Vorsicht auch bei zu schnellen persönlichen Kreditübernahmen/Bürgschaftszusagen zugunsten des eigenen Vereins! Bei gravierenden Liquiditätsproblemen und Streitigkeiten mit Dritten/Behörden aus den verschiedensten Ursachen heraus, hätten allerdings auch Vereine, egal ob nicht rechtsfähig oder als e. V, einen Anspruch auf Beratungshilfe bis hin zur Prozesskostenhilfe, soweit die besonderen Voraussetzungen hierfür nach §§ 115 ZPO auf Antrag nachgewiesen werden können (so BGH, Urteil v. 10.2.1011, IX ZB 145/09).

Übergehen Sie nie diesen Grundsatz: Gibt es Mängel bzw. festgestellte Fehler in der Vergangenheit, muss gehandelt werden, selbst wenn diese Mängel durch frühere Vorstände verursacht wurden, also Schadensbereinigung und Korrektur. Klären Sie dies unbedingt zukunftsorientiert als Vorgabe für die dann zutreffende laufende Vereins-Geschäftsführung.

Trotz einer gewissen Kostenbelastung sollte es im Vereinsinteresse sein, dass die ehrenamtlich tätige Geschäftsführung zumindest in diesen relevanten Bereichen durch externe Auftragsvergabe spürbar entlastet wird! Man kann sich damit persönlich für Geschäftsführungsentscheidungen über Grundsatzfragen und prüfungsrelevante Themen informieren, auch bei Rückfragen aus dem Mitgliederkreis.

CD-ROM

CHECKLISTE: TIPPS FÜR DIE VORSTANDSARBEIT

CHECK

- [ ] Ist der Jahresabschluss buchhalterisch vorbereitet, ist die Finanzplanung für das anstehende Vereinsjahr verabschiedet?
- [ ] Ist die Haushaltsplanung für das nächste Jahr verabschiedet, besteht ein Gremienvorbehalt? Gibt es eine langfristige Haushalts- und Finanzplanung, die mit realistischer Bewertung zumindest vorstandsintern den finanziellen Handlungs- und Verfügungsrahmen aufzeigt?
- [ ] Gibt es erkennbar anstehende Finanzprobleme, muss eine Beitragserhöhung oder Sonderumlage vorbereitet werden? Sind laufende Allgemeinkosten zu reduzieren, ist der Abschluss befristeter Verträge für Vereinshelfer angebracht, muss zudem die Sponsorenakquise verstärkt werden?

Können die Vorstandsbeschlüsse zur Rücklagenbildung entsprechend dem festgestellten rechnerischen Überschuss gefasst werden, ggf. aufgegliedert in freie/zweckgebundene Rücklage? Müssen wegen der Finanzlage Rücklagen teilweise aufgelöst werden? ☐

Wird für anstehende Weihnachtsfeiern und bei Ausflügen/Geselligkeitsveranstaltungen rechnerisch berücksichtigt, dass die gemeinnützigkeitsrechtliche Obergrenze pro teilnehmendes Mitglied bei 40 Euro liegt? ☐

Ist im Spendenbereich sichergestellt, dass bei Aufwandsverzichtsspenden die Verzichtserklärung bei Leistungsfälligkeit aus steuerlichen Gründen noch bis zum Jahresende unterzeichnet werden muss? Soll wegen eines entsprechendem Anlasses und Finanzbedarfs eine Spendenaktion vorbereitet werden? ☐

Größere Veranstaltungen/Vereinsjubiläum: Liegt zeitnah der Bericht zum Sachstand der eingesetzten Projektgruppe vor? ☐

Gibt es Handlungsbedarf für laufende Sponsorenverträge/Gesprächsnotwendigkeiten zur Herbeiführung von Neuverträgen mit Blick auf die Haushaltsplanung? ☐

Gibt es vertragliche Verpflichtungen für den Verein, die bei Einhaltung von Kündigungsfristen zur Beendigung anstehen? Gibt es gebotene Alternativlösungen? ☐

Liegt der im Vorstandsbereich abgestimmte Fristen- und Terminskalender vor, mit Berücksichtigung von anstehenden Ehrungen/Tagungen/Fortbildungen und persönlichen Anwesenheiten etc.? Auch für Zahlungsfristen für Zuschussanträge? ☐

Liegen von Abteilungen/Untergruppen die Erklärungen zu selbst erwirtschafteten Einnahmen/Ausgaben mit Belegen aus Bewirtungsumsätzen rechtzeitig als Vollständigkeitserklärung zum Jahresende vor? ☐

Ist die Lohnbuchhaltung zum Jahresabschluss vorbereitet, auch für anstehende Jahresmeldungen etc.? Werden für Vergütungsabrechnungen von Übungsleitern, ehrenamtlichen Helfern bei Nutzung der persönlichen Freibeträge rechtzeitig gleich zum Jahresanfang die jeweils für das Lohnkonto notwendigen Erklärungen für das anstehende Beschäftigungsjahr eingeholt? ☐

Muss wegen neuer Risiken oder anstehender Veränderungen im neuen Vereinsjahr ein zeitnaher Versicherungs-Check-up durchgeführt werden? Sind Prämienübersichten für vorhandene Verträge vorbereitet, auch was mögliche Gruppen- und Rahmenverträge über Verbände angeht? Sollen weitere Vereinsführungskräfte über die gesetzliche Unfallversicherung im Ehrenamt mit dem Jahresbeitrag von 2,73 Euro abgesichert und gemeldet werden? ☐

Gibt es ein abgestimmtes Konzept zur Fort- und Ausbildung im Vorstandsbereich, bei den Vereinshelfern/Übungsleitern? Sind Mittel hierfür eingestellt? ☐

Müssen neue/weitere Rechner etc. für Geschäftsstelle/Vorstände angeschafft werden? Kann der Verein den Großteil seiner Melde- und Informationspflichten, sei es gegenüber dem angeschlossenen Verband oder den Steuer- und Sozialversicherungsbehörden mit der derzeitigen Hard/Softwareausstattung bewältigen? Muss die Vereins-Homepage aktualisiert werden? Müssen nach bisheriger Zeitplanung Fremdaufträge verteilt werden, soll ein internes Projektteam gestartet werden?	☐
Klappt der elektronische Zahlungsverkehr, soll die elektronische Rechnung kommen? Welche Rückmeldungen aus dem Vorstandsbereich gibt es?	☐
Sind die meist fristgebundenen Meldungen für Behörden bzw. die Mitgliederbestandsmeldungen für Verband etc. intern vorbereitet?	☐

Dies sind nur wenige Einzelhinweise, aber erfahrungsgemäß sollte spätestens zum Ende eines Vereinsjahres frühzeitig eine vereins- und auch vorstandsinterne Bestandsaufnahme, etwa aus Anlass einer der letzten Vorstandssitzungen, erfolgen, auch zur Vorbereitung des Einstiegs in ein hoffentlich weiterhin erfolgreiches Vereinsjahr, bei entsprechender Delegation und „Lastenverteilung“ auf mehrere Schultern auf Vorstandsebene.

Was muss ich bei den Steuern beachten?

Ihr Verein wurde neu ins Vereinsregister eingetragen. Er kann nun als e. V. unter seinem Namen sein Vereinsgeschehen gestalten, was sich häufig in Aktivitäten wie z. B. Veranstaltungen, Vorträgen etc. niederschlägt. Mitgliederbeiträge werden angefordert, Zuschüsse beantragt und vieles mehr. Spätestens zu diesem Zeitpunkt beginnt eine „Zwangsehe" mit dem Finanzamt – der Vereinsvorstand muss zusammen mit dem Vereinskassierer bestimmte steuerliche Grundregeln beachten, da der Verein hinsichtlich der steuerlichen Pflichten einem Unternehmer nahezu gleichstellt wird.

Über die Gemeinnützigkeit zu Steuervorteilen

Übersehen Sie nicht, dass die Eintragung im Vereinsregister für sich gesehen keinesfalls automatisch zu einer Steuerbefreiung führt. Dies ist selbst dann nicht der Fall, wenn die Vereinsmitglieder streng nach der Satzung sofort rein ideelle Zwecke verfolgen. Das Finanzamt am Vereinssitz wird sich früher oder später direkt melden, um sich über die Satzung, die gesamte Geschäftstätigkeit und Kassenführung zu informieren. Und die müssen die Voraussetzungen zur Anerkennung der Gemeinnützigkeit erfüllen. Aber im Auge behalten muss man den Grundsatz, dass ein Verein nicht in erster Linie einem Erwerbsstreben nachgehen darf, er darf sich nicht überwiegend wirtschaftlich betätigen, sondern muss nachweisbar vorrangig seine satzungsmäßigen Ziele verfolgen. Es kommt nicht unbedingt nur auf das Verhältnis der erzielten Einnahmen an, sondern auch auf den Zeit- und Personalaufwand für den steuerbegünstigten Bereich im Vergleich zum wirtschaftlichen Geschäftsbetrieb/der Vermögensverwaltung.

ACHTUNG

AUCH EIN NICHT EINGETRAGENER VEREIN HAT STEUERVORTEILE

Der nicht rechtsfähige Verein kann bei Tätigkeiten, die aus gemeinnütziger Sichtweise als förderungswürdig anerkannt sind, in gleichem Umfang Steuervergünstigungen beanspruchen wie der eingetragene Verein. Allerdings: Die Zeiten, in denen ein nicht rechtsfähiger Verein über Jahrzehnte hinweg völlig unbelangt vom Finanzamt und ohne steuerliche Auskunftspflichten agieren durfte, sind wohl endgültig vorbei. Gerade wenn Vereine mit Veranstaltungen an die Öffentlichkeit treten, wird das Finanzamt direkt oder indirekt, etwa über Lieferantenrechnungen, auf den Verein stoßen.

Aus der Steuerpraxis lässt sich feststellen, dass selbst Vereine, die bisher auf einen Kontakt mit dem Finanzamt verzichtet haben, aufgefordert werden, ihre Jahresrechnungen und Protokolle der Mitgliederversammlung zumindest für die letzten (meist drei) Jahre vorzulegen. Gibt die Buchführung keinen Anlass zu berechtigten Zweifeln und kann man aufgrund der offiziellen Protokolle feststellen, dass der bereits aktive Verein seine Satzungszwecke tatsächlich verwirklicht (und sich nicht nur als „Geselligkeitsclub" darstellt), kann über die durchgeführte Veranlagung vonseiten des Finanzamts sogar eine nachträgliche Anerkennung als gemeinnütziger Verein herbeigeführt werden. Dies führt dann gerade für den Bereich der Einnahmen zu zahlreichen steuerlichen Vergünstigungen und auch zur Berechtigung, Spendenbescheinigungen auszustellen.

Der richtige Weg in die Gemeinnützigkeit

Nachfolgend finden Sie zunächst einen Kurzüberblick zur Gemeinnützigkeitsreform und den Auswirkungen – die zahlreichen Änderungen im Detail sind in diesem Ratgeber umfassend an der entsprechenden Stelle berücksichtigt.

Grundlage hierfür war das recht umfassende Gesetz zur weiteren Stärkung des bürgerschaftlichen Engagements (v. 10.10.2007, BGBl 2007 I S 2332), das bis auf eine kleine Ausnahme (Vorsteuerpauschalierung) rückwirkend bereits seit Jahresanfang 2007 gilt.

Die wichtigsten Steueränderungen und Freibetragsregelungen im Überblick:

- Neuer Katalog der gemeinnützigen Zwecke in § 52 Abs. 2 Nr. 1 bis 25 AO. Auch Freizeitaktivitäten bleiben grundsätzlich gemeinnützig (§ 52 Abs. 2 Nr. 9 AO); neu ist die Förderung des bürgerschaftlichen Engagements zugunsten gemeinnütziger, mildtätiger und kirchlicher Zwecke (§ 52 Abs. 2 Nr. 25 AO).
- Anhebung des Übungsleiterfreibetrags (§ 3 Nr. 26 EStG) auf 2.100 Euro, somit als persönlich nutzbarer monatlicher Freibetrag in Höhe von 175 Euro
- Einführung der Ehrenamtspauschale, d. h. eines persönlichen Steuerfreibetrags für jegliche nebenberufliche Betätigung bei gemeinnützigen Organisationen. Vergütungen und auch Aufwandsentschädigungen, die pauschal gezahlt werden (statt Einzelnachweis), bleiben danach in Höhe von bis zu 500 Euro steuer- und sozialversicherungsfrei (§ 3 Nr. 26a EStG neu).
- Anhebung der Besteuerungsfreigrenze auf 35.000 Euro sowohl für den Zweckbetrieb als auch den wirtschaftlichen Geschäftsbetrieb
- Änderung in § 58 Nr. 3 und 4 AO: Klarstellung zur unentgeltlichen oder verbilligten Überlassung von Personal und Räumen durch Fördervereine/gemeinnützige Körperschaften – auch an Körperschaften des öffentlichen Rechts
- Anhebung der Grenze für die Vorsteuerpauschalierung (§ 23a UStG) auf 35.000 Euro, mit der Möglichkeit, die abzugsfähigen Vorsteuerbeträge mit einem Durchschnittssatz von 7 % wie bisher vom steuerpflichtigen Gesamtumsatz abzuziehen
- Verbesserung des Spenden- und Stiftungsrechts

Reaktionen aus der Finanzverwaltung

Die Umsetzung dieser diversen Gesetzesänderungen ist bereits über die Änderung des Anwendungserlasses zur Abgabenordnung mit BMF-

Schreiben v. 21.4.2008 erfolgt. Damit wurden die Verwaltungsvorschriften angepasst und die neue Steuer-Mustersatzung veröffentlicht. Hinzu gekommen ist über dieses BMF-Schreiben auch die geringfügige Anhebung der Freigrenze für Amateursportler nach § 67a AO auf jetzt 400 Euro im Monatsdurchschnitt. Seit Jahresanfang 2008 gab es auch die neuen inhaltlichen Vorgaben zur Ausstellung von Spendenbescheinigungen, die allerdings aktuell mit BMF-Schreiben v.14. 6.2011 nochmals inhaltlich modifiziert wurden.

Was muss ich bei der Satzung beachten?

Damit Ihr Verein, ob nun eingetragen oder nicht, in den Genuss auch dieser neuen Steuervorteile kommt, sollte sich seine Satzung inhaltlich an der Mustersatzung des Finanzamts orientieren. Ist der Verein steuerlich noch überhaupt nicht erfasst, kann an dieser Stelle nur die Empfehlung gegeben werden, zeitnah den bisherigen Inhalt der Satzung mit der steuerlichen Mustersatzung zu vergleichen, um bei etwaigen größeren Differenzen baldmöglichst eine Satzungsänderung über die anstehende Generalversammlung herbeizuführen.

Sie finden die aktuelle Steuer-Mustersatzung auf Ihrer CD und im nachfolgenden Kapitel im vollen Wortlaut.

Sie sollten nie übersehen: Die Frage der (endgültigen) Gemeinnützigkeit wird oft nach Jahren nochmals vom Finanzamt vor Erteilung des Körperschaftsteuer-Befreiungsbescheids intensiv nach der Satzung und tatsächlichen Geschäftsführung des Vereins überprüft – aber immer nur für zurückliegende Jahre. Es gibt derzeit in unserem Vereinssteuerrecht keinen ausdrücklichen, positiven Jahressteuerbescheid zur Gemeinnützigkeit für die Folgejahre.

Welche Vereine werden als gemeinnützig anerkannt?

Für Vereine mit ideeller Zielrichtung gibt es verschiedene Vergünstigungen im steuerlichen Bereich. Dies gilt allerdings nur für Vereine, deren

Satzungszweck die Förderung von Aufgaben und Zielsetzungen beinhaltet, die im öffentlichen Interesse liegen. Gemeinnützige Zwecke werden – grob gesagt – verfolgt, wenn die Allgemeinheit auf materiellem, geistigem oder sittlichem Gebiet selbstlos gefördert wird. Es reicht daher aus, wenn die Förderung nur eines dieser Gebiete betrifft. Werden Aufgaben dieser Art von Vereinen übernommen, d. h. wird ein uneigennütziger Beitrag für das Gemeinwesen geleistet, sind diese „gemeinnützigen Vereinigungen" steuerlich begünstigt. Die Vorgaben nach §§ 51 bis 68 AO können Sie auf Ihrer CD nachlesen.

Bereits hier der Hinweis: Die Satzung muss während des gesamten Steuerveranlagungszeitraums die gemeinnützigkeitsrechtlichen Vorgaben erfüllen. Spätere Änderungen, also nach Beanstandungen durch das Finanzamt, wirken grundsätzlich nicht für das zurückliegende, sondern erst für das neue Steuerjahr!

Die Kernvorschrift aus der Abgabenordnung

Mit Wirkung ab dem Vereinssteuerjahr 2007 wurde über das Gesetz zur weiteren Stärkung des bürgerschaftlichen Engagements der hierfür einschlägige § 52 Abs. 2 AO neu gefasst. Man findet dort nun eine abschließende Aufzählung, welche 25 Zwecke zum angestrebten Gemeinnützigkeitsstatus führen. Es muss also die Aufgabe des Vereins sein, der seine Gemeinnützigkeit nach Neugründung anstrebt oder diese fortführen will, sich an diesem Katalog zu orientieren.

Einige Hinweise zum Sport: Dieser ist ohne größere Diskussion begünstigt, so auch Ziffer 21 zu § 52 Abs. 2 AO. Für den Sportbegriff wird körperliche Ertüchtigung als wesentlich vorausgesetzt. Im Hinblick auf verschiedene Steuer-Einzelurteile stößt man allerdings auf das Problem, dass z. B. Skat, Bridge, GO oder andere vergleichbare Spielarten nicht das Merkmal der körperlichen Ertüchtigung erfüllen. Auch Denksport reicht nicht unbedingt aus. Nicht gemeinnützig sind so auch Vereinszwecke wie Tippkick, Bridge oder auch die Münz- und Briefmarkensammelvereine. Allerdings ist der wettkampfmäßig betriebene Drehstangenfußball als Wettkampfsport jetzt durch die BFH-Rechtsprechung als gemeinnützig anerkannt. Schach zählt wie bisher grundsätzlich nach Ziffer 21 zu § 52 AO ausdrücklich als begünstigte Sportart, wie übrigens auch Hundesport und Modellflug als weitere Ausnahmen nach § 52 Abs. 2 Nr. 23 AO. Das weitverbreitete Tanzen, Billard oder auch Reiten setzt als Grundlage für die gemeinnützigkeitsrechtliche Anerkennung voraus, dass sportliche Betätigungen erfolgen, dies also wettkampf- oder turniermäßig betrieben wird. Keinesfalls darf die „Pflege der Geselligkeit" nach Satzung und Vereinsaktivitäten im Vordergrund stehen. Außerdem muss vorrangig die Förderung des unbezahlten Amateursportlers als Ziel formuliert sein, wobei die Unterstützung des Profisportbereichs, sofern dies in untergeordnetem Maße geschieht, nicht schädlich sein muss.

Die Förderung von Karneval, Fasching oder Fasnacht ist trotz eines bekannten Geselligkeitscharakters gemeinnützigkeitsrechtlich als Brauchtumspflege anerkannt, nicht hingegen die Durchführung von Veranstaltungen für heimatbezogene Volksfeste. Soweit der Verein aber durch andere Aktivitäten die Heimatpflege und Heimatkunde sowie das Brauchtum anderweitig als Satzungszweck fördert und das Volksfest nur Nebenzweck bleibt, kann auch hierfür die Gemeinnützigkeitshürde genommen werden (§ 52 Abs. 2 Nr. 23 bzw. 22 AO).

Die Zuordnung zu einem bestimmten gemeinnützigen Zweck kann durchaus zu spürbaren steuerlichen Folgen führen. Werden in besonderer Weise die Kunst und Kultur gefördert, einschließlich der Bereiche der Musik, Literatur und darstellenden/bildenden Kunst, der Pflege und Erhaltung von Kulturwerten, können zudem die gezahlten Mitgliedsbeiträge steuerlich abgesetzt werden; nicht jedoch beim Musik- oder Gesangverein oder einem Chor, da man dort wegen des vereinsrechtlichen Gepräges einen gewissen Geselligkeitscharakter unterstellt. Empfehlung: Es können je nach Vereinsaktivitäten auch mehrere gemeinnützige Zwecke von Anfang in Betracht kommen oder der Satzungszweck muss bei einem bestehenden Verein erweitert und neu definiert werden. Die Finanzämter bieten zwischenzeitlich sogar spezielle Vereinsberater an ihren Dienststellen an. Suchen Sie also das Gespräch, wenn die Zuordnung nach dem Gesetzeskatalog nicht klar ist und vielleicht auch Formulierungshilfen notwendig werden, und zwar völlig getrennt von vereinsrechtlichen Abstimmungen bzw. einem Klärungsbedarf mit dem Vereinsregister beim Amtsgericht vor Ort.

Als gemeinnützig werden auch Vereinszwecke anerkannt, die mit den Katalogzwecken identisch sind, z. B. die Förderung des Baus und Betriebs von Schiffs-, Auto-, Eisenbahn- und Drachenflugmodellen mit der Förderung des Modellflugs, die Förderung des CB-Funkens mit der Förderung des Amateurfunkens (so OFD Koblenz, Verfügung vom 11.1.2010, S 0171 A-St 33 1 mit weiteren Hinweisen).

Bei auf Anhieb nicht klaren gemeinnützigkeitsrechtlichen Vereinszwecken sollte unbedingt eine Klärung mit dem Finanzamt vor Ort herbeigeführt werden. Gibt es kein grünes Licht, besteht noch eine gewisse Chance, dass sich eine finanzamtsinterne Clearingstelle einschalten könnte. Nach der Öffnungsklausel des § 52 Abs. 2 Satz 2 AO ist nun für jedes Bundesland eine zuständige Finanzbehörde bestimmt worden, die dann zum Rahmenkatalog des § 52 AO eine Entscheidung treffen soll. Bei einem ablehnenden Bescheid kann das Ziel Gemeinnützigkeit auch weiterhin bis vor das Finanzgericht weiterverfolgt werden.

Der Weg in die Gemeinnützigkeit

Für jeden Verein empfiehlt es sich, sich sofort nach der Gründung beim Finanzamt darum zu bemühen, eine sog. vorläufige Bescheinigung über die Gemeinnützigkeit zu erhalten. Damit verbunden sind nämlich einige wichtige Privilegien, u. a. das Recht zum Spendenempfang. Der Gemeinnützigkeitsstatus ist in finanzieller Hinsicht auch oft Antragsvoraussetzung für staatliche Zuschüsse, Verbandshilfen etc. Fordern Sie als Vorstand (Antrag erforderlich) unter Beifügung einer Kopie der Satzung, des Gründungsprotokolls sowie der Eintragungsbekanntmachung diese vorläufige Bescheinigung nach § 5 Abs. 1 Nr. 9 KStG beim Finanzamt Ihres Vereinssitzes an.

Wird die vorläufige Bescheinigung vom Finanzamt erteilt, sollten Sie diese unbedingt wiederum dem Vereinsregister vorlegen, um die Kostenbefreiung für die anfallenden Eintragungsgebühren zu erreichen, soweit die Gebührenbefreiung landesrechtlich möglich ist.

Die Geltungsdauer der vorläufigen Bescheinigung ist auf 18 Monate ab Ausstellungsdatum befristet. Erst nach Überprüfung der Geschäftstätigkeit des Vereins, also zunächst über die Vorlage der Steuererklärungen, wird über die endgültige Anerkennung als gemeinnütziger Verein durch den sog. Freistellungsbescheid entschieden.

Die vorläufige Bescheinigung (Vordruck Gem 5) ist für den Verein auch wegen der Spendenpraxis/Ausstellung von Zuwendungsbestätigungen von großer Bedeutung. Aus der Bescheinigung geht u. a. genau hervor, ob der Verein zur Ausstellung der Spendenbescheinigung berechtigt ist. Mehr darüber finden Sie im Kapitel „Der richtige Umgang mit dem Spendenrecht".

Die vorläufige Bescheinigung ist – so überraschend es klingen mag – juristisch eigentlich nicht anfechtbar. Erst mit dem Freistellungsbescheid (Gem 2) ergibt sich die Möglichkeit für betroffene Vereine, durch Einspruch/Klage gegen eine benachteiligende Beurteilung vorzugehen. Und ausgestellt wird der Feststellungsbescheid ohnehin erst dann, wenn die erste Prüfung der Jahresabschlüsse stattgefunden hat.

Wichtig ist also gerade bei neu gegründeten Vereinen, dass die Fristen nach der vorläufigen Bescheinigung zum Spendenempfang beachtet werden. Denken Sie bei drohendem Zeitablauf rechtzeitig an die Vorlage der Jahressteuererklärungen.

ACHTUNG

SO ERLANGEN SIE DIE VORLÄUFIGE BESCHEINIGUNG

- Die Satzung muss an die steuerlichen Mindestvoraussetzungen angepasst sein. Egal, ob erst eine Gründungsversammlung einberufen werden muss oder eine Hauptversammlung bei einem bestehenden Verein: Die Mitglieder müssen der Satzungsänderung bzw. -erstellung entsprechend den qualifizierten Mehrheiten laut Satzung zugestimmt haben, die Mindestinhalte der Steuermustersatzung müssen gegeben sein.
- Beim bereits eingetragenen Verein muss die Anmeldung der Satzung bzw. der Satzungsänderung gegenüber dem Vereinsregister erfolgt sein.
- Stellen Sie nach Eintragung der geänderten Satzung bzw. Neusatzung beim Finanzamt den Antrag auf Erteilung eines (auch vorläufigen) Freistellungsbescheids. Meist wird vom Finanzamt ergänzend zur Satzung die Kopie des Versammlungsprotokolls verlangt.

Die an die steuerliche Mindestanforderungen ausgerichtete Satzung, von der Hauptversammlung verabschiedet und im Vereinsregister eingetragen, hat die Wirkung, dass der Verein ab dem folgenden Kalenderjahr (Veranlagungszeitraum) die Steuervorteile bei der Körperschaft- und Gewerbesteuer in Anspruch nehmen kann.

Der Weg in die Gemeinnützigkeit ist oft nicht ganz einfach. Nicht unproblematisch ist zum Beispiel die Definition des Vereinszwecks (meist § 2 einer Satzung). Eine Nachfrage beim Dachverband dürfte sich auf jeden Fall lohnen. Auch sollten Sie sich nicht davor scheuen, beim Finanzamt (Körperschaftsteuerstelle, ggf. bei dem dort tätigen speziellen Vereinsberater) Rücksprache zu nehmen. So erfahren Sie bereits vorab die Meinung des Finanzamts und erhalten vielleicht auch Hinweise, welche Formulierungen gewünscht und notwendig sind. Holen Sie erst dann die endgültige Zustimmung der Mitgliederversammlung ein! Dies gilt sowohl für Neusatzungen als auch für Satzungsänderungen bei bestehenden Vereinen.

Wenn Sie Probleme mit der Satzung haben

Soweit bereits nach Vorlage der Gründungssatzung die Gemeinnützigkeit vom Finanzamt nicht positiv beurteilt wird, bleibt zunächst nur der Weg, die Satzung entsprechend den Vorstellungen des Finanzamts zu modifizieren. Sonst können Sie ggf. erst Jahre später über den dann negativen (abgelehnten) Körperschaftsteuer-Freistellungsbescheid einen Rechtsbehelf einlegen. Suchen Sie also, soweit vertretbar, durch eine entsprechende Satzungskorrektur und Ausrichtung der gemeinnützigen Ziele den Kompromiss mit dem Finanzamt.

Steuerpflicht der nicht begünstigten Vereine

Die nicht gemeinnützigen Vereine sind allgemein steuerpflichtig. Die Zweckbetriebsgrenze von 35.000 Euro gilt nicht, auch die Steuervorteile im ideellen Bereich entfallen. Mitgliedsbeiträge sind zwar steuerfrei, es entfällt aber die Möglichkeit zum (steuerfreien) Spendenempfang. Entsteht ein Überschuss von mehr als 5.000 Euro pro Vereinsjahr, greift für die darüber hinausgehende Summe sofort der KSt-Satz in Höhe von 15 % neben der Gewerbesteuerbelastung. Zudem stehen auch einige Umsatzsteuerbefreiungstatbestände nicht zur Verfügung.

Die steuerliche Mustersatzung und ihre Bedeutung für Vereinssatzungen

Ausgehend von den bereits gesetzlich festgelegten Grundvoraussetzungen wird das Finanzamt insbesondere bei neu gegründeten Vereinen die Einhaltung der steuerlichen Mindest-Satzungsinhalte beachten. Die wenigen Pflichtbestimmungen gelten auch für nicht eingetragene/nicht rechtsfähige Vereine, wenn diese eine Anerkennung als gemeinnütziger Verein anstreben. Bundeseinheitlich gilt die Steuer-Mustersatzung – jeder Finanzbeamte nimmt sie für die gemeinnützigkeitsrechtliche Beurteilung der Vereinssatzungen zur Hand.

ACHTUNG

INHALTE DER MUSTERSATZUNG BEACHTEN

Neu gegründete Vereine sollten unbedingt auf die wenigen vorgeschriebenen Satzungsinhalte achten und sie wörtlich an geeigneter Stelle in den Satzungsentwurf einbauen. Vermeiden Sie unbedingt abweichende Formulierungen gegenüber dem vorgegebenen Text nach der Steuer-Mustersatzung. Bei bereits aktiven Vereinen wird das Finanzamt die Anpassung älterer Formulierungen mit zeitlichen Vorgaben verlangen. Das bedeutet für den Verein, dass er eine Satzungsänderung hinsichtlich der beanstandeten Klausel durchführen muss. Nach ausgeführter Satzungsänderung und deren Anmeldung beim Vereinsregister muss dann die geänderte Satzung zusammen mit einer Abschrift des Versammlungsprotokolls wieder dem Finanzamt vorgelegt werden.

Hinweis: Nach den §§ 59, 60 AO kann ein Verein nur dann steuerbegünstigt behandelt werden, wenn bereits über die Satzung festgelegt ist, welche steuerbegünstigten Zwecke verfolgt werden, dass dies selbstlos, ausschließlich und unmittelbar geschieht und auf welche Art der Vereinszweck verwirklicht wird. Die Vereinssatzung muss das ganze Kalenderjahr über diesen Anforderungen entsprechen.

FORMULIERUNGEN DER STEUER-MUSTERSATZUNG ÜBERNEHMEN ACHTUNG

Nutzen Sie unbedingt den nachfolgenden Text der neu herausgegebenen Steuer-Mustersatzung (Anlage zu § 60 AO).

CD-ROM

STEUER-MUSTERSATZUNG MUSTER

für Vereine, Stiftungen, Betriebe gewerblicher Art von juristischen Personen des öffentlichen Rechts, geistliche Genossenschaften und Kapitalgesellschaften (nur aus steuerlichen Gründen notwendige Bestimmungen)

§ 1

Der – Die – ______________________________ (Körperschaft)
mit Sitz in ____________________
verfolgt ausschließlich und unmittelbar – gemeinnützige – mildtätige – kirchliche – Zwecke (nicht verfolgte Zwecke streichen) im Sinne des Abschnitts „Steuerbegünstigte Zwecke" der Abgabenordnung.
Zweck der Körperschaft ist

____

(z. B. die Förderung von Wissenschaft und Forschung, Jugend- und Altenhilfe, Erziehung, Volks- und Berufsbildung, Kunst und Kultur, Landschaftspflege, Umweltschutz, des öffentlichen Gesundheitswesens, des Sports, Unterstützung hilfsbedürftiger Personen).

Der Satzungszweck wird verwirklicht insbesondere durch

____

(z. B. Durchführung wissenschaftlicher Veranstaltungen und Forschungsvorhaben, Vergabe von Forschungsaufträgen, Unterhaltung einer Schule, einer Erziehungsberatungsstelle, Pflege von Kunstsammlungen, Pflege des Liedgutes und des Chorgesanges, Errichtung von Naturschutzgebieten, Unterhaltung eines Kindergartens, Kinder-, Jugendheimes, Unterhaltung eines Altenheimes, eines Erholungsheimes, Bekämpfung des Drogenmissbrauchs, des Lärms, Förderung sportlicher Übungen und Leistungen).

§ 2

Die Körperschaft ist selbstlos tätig; sie verfolgt nicht in erster Linie eigenwirtschaftliche Zwecke.

§ 3

Mittel der Körperschaft dürfen nur für die satzungsmäßigen Zwecke verwendet werden. Die Mitglieder erhalten keine Zuwendungen aus Mitteln der Körperschaft.

§ 4

Es darf keine Person durch Ausgaben, die dem Zweck der Körperschaft fremd sind, oder durch unverhältnismäßig hohe Vergütungen begünstigt werden.

§ 5

Bei Auflösung oder Aufhebung der Körperschaft oder bei Wegfall steuerbegünstigter Zwecke fällt das Vermögen der Körperschaft

a) an – den – die – das – ________________________________,
(Bezeichnung einer juristischen Person des öffentlichen Rechts oder einer anderen steuerbegünstigten Körperschaft)
- der – die – das – es unmittelbar und ausschließlich für gemeinnützige, mildtätige oder kirchliche Zwecke zu verwenden hat.

oder

b) an eine juristische Person des öffentlichen Rechts oder eine andere steuerbegünstigte Körperschaft zwecks Verwendung für ________________.

(Angabe eines bestimmten gemeinnützigen, mildtätigen oder kirchlichen Zwecks, z. B. Förderung von Wissenschaft und Forschung, Erziehung, Volks- und Berufsbildung, der Unterstützung von Personen, die im Sinne von § 53 AO wegen ________________ bedürftig sind, Unterhaltung des Gotteshauses in ________________)

Die bisherige Möglichkeit, meist am Ende der Satzung nur festzulegen, dass noch vorhandenes Vereinsvermögen erst bei einer Liquidation/Auflösung des Vereins für einen mit dem Finanzamt dann abzustimmende gemeinnützige Zweck oder eine Körperschaft gehen soll, ist entfallen, somit gilt die sog. Vermögensbindung nach § 61 AO. Dies bedeutet, dass bereits jetzt eine oder mehrere gemeinnützige Körperschaften als Empfänger benannt werden müssen (s. im Einzelnen die Formulierung nach § 5 dieser Mustersatzung). Zur Vermeidung des Aufwands wird es bei bereits geprüften Satzungen nicht beanstandet, wenn diese Angaben erst aufgenommen werden, sobald die Satzung aus anderen Gründen ohnehin geändert wird. Bei Neuvereinen sollte aber strikt die Musterformulierung mit konkreter Angabe verwendet werden. Man kann sich entsprechend der Steuer-Mustersatzung auch darauf beschränken, nur den Begriff der Auflösung und den Wegfall steuerbegünstigter Zwecke als Grund für die Vereinsbeendigung in der Satzung zu verwenden. Denn eine Aufhebung scheidet begrifflich bei Vereinen aus. An die Angabe des neu bestimmten gemeinnützigen Empfängers/der Körperschaft ist man nicht unbedingt unendlich lang gebunden. Man könnte durchaus rechtzeitig vor beabsichtigter Vereinsauflösung nochmals die Satzung nur zu diesem Punkt zur Empfängerfestlegung mit der Rückendeckung der Mitgliederversammlung ändern. Dies ist ein kleines Argument, falls gerade jetzt bei anstehenden Satzungsänderungen von einzelnen Mitgliedern Bedenken gegen die vorgesehene begünstigte Körperschaft vorgebracht werden.

Keine Vorteile für Abteilungen/Untergruppen

Zudem hat man über die Abgabenordnung (AO) eine Sperre dahin gehend eingebaut, dass sog. Untervereine sich vielleicht nur wegen der mehrfachen Inanspruchnahme der Zweckbetriebsgrenze aufgliedern. Hier gilt allgemein: Funktionale Untergliederungen, also z. B. Vereinsabteilungen, werden nicht als selbstständige Steuersubjekte anerkannt. Lediglich sog. regionale Untergliederungen (also z. B. Bezirks- oder Landesvereine) können als gemeinnützige Vereine anerkannt werden, wenn sie auf eine strikt getrennte Buchführung, eigene Vereinsorgane und eine selbstständige Satzung achten. Nur wenn regionale Untergliederungen über eigene satzungsmäßige Organe wie Vorstand und Mitgliederversammlung verfügen, nach außen im eigenen Namen auftreten (z. B. Ortsverein XY) und eine eigene Kassenführung nachweisen, besteht die Möglichkeit, dass diese vom Hauptverein selbstständigen Vereinseinheiten als eigene Steuersubjekte in der Rechtsform eines nicht rechtfähigen Vereins nach § 1 Abs. 1 Nr. 5 KStG anerkannt werden. Weitere Hinweise hierzu enthält der Anwendungserlass zur AO zum Geltungsbereich des § 51 AO.

Die wichtigsten Steuervorteile durch die Gemeinnützigkeit

Seit 1990 gewährt das Vereinsförderungsgesetz spürbare steuerliche Erleichterungen und Vorteile im Vergleich zu anderen Gesellschaftsformen. So gibt es die Besteuerungsgrenze für den sog. wirtschaftlichen Geschäftsbetrieb (§ 64 Abs. 3 AO) mit dem Grundsatz, den eigentlich jeder Vorstand kennen muss: Alle steuerpflichtigen Einnahmen im Kalenderjahr einschließlich der Umsatzsteuer bleiben völlig von der Körperschaft- und Gewerbesteuer befreit, wenn die Freigrenze (kein Freibetrag!) nicht überschritten wird. Dieser wurde mit Wirkung ab 2007 auf 35.000 Euro für steuerpflichtige Bruttoeinnahmen angehoben. Zudem gibt es den großen ideellen Bereich mit völliger Ertragsteuerfreiheit für Vereine, wenn der Gemeinnützigkeitsstatus vom Finanzamt bestätigt wird. Auch bei der Umsatzsteuer kommen weitere Vergünstigungen, von der Befreiung bis zur Anwendung des ermäßigten USt-Satzes hinzu, je nach zutreffender Zuordnung der Einnahmen für die einzelnen Steuerbereiche.

Bei welchen Vereinsaktivitäten können überhaupt Steuern anfallen?

Steuerfreier Bereich	
Ideeller Bereich	**Vermögensverwaltung**
• Mitgliedsbeiträge • Spenden • Zuschüsse • Erbschaften	• Zinserträge • Einnahmen aus Vermietung von Vereinsvermögen/Pachteinnahmen, steuerbegünstigte Sponsoringeinnahmen
Steuerpflichtiger Bereich	
Zweckbetrieb	**Wirtschaftlicher Geschäftsbetrieb**
• Sportliche Veranstaltungen (Bruttoeinnahmen bis zu 35.000 Euro oder Option nach § 67 a AO ohne Teilnahme bezahlter Sportler) • Kulturelle Veranstaltungen und Einrichtungen (ohne Verkauf von Speisen und Getränken) • Lotterien, Tombolas • Einrichtungen der Wohlfahrtspflege, Krankenhäuser, Volkshochschulen, Behindertenwerkstätten etc. (§§ 66–68 AO)	• Verkauf von Speisen und Getränken bei jeglichen Anlässen • Erlöse/Einnahmen aus selbst bewirtschafteter Vereinsgaststätte • Sportveranstaltungen mit Einnahmen über 35.000 Euro (§ 67a AO) oder Option nach § 67a Abs. 2 AO mit Teilnahme bezahlter Sportler • Werbeeinnahmen bei aktiver Mitwirkung des Vereins (auch für Trikotwerbung, Bandenwerbung, Lautsprecherdurchsagen), aus Anzeigen in Vereinszeitschrift, Werbung auf Vereins-Homepage

Steuerpflichtiger Bereich	
Zweckbetrieb	**Wirtschaftlicher Geschäftsbetrieb**
	• Einnahmen aus Vereinsfesten, geselligen Veranstaltungen • Einnahmen aus Altkleider-/Altmaterialsammlungen • Basare, Flohmärkte • Nutzungsentgelte für kurzfristige Vermietung von Sporteinrichtungen • Liegen die Bruttoeinnahmen über 35.000 Euro, kann aus dem zu ermittelnden Gewinn Körperschaft- bzw. Gewerbesteuer anfallen, wobei zuvor noch der KöSt-Freibetrag von 5.000 Euro (auch 5.000 Euro bei der Gewerbesteuer) in Abzug gebracht wird

Weitere Zweifel an der Gemeinnützigkeit?

Bedenken in Bezug auf die Gemeinnützigkeit können die Finanzämter etwa gegen Vereine vorbringen, die zwar nach der Gesetzesdefinition nach § 52 Abs. 2 Nr. 4 AO grundsätzlich den Gemeinnützigkeitsstatus erreichen können, aus deren Vereinsgeschäftsführung sich aber erkennen lässt, dass eine gewerbliche Tätigkeit ausgeübt wird. Dies kann z. B. für den Tierzuchtbereich bedeutsam werden, wenn es vorrangig um den Verkauf von Zuchterfolgen geht und dadurch – vielleicht sogar entgegen dem erklärten Vereinsziel – überwiegend wirtschaftliche Ergebnisse angestrebt werden.

Besondere Vorsicht besteht bei Vereinen, wenn sich bereits aus der Satzung ergibt, dass es sich in Wirklichkeit um Zusammenschlüsse gewerblicher Interessenten in der Rechtsform eines e. V. handelt.

ACHTUNG

SATZUNG UND TATSÄCHLICHE GESCHÄFTSFÜHRUNG

Wichtig ist auf jeden Fall, dass sich der Gemeinnützigkeitsgedanke aus der Satzung und der tatsächlichen Geschäftsführung des Vereins ergibt.

Welche Voraussetzungen gelten für die Gemeinnützigkeit?

Als steuerbegünstige Zwecke gelten gemeinnützige Zwecke nach § 52 AO, mildtätige Zwecke nach § 53 AO sowie kirchliche Zwecke nach § 53 AO. Zur Kernfrage, wann vonseiten des Finanzamts die Anerkennung als gemeinnützig gewährt wird und man die Steuervorteile für den Verein in Anspruch nehmen kann, sind vier Grundvoraussetzungen zu beachten:

- Ausschließlichkeit
- Unmittelbarkeit
- Förderung der Allgemeinheit
- Selbstlosigkeit

Ausschließlichkeit (§ 56 AO)

Der Grundsatz der Ausschließlichkeit setzt voraus, dass die gesamte Tätigkeit des gemeinnützigen Vereins ausschließlich einem steuerbegünstigten Satzungszweck dient. Selbstverständlich dürfen Sie Nebenzwecke verfolgen, die mit der gemeinnützigen Tätigkeit eng zusammenhängen, also auch Einnahmen über den wirtschaftlichen Geschäftsbetrieb, z. B. Werbung, Verkauf von Speisen und Getränken, erzielen. Beachten Sie jedoch, dass durch ein zu großes wirtschaftliches Engagement die Steuervergünstigungen entfallen können. Gerade bei Fördervereinen wird dies wirtschaftlich intensiv überprüft; man darf und sollte sich eben nicht als zusätzliche Abteilung eines begünstigten Hauptvereins verstehen. Wichtig ist also neben wirtschaftlichen Betätigungen die das Vereinsjahr über erkennbare gemeinnützigkeitsrelevante Betätigung.

Eine Ausnahme hiervon wird im sog. Zweckbetrieb (nach §§ 65 ff. AO) gesehen, zu dem unter Umständen auch gesellige Veranstaltungen eines Vereins zählen können; hier bleibt trotz der wirtschaftlichen Betätigung die Steuervergünstigung erhalten.

Unmittelbarkeit (§ 57 AO)

Der Grundsatz der Unmittelbarkeit verlangt, dass die steuerbegünstigten Zwecke durch die gemeinnützige Vereinigung selbst, also unmittelbar, verwirklicht werden. Die Unmittelbarkeit wird nach § 57 Abs. 1 Satz 2 AO dann noch gewahrt, wenn der Verein für seine Tätigkeit Hilfspersonen einschaltet, etwa wenn ein Sportverein den Sportbetrieb mithilfe von Angestellten oder freiberuflichen Übungsleitern, Trainern etc. durchführt. Dies kann z. B. durch Arbeits-, Werk- oder Dienstverträge erfolgen, durch Personen oder Personenvereinigungen/juristische Personen. Die Auswirkungen sollten insbesondere soziale bzw. karikative Körperschaften beachten.

Bei Verbänden als e. V. wird die gemeinnützige Tätigkeit unterstellt, wenn die einzelnen angeschlossenen Vereine als gemeinnützig anerkannt sind oder aber der Dachverband über seine Tätigkeit hinreichend dokumentieren kann, dass er selbst unmittelbar gemeinnützig tätig ist.

Ein gemeinnütziger Verein darf auch anderen Vereinen bzw. Körperschaften eigene Vereinsgelder oder Sachmittel spenden, allerdings maximal in Höhe von 50 % aus eigenem Vermögen, soweit die eigene Satzung die Förderung anderer Körperschaften nicht ausdrücklich vorsieht. Bei der teilweisen Mittelweitergabe muss sich dies nicht nur auf die jeweils im Steuerjahr zugeflossenen Mittel beziehen, es können sämtliche Vermögenswerte des Vereins in die Berechnung der 50-%-Grenze einbezogen werden (so auch OFD Frankfurt, Vfg. v. 21.1.2008 zu § 58 AO).

Förderung der Allgemeinheit (§ 52 AO)

Förderung der Allgemeinheit bedeutet, dass der Kreis der durch die Betätigung des Vereins geförderten Personen nicht begrenzt ist. Hier wird jedoch anerkannt, dass aus finanziellen, technischen oder anderen Gründen eine – wie gefordert – breite Förderung oft unmöglich ist. Achten Sie jedoch grundsätzlich darauf, dass der Kreis der Personen, dem die Förderung dienen soll, nicht nach räumlichen oder beruflichen Merkmalen so abgegrenzt ist, dass der Mitgliederkreis auf längere Sicht nur in kleinem Umfang bestehen kann. Zulässig ist aber, dass z. B. ein Tennisverein eine

Aufnahmebeschränkung bereits in der Satzung vorsieht, weil die Mitgliederzahl durch die Anzahl von Spielmöglichkeiten begrenzt ist. Der Kreis der Mitglieder darf also nicht abgeschlossen sein, z. B. nur für bestimmte Familien, Betriebsangehörige oder durch örtliche/regionale/berufliche Kriterien so eingeschränkt, dass man nicht mehr von einer Förderung der Allgemeinheit ausgehen kann. Kritisch wird es z. B. für eine gegründete Bürgerinitiative, die jedoch nur die Interessen einer bestimmten Straße für deren Anwohner vertritt u. Ä. Eine Förderung der Allgemeinheit liegt gleichfalls nicht mehr vor, wenn zu hohe finanzielle Beiträge erhoben werden, was für Fördervereine ebenso gilt.

Die Mitgliedsbeiträge dürfen pro Jahr höchstens 1.023 Euro je Mitglied, Aufnahmegebühren für die im Jahr aufgenommenen Mitglieder höchstens 1.534 Euro betragen (BMF-Schreiben v. 10.09.2002, BStBl 2002 I S. 867 sowie v. 19.05.2005, BStBl 2005 I S. 786). Dies sind Durchschnittswerte für alle Mitglieder, sodass im Einzelfall höhere Einzelbeträge möglich sind, wenn z. B. für Familienmitglieder oder etwa Studenten sowie für passive Mitglieder niedrigere Jahresbeiträge, vorgesehen sind. Für die Durchschnittsberechnung zählen alle Arten von Mitgliedschaften, mit Ausnahme von juristischen Personen oder Firmenmitgliedschaften. Sportvereine (z. B. Golf) müssen hier allerdings zusätzlich aufpassen: Wenn die Mitglieder die vorhandene Sportanlage nur beim Erwerb einer Nutzungsberechtigung von einer neben dem Verein bestehenden KG nutzen dürfen, entfällt die Gemeinnützigkeit mangels Unmittelbarkeit.

Zudem können zur Finanzierung von Vereinsvorhaben innerhalb von zehn Jahren eine sog. Investitionseinlage von 5.113 Euro je Mitglied ohne gemeinnützigkeitsschädliche Sanktionen von Sportvereinen verlangt werden (Ziff. 1.1.–1.3.2 AEAO zu § 52 AO mit weiteren Hinweisen).

Selbstlosigkeit (§ 55 AO)

Was die Förderung der Allgemeinheit in selbstloser Weise angeht, so müssen die Vermögensmassen der Körperschaft zeitnah tatsächlich für satzungsgemäße begünstigte Zwecke verwendet werden. Gefordert wird daher, dass die Körperschaft nicht in erster Linie eigene wirtschaftliche Zwecke verfolgt. Wie ausdrücklich in den Satzungsmustern erwähnt, dürfen Personen nicht durch zweckfremde Ausgaben oder unverhältnismäßig hohe Vergütungen begünstigt werden. Auch Vergütungen an haupt- oder nebenberufliche Mitarbeiter eines Vereins müssen angemessen sein und vergleichbaren Tätigkeiten entsprechen.

Die Selbstlosigkeit wird nicht infrage gestellt, wenn der wirtschaftliche Geschäftsbetrieb untergeordnet bleibt, z. B. Überlassung von Sportanlagen des Vereins auch an Nichtmitglieder. Steuerschädlich ist es hingegen, wenn z. B. Neumitglieder als Eintrittsvoraussetzung zur Gewährung unverzinslicher Darlehen verpflichtet werden. Auch überzogene Mitgliederwerbung durch Provisionsgeschäfte mit Vermittlern kann den Gemeinnützigkeitsstatus gefährden.

Abzugrenzen sind ggf. konkrete Nutzungsrechte durch Gebühren für die Nutzung von Vereinsanlagen (z. B. bei Golfclubs, Tennisvereinen), wenn dies nicht zur Pflichtzahlung für Neumitglieder führt.

ZUWENDUNGEN/AUFMERKSAMKEITEN AN MITGLIEDER ACHTUNG

Die Angemessenheit von Zuwendungen ist bei Vereinsprüfungen immer Prüfungsgegenstand. Jubiläumsgeschenke bis zu 40 Euro werden akzeptiert, auch die Bewirtung der Mitglieder als Dank für besonderes Vereinsengagement bzw. für besondere Erfolge.

Es muss sich aber immer um besondere persönliche Ereignisse im Leben eines Mitglieds handeln: Wer einen besonderen sportlichen Erfolg erringt, heiratet, einen runden Geburtstag hat und auch noch für langjährige Vereinsmitgliedschaft geehrt werden soll, kann theoretisch diese Sachzuwendungen mehrfach als Anerkennung während eines Vereinsjahres erhalten. Es darf sich jedoch keinesfalls um ein Geldgeschenk handeln – höchstens ein Warengutschein neben kleineren Sachpräsenten. Denn rein gemeinnützigkeitsrechtlich betrachtet muss ein geldwerter Vorteil aus der Vereinsmitgliedschaft sogar nur auf die Höhe eines Jahresmitgliedsbeitrags beschränkt bleiben. Für den Kranz für ein verstorbenes Mitglied gelten allerdings keine Wertgrenzen.

Steuergefährlich wird es hingegen, wenn z. B. der Großteil des Gewinns aus einer Vereinsveranstaltung über eine größere Vereinseinladung z. B.

im Rahmen einer Geselligkeitsveranstaltung gleich wieder den Mitgliedern zufließt. Mit Finanzamtssanktionen ist dann zu rechnen, wenn z. B. später über Protokolle festgestellt wird, dass jedes Mitglied bei eigenen Veranstaltungen freie Bewirtung, vielleicht auch noch freien Eintritt zu Geselligkeitsveranstaltungen erhält, für die ein Besucher sonst zahlen muss. Denkbar, was bei späteren Überprüfungen dann aber auch nachgewiesen werden muss, wäre die Weitergabe dieses umfassenden Angebots an einzelne Mitglieder, deren Aufgabe es z. B. ist, Ehrengäste oder Verbandsfunktionäre zu betreuen.

ACHTUNG

VORSICHT BEI MITGLIEDERBEWIRTUNGEN

Die Abgabe kostenloser oder verbilligter Speisen und Getränke darf nur aus Anlass eines besonderen Ereignisses erfolgen, etwa über das „Helferessen" bei vorheriger ehrenamtlicher Tätigkeit der Mitglieder oder z. B. bei einer internen Vereinsschulung, Tagung, Mithilfe bei Vereinsanlagenrenovierung bis hin zum Katastropheneinsatz. Freibier für alle Mitglieder beim Schützenfest oder die Freikarten für das Musikkonzert, das eigentlich viel Eintritt kostet, für Vereinsmitglieder wären daher bereits gemeinnützigkeitsschädlich.

Akzeptiert werden allerdings die Einladung zum Vereinsausflug oder die Bewirtung bei der Weihnachtsfeier, wenn die Grenze von 40 Euro pro Jahr und teilnehmendem Mitglied eingehalten wird. Achten Sie bei größeren Ausflügen also auf die genaue Zuschusshöhe und die Restfinanzierung durch die Mitglieder. Nach dem Erlass des Finanzministeriums Baden-Württemberg v. 06.06.1986, S. 0174 A-7/86 werden bereits in Einzelfällen Zuschüsse über 40 Euro toleriert, wenn der Zuschuss nicht mehr als 10 % der Gesamtausgaben im steuerbegünstigten Tätigkeitsbereich beträgt. Zudem setzt dies den Mitgliederstatus voraus – ein Vereinszuschuss etwa für Partner bzw. Begleiter des Mitglieds ist nicht zulässig. Prüfen Sie daher jedes Jahr genau, ob der Kostenzuschuss für jährliche Vereinsflüge, Weihnachtsfeiern insgesamt bei maximal 40 Euro liegt. Ein höherer Aufwand sollte unter den teilnehmenden Mitgliedern umgelegt, also nicht aus der Vereinskasse bestritten werden, auch wenn es um die wichtige Geselligkeit und das Zusammengehörigkeitsgefühl unter den Mitgliedern geht.

Was gilt für Telekommunikationskosten?

Soweit der Vereinsvorstand einen privaten Telefonanschluss hat und für den Verein telefoniert, sollte er wegen einer fehlenden Vorgabe für drei Monate Aufzeichnungen vorlegen und der Verein erst danach den Mittelwert monatlich vorauszahlen, ggf. sollte eine Endabrechung zum Jahresende erfolgen. Vereinsmitgliedern können ansonsten bei eigenen Aufwendungen für Handy, Telefon, Telefax oder für sonstige Kommunikationsmittel (Internetgebühren) die für die Vereinsaktivitäten aufgewendeten Beträge nur gegen Nachweis (Beleg!) erstattet werden. Monatliche Pauschalzahlungen ohne Einzelnachweise sind leider immer noch unzulässig. Ganz schwierig wird es bei üblicher Flatrate und Kostenaufteilungen. Möglich wäre aber jetzt, diesen pauschalen Aufwand über die Anwendung des neuen Ehrenamtsfreibetrags nach § 3 Nr. 26a EStG steuerfrei zu stellen, soweit ein Prüfer trotz relativ bescheidener Beträge das ohne Einzelnachweis aufgreifen sollte. Einzelne Vereine stellen einer Führungskraft, dem ersten Vorstand oder dem Schatzmeister, für die Erledigung der Vereinsgeschäfte einen Vereins-PC oder ein im Vereinseigentum stehendes Handy zur Verfügung, wenn sichergestellt ist, dass diese ausschließlich für Vereinszwecke eingesetzt werden.

Darf man Verluste verrechnen?

Immer wieder taucht für den Vereinskassierer die Frage auf, ob er Verluste aus verschiedenen Geschäftsbereichen verrechnen kann. Bislang galt für die Vereinsbesteuerung der uneingeschränkte Grundsatz, dass man etwaige Verluste, die im steuerpflichtigen wirtschaftlichen Geschäftsbetrieb entstehen, grundsätzlich nicht mit anderen Mitteln des Vereins ausgleichen darf. Dies hat auch zunächst keinerlei besondere Auswirkungen für die Frage der Gemeinnützigkeit, von Einzelfällen abgesehen. Von diesen Grundsätzen darf man ausgehen:

- Soweit ein Verein verschiedene wirtschaftliche Geschäftsbetriebe hat, dürfen in einzelnen Bereichen entstehende Verluste unproblematisch miteinander verrechnet werden.
- Für den Verlustausgleich dürfen nun auch Umlagen und Zuschüsse verwendet werden, nicht jedoch Spenden.

- Auch ein Verein darf beim Aufbau eines neuen wirtschaftlichen Geschäftsbetriebs, also z. B. der Vereinsgaststätte, der Veranstaltungshalle oder Ähnlichem, grundsätzlich sog. Anlaufverluste einkalkulieren. Wichtig ist, dass es innerhalb eines Zeitraums von drei Jahren (statt zwölf Monaten nach der BFH-Rechtsprechung) möglich ist, aus dem ideellen Bereich entnommene Mittel wieder zurückzuführen. Orientieren Sie sich zur Verlustverrechnung am Anwendungserlass zu § 55 AO, Ziffer 4.
- Prüfen sollte man, ob die Verlustsituation sich nicht dadruch bereinigen lässt, dass man den Kostenaufwand buchhalterisch reduziert, also auch nur tatsächlich zuordenbare Verbrauchskosten für den wirtschaftlichen Geschäftsbetrieb z. B. als Aufwand/Betriebsausgabe ansetzt.

Wie hoch dürfen die Verwaltungsausgaben beim Verein sein?

Ausgehend von dem Grundsatz, dass nach § 55 AO sämtliche Mittel nur für satzungsmäßige Zwecke des Vereins eingesetzt werden dürfen, gab es in der Vereinspraxis große Verunsicherung darüber, wie man sich bei allgemeinen Verwaltungskosten verhalten muss. Unstreitig dürfte sein, dass z. B. die Kosten für den Steuerberater, den Betrieb der Geschäftsstelle und auch für Dienstreisen Aufwendungen sind, die eben zwangsläufig anfallen und daher aus dem Vereinsetat bestritten werden müssen. Aber gerade mildtätige bzw. karitative Vereine setzen einen nicht unerheblichen Teil ihres Vereinsvermögens dafür ein, um Spendenaufrufe zu tätigen. Das Gesetz besagt hier nur, dass die Verwaltungsausgaben in einem angemessenen Rahmen liegen müssen.

ACHTUNG

HÖHE DER VERWALTUNGSAUSGABEN

Geht man nach der Rechtsprechung (Bundesfinanzhof, Urteil v. 23.09.1998, I B 82/98), steht die Gemeinnützigkeit auf dem Spiel, wenn ein Verein mehr als 50 % seiner Einnahmen aus den Spenden für allgemeine Verwaltungsausgaben einsetzt, einschließlich der Aufwendungen für die Spendenwerbung.

Gibt es Probleme, wenn wir für die Spendenwerbung Werbeagenturen einschalten?

Gerade die Großorganisationen schalten häufiger denn je für ihre Spendenaufrufe Werbeagenturen oder sonstige Dienstleister ein, mit dem Auftrag, nicht nur entsprechende Spendenbriefe zu konzipieren, sondern diese auch an eine große Anzahl möglicher Interessenten zu verschicken. Einige Spendenskandale bei größeren Spendensammelorganisationen haben bereits dazu geführt, dass man zumindest von einer Provisionsabrede für eingeholte Spenden durch Fremddienstleister wieder Abstand nimmt. Völlig unabhängig davon, ob der Verein selbst diese Werbemaßnahme durchführt oder einen Dienstleister beauftragt, hat dies dann keine Konsequenzen für die Gemeinnützigkeit, wenn er für die Werbung der neuen Mitglieder nicht mehr als zehn Prozent seiner gesamten Jahres-Mitgliederbeiträge verwendet.

AUF ZEHNPROZENTGRENZE ACHTEN ACHTUNG

Die Zehnprozentgrenze sollten Sie unbedingt auch dann beachten, wenn Sie eine Vereinbarung mit einem Dienstleister dahin gehend abschließen, dass dieser eine erfolgsabhängige Vergütung erhält, die sich z. B. danach richtet, wie viele neue Mitglieder durch die Werbung gewonnen werden. Sprechen Sie derartige Vereinbarungen in Zweifelsfällen vorab mit einem steuerlichen Berater durch.

Wie sieht es mit der Beschäftigung von Vorstandsmitgliedern aus?

Bei der Beschäftigung von Vorstandsmitgliedern ist es wegen des Selbstlosigkeitsprinzips unbedingt erforderlich, dass Aufgabenstellung und angemessene Vergütung (Fremdvergleich mit Dritten notwendig) genau schriftlich fixiert und die sonstigen Arbeitgeberpflichten des Vereins erfüllt werden. Besondere Vorsicht gilt bei der „Entlohnung“ von Vorstandsmitgliedern. Die Vorstandstätigkeit ist ein echtes Ehrenamt – außer Reisekostenersatz bzw. Ersatz nachzuweisender Aufwendungen für Büromaterial, Fax, Telefon etc. oder die Zahlung einer angemessenen pauschalen Aufwandsentschädigung bei Berücksichtigung des neuen Ehrenamtsfreibetrags wäre allenfalls das Modell des fest angestellten „Vereinsmanagers“ denkbar.

Denn bereits § 55 AO schreibt hierzu vor, dass keinesfalls eine unverhältnismäßig hohe Vergütung erfolgen darf. Es gibt aber keine genauen Euro-Festbeträge. Bei dem Präsidenten eines Bundesligaclubs wird man sicherlich noch eine Gehaltshöhe wie bei einem vergleichbaren Manager in der freien Wirtschaft akzeptieren. Vorsicht aber bei „normalen" Vereinen. Denn durch einen gemeinnützigen Verein darf kein Vorstand, übrigens auch kein Mitglied, besondere finanzielle Vorteile erhalten. Ziehen Sie also einen Fremdvergleich mit ähnlichen Tätigkeiten und beachten Sie den Grundsatz, keinesfalls die gemeinnützigkeitsrechtliche Aufgabenstellung durch starke Beeinträchtigung des Vereinsvermögens zu gefährden. Im Regelfall sind dies Arbeitnehmereinkünfte, es ist also die Lohnsteuerkarte und Anmeldung bei der Sozialversicherung usw. notwendig. Möglichkeit für kleine Vereine: Beschäftigung auf Minijob-Basis.

Wie können Sie sonst die ehrenamtliche Arbeit honorieren? Keinesfalls dürfen Sie für das Vorstandsamt die Übungsleiterpauschale von 2.100 Euro einsetzen. Die folgende Checkliste zeigt Ihnen einige Möglichkeiten auf:

CHECK

HONORIERUNGSMÖGLICHKEITEN FÜR DAS EHRENAMT

CD-ROM

	ja	nein
Ersatz jeglichen nachgewiesenen Aufwands für den Verein, z. B. Auslagenersatz für gekauftes Büromaterial etc. gegen Beleg	☐	☐
Zahlung von Reisekosten, jedoch bei Beachtung der steuerlichen Reisekostengrundsätze als Obergrenze. Also z. B. 0,30 Euro je gefahrenen Kilometer, Verpflegungsaufwand, Übernachtungskosten, etwa für Auswärtstermine, Besprechungen beim Verband etc. nach Maßgabe der steuerlichen Reisekostensätze	☐	☐
Ersatz von Telekommunikationskosten (Fax, Telefon, Handy, Internetgebühren). Problemlos bei entsprechenden Aufzeichnungen und Abrechnungen derartigen Aufwands für den Verein	☐	☐

Zahlung eines angemessenen, pauschalen Vorstands-Sitzungsgeldes oder monatliche Aufwandspauschale als Vergütung und Ersatz für Fahrtkosten, für die Teilnahme an Vorstandssitzungen. Bei Einsatz des Ehrenamtsfreibetrags bis zu 500 Euro pro Jahr nach § 3 Nr. 26a EStG dürfte es weder in gemeinnützlichkeits- noch in einkommensteuerrechtlicher Hinsicht bei den Empfängern Probleme geben, auch dann nicht, wenn der Nachweis einer der Höhe nach angemessenen Vergütung erbracht werden kann. ☐ ☐

REGELUNG IN VEREINSSATZUNG ACHTUNG

Beachten Sie, dass in allen Fällen eine Vergütung an Vorstände, egal ob Lohn, Aufwandsersatz oder Sitzungsgeld etc., einer besonderen Regelung bedarf. Das Gemeinnützigkeitsrecht verlangt, dass eine Vergütungs- oder Aufwandsersatzregelung als Ausnahme vom Ehrenamtsgrundsatz in der Vereinssatzung festgelegt werden muss, auch die Festlegung, dass im Regelfall die Mitgliederversammlung die Höhe der Vergütung festlegt. Mehr darüber im ABC-Teil, dort zum Ehrenamtsfreibetrag!

REISEKOSTENERSATZ FÜR EINSATZ DES EIGENEN PKW ACHTUNG

Sollen allgemein auch Mitglieder für den Einsatz ihres eigenen Pkw für Fahrten im Vereinsinteresse einen Reisekostenersatz erhalten (maximal 0,30 Euro pro gefahrenem Kilometer), sollten Sie dies mit dem Abrechnungsmodus in den Vereinsmitteilungen (Aushang/Vereinszeitschrift) kommunizieren. Die Mitgliederversammlung kann auch eine Reisekostenordnung verabschieden, die die Einzelvorgaben bei „Dienstreisen" im Auftrag des Vereins enthält. Denn das Gebot der Selbstlosigkeit gilt nicht nur für den Vorstand, sondern auch für jedes Mitglied!

Unproblematisch sind ernsthaft durchgeführte Arbeitsverhältnisse, also Dauerbeschäftigungen, Aushilfstätigkeiten etc. – unabhängig vom Mitgliederstatus. Möglich ist auch eine Vergütung für die nachfolgend noch näher erläuterte Übungsleiter- oder vergleichbare Betreuungstätigkeiten sowie die Nutzung des neuen Ehrenamtsfreibetrags für nebenberufliche Vereinshelfer.

Achten Sie sowohl für die erstmalige Anerkennung als auch für den Erhalt der Gemeinnützigkeit darauf, dass das Vereinsvermögen ausschließlich für satzungsgemäße Zwecke verwendet wird. Ausnahmen:

- Der Förderverein kann entsprechend seinem Satzungszweck vorhandene Mittel für den laut Satzung begünstigten Verein/den gemeinnützigen Zweck einsetzen.

- Angesammelte Geldreserven müssen spätestens im Folgejahr zu steuerbegünstigten Zwecken eingesetzt werden. Diese zeitnahe Mittelverwendung wird durch das Finanzamt überprüft. Theoretisch müssten Kapitalreserven aus Einnahmen und einem erreichten Überschuss im Vereinsjahr 2011 dann bis Ende 2012 aufgebraucht sein. Keine Probleme selbst mit Sparanlagen, Festgeldern etc. gibt es dann, wenn die Reserven in zulässiger Weise in Rücklagen übergeführt werden. Rücklagen sind gewinnneutral, da sie ja aus dem bereits versteuerten Einkommen stammen.

Eine Rücklagenbildung ist zulässig, und zwar

- als Betriebsmittelrücklage etwa für Löhne, Steuern, Abgaben, Miete, Zahlung von künftigen Übungsleitervergütungen etc.,

- als freie Rücklage von 33,33 % der Überschüsse aus der Vermögensverwaltung, 10 % der zeitnah zu verwendenden Mittel aus den Einnahmen im ideellen Bereich, der Gewinne aus Zweckbetrieb und wirtschaftlichen Geschäftsbetrieben,

- als zweckgebundene Rücklage, etwa für die Anschaffung von Geräten oder für Bauvorhaben (dann sogar für drei bis fünf Jahre) oder für Instandhaltungsmaßnahmen, größere Reparaturen etc.

RÜCKLAGENBILDUNG PROTOKOLLIEREN ACHTUNG

Protokollieren Sie unbedingt rechtzeitig zum Jahresende jegliche Rücklagenbildung zunächst über einen Vorstandsbeschluss mit Feststellungen zur Aufgliederung der erwirtschafteten Kapitalreserven. Außerdem muss die Rücklagenbildung im Rechenschaftsbericht des Vorstands bzw. beim steuerlichen Jahresabschluss für den Verein als Anhang bei den GEM-Anlagen aufgeführt werden.

Wird die Rücklage ganz oder teilweise benötigt, wird dies wiederum in einem Vorstandsbeschluss und im Jahresbericht vermerkt. Dabei darf nicht vergessen werden, dass Zinserträge die Rücklage erhöhen.

Man benötigt zudem für gebundene Rücklagen konkrete Anhaltspunkte, plausible Aufwandsschätzungen, Kostenvorschläge o. Ä.

Soweit finanziell möglich, sollte man stets versuchen, durch Nutzung der freien Rücklage einen Teil des Überschuss frei von Zweckbindungen zu stellen.

CLUBHEIMREPARATUR STATT GRUNDSTÜCKSKAUF BEISPIEL

Es wurde eine zulässige Rücklage aus Einnahmen des Vereins für den geplanten Kauf eines Grundstücks gebildet. Im laufenden Jahr ist aber dringend eine Reparatur des Clubheims notwendig, die nicht aus den laufenden Mitteln bestritten werden kann. Dann kann dafür, dokumentiert über den weiteren Vorstandsbeschluss, ein Teil der eigentlich länger gebundenen Investitionsrücklage aufgelöst werden. Bei größeren geplanten Investitionen wird durchaus im Drei- bis Fünfjahreszeitraum wiederum überprüft, ob das Projekt realisiert und welche weitere Bindung von Teilen des Vereinsvermögens erforderlich wird.

Konsequenzen für Fördervereine

Ausnahmen von den Grundsätzen der Selbstlosigkeit, Ausschließlichkeit oder Unmittelbarkeit gibt es für Fördervereine, wie bereits oben dargestellt. Bereits seit 2001 dürfen Mittel nur an andere Körperschaften gegeben werden, die selbst steuerbegünstigt sind. Auch Fördervereine müssen darauf achten, dass die wirtschaftliche Tätigkeit nicht überwiegt. Fehlen also vergleichbare Einnahmen aus dem ideellen Bereich (z. B. Spenden, Mitgliedsbeiträge), d. h. überwiegen die steuerschädlichen Einnahmen (z. B. Werbung, Bewirtungsumsätze etc.), kann dies als Verstoß gegen den Selbstlosigkeitsgrundsatz nach § 55 AO gelten und zum Wegfall der Gemeinnützigkeit führen. Eine exakte Prozentgrenze gibt es dafür leider nicht. Die Einnahmen aus den steuerbegünstigten Bereichen sollten aber mehr als 50 % der steuerpflichtigen wirtschaftlichen Einnahmen betragen. Das bedeutet, dass ggf. auch in Fördervereinen Mitgliedsbeiträge erhoben werden müssen, auch Spendeneinnahmen statt beim begünstigten Hauptverein sollten ggf. durch Aufrufe beim Förderverein eingehen. Weitere konkrete Hinweise zur zulässigen Mittelverwendung für steuerbegünstigte Zwecke enthält die Verfügung der OFD Frankfurt v. 21.1.2008, die Sie auf Ihrer CD finden.

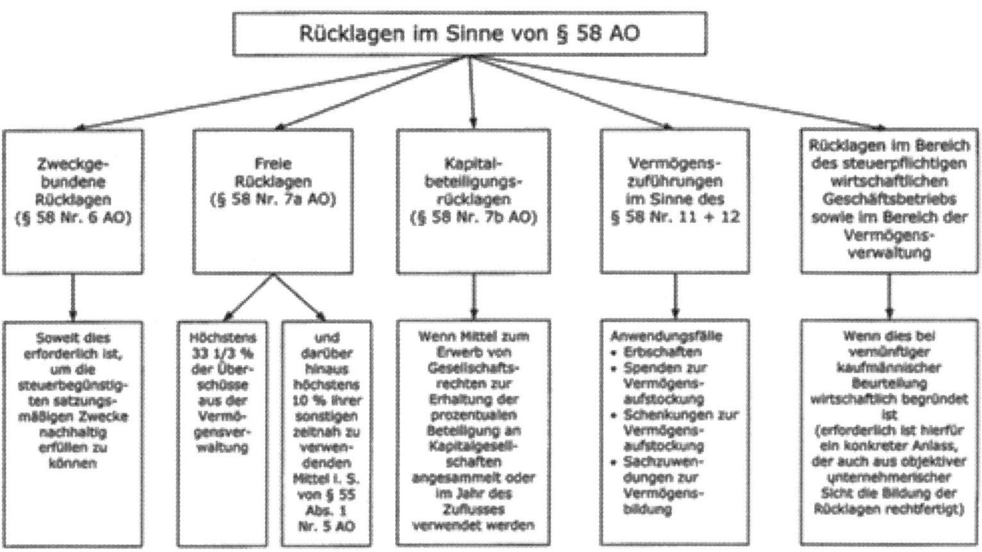

Hinweis: Soweit gemeinnützige Vereine ihre vorhandenen Mittel nicht schon im Zuflussjahr für steuerbegünstigte Zwecke verwendet haben, wird das Finanzamt sogar über eine Nebenrechnung eine sog. Mittelverwendungsrechnung verlangen. Liegen die Gesamteinnahmen nicht über 17.500 Euro, wird hierauf allgemein verzichtet. Bilanzierende Vereine sind aber grundsätzlich zur Erstellung einer Mittelverwendungsrechnung verpflichtet. Dabei werden – kurz gefasst – der Mittelüberhang aus dem Vorjahr den im Kalenderjahr verwendeten Mitteln sowie sämtlichen Rücklagen, auch aus der Vermögensverwaltung und dem wirtschaftlichen Geschäftsbetrieb, gegenübergestellt.

Welche Aktivitäten sind steuerbegünstigt?

Entsprechend dem zuvor skizzierten Überblick zum steuerfreien/steuerpflichtigen Bereich sind nur Aktivitäten zur direkten Erfüllung der satzungsmäßigen Zwecke von der Körperschaftsteuer befreit, also nur die sog. ideelle Tätigkeit. Dies betrifft im Wesentlichen etwa die eingehenden Mitgliedsbeiträge, Zuschüsse und Spenden, darüber hinaus auch Zinserträge, Pachteinnahmen oder steuerbegünstigte Sponsoreinnahmen, also auch die Vermögensverwaltung des Vereins.

Diese Erträge reichen jedoch oft nicht aus, um z. B. bei einem Sportverein den Spielbetrieb aufrechtzuerhalten, der für Ausrüstungen, Fahrten etc. doch einen größeren Aufwand erfordert. Zusätzliche Einnahmequellen sind also Veranstaltungen, Feste etc. Hier gilt es, auf eine strikte Trennung der Zuordnung der Einnahmen, aber auch der Ausgaben zu achten, denn die Finanzämter prüfen sehr genau, ob bei einer Betätigung des Vereins über den ideellen Bereich hinaus hier

- steuerfreie Einnahmen aus dem Bereich der Vermögensverwaltung vorliegen, z. B. Sponsoring-, Pachteinnahmen, Zinserträge,
- ein noch steuerbegünstigter Zweckbetrieb vorliegt oder
- ein steuerschädlicher wirtschaftlicher Geschäftsbetrieb anzunehmen ist und insbesondere
- wie hoch die Einnahmen im Vereinsjahr sind.

Wann liegt ein Zweckbetrieb vor?

Dem Grundsatz nach sind Zweckbetriebe (§ 65 AO) eigentlich wirtschaftliche Geschäftsbetriebe, die jedoch als steuerbegünstigte Tätigkeiten des Vereins anerkannt werden. Bei der Umsatzsteuer kommt dann nur der ermäßigte Steuersatz von 7 % zum Ansatz, soweit nach § 4 UStG keine völlige Steuerbefreiung für bestimmte, vom begünstigten Vereinszweck abhängige Zweckbetriebsmaßnahmen ohnehin in Betracht kommt.

Denn der Gesetzgeber hat zudem für bestimmte wirtschaftliche Betätigungen Sonderregelungen vorgesehen, d. h. hier liegt bereits aufgrund des Tätigkeitsbereichs ein Zweckbetrieb vor (z. B. Einrichtungen zur Wohlfahrtspflege, sportliche Veranstaltungen, Werkstätten für Behinderte, kulturelle Einrichtungen/Veranstaltungen, Volkshochschulen etc., vgl. §§ 66–68 AO). Auch Lotterien/Ausspielungen, die eine steuerbegünstigte Körperschaft höchstens zweimal im Jahr für gemeinnützige, mildtätige oder kirchliche Zwecke durchführt, gehören noch zum Zweckbetrieb.

Besondere Vorteile bestehen für kulturelle Einrichtungen oder Veranstaltungen: Konzerte, Kunstausstellungen oder auch die Unterhaltung von Museen, Theaterbühnen etc. werden jetzt ausdrücklich als steuerbegünstigte Zweckbetriebe eingestuft. Für die Anerkennung als kulturelle Einrichtung und Veranstaltung ist zunächst der Satzungszweck (§ 68 Nr. 7 AO) wichtig. Unter kulturelle Einrichtungen fallen u. a. auch die Förderung von Kunst, Religion, Denkmal- und Heimatpflege. Veranstaltungen, Aufführungen und Darbietungen von Musik- oder Gesangsvereinen sind daher meist steuerbegünstigte Zweckbetriebsveranstaltung; Gleiches gilt für Ausstellungen von Museumsvereinen. Kritisch wird es dann, wenn z. B. in der Einladung der Geselligkeitscharakter zu stark erkennbar wird.

Bei der „Kultur“ fallen daher die Entgelte, mit Ausnahme jeglicher dabei zusätzlich erzielter Bewirtungsumsätze, in den Zweckbetriebsbereich nach § 68 Nr. 7 AO. Es kommt weder auf die Höhe der Einnahmen noch auf einen Überschuss an, da die Zweckbetriebsgrenze nicht zur Anwendung kommt – vorausgesetzt, die Förderung der Kultur ist in der Satzung verankert. Dies gilt auch für kulturelle Darbietungen.

AUFTRITT DES MUSIKORCHESTERS BEISPIEL

Der Musikverein wird von einem ortsansässigen Baumarkt für ein Fest engagiert. Der Einzelauftritt des 1. Orchesters und des Jugendorchesters führt dazu, dass das Fest als kulturelle Veranstaltung dem Zweckbetrieb zugerechnet wird.

Somit sind etwa auch Eintrittsgelder eines Musikvereins für Konzerte körperschaft- und gewerbesteuerfrei, da Konzerte zum steuerbegünstigten Zweckbetrieb zählen (AEAO Nr. 7 zu § 68 Nr. 7 AO). Es kommt hierfür nicht auf die 35.000-Euro-Grenze an. Auch weitere Zielsetzungen von Vereinen, etwa Einrichtungen der Wohlfahrtspflege oder sportliche Veranstaltungen, werden zum begünstigten Zweckbetrieb gerechnet (s. §§ 66–68 AO).

Aber aufgepasst: Werden Teilnehmer und Gäste bewirtet, sind diese Einnahmen, da steuerpflichtig, immer im wirtschaftlichen Geschäftsbetrieb zu verbuchen. Ausnahmen können für Nebenleistungen aus Anlass von Zweckbetriebsveranstaltungen in Betracht kommen, z. B. Verkauf von Programmheften, Katalogen bei Ausstellungen, Einnahmen aus Garderobenaufbewahrung (entsprechend Ziffer 12.6 Abs. 3 des USt-Anwendungserlasses).

Bei einheitlichen Eintrittspreisen, z. B. zu einem Konzert eines Musikvereins mit Bewirtung, muss aufgeteilt werden. Ganz verlassen wird der Zweckbetrieb natürlich dann, wenn z. B. ein Sportverein ein Konzert ausrichtet und Einnahmen erzielt, denn dies entspricht nicht mehr dem Satzungszweck des Veranstalters, oder wenn mit musikalischem Rahmen Tanzveranstaltungen mit vielen erwarteten Nichtmitgliedern als Gästen durchgeführt werden.

Zur Zweckbetriebsgrenze von 35.000 Euro und Optionsmöglichkeiten im Sportbereich siehe nachfolgendes Kapitel!

Was gehört zum wirtschaftlichen Geschäftsbetrieb?

Nahezu alle sonstigen wirtschaftlichen Anstrengungen des gemeinnützigen, mildtätigen oder kirchlichen Vereins, über Spenden, Mitgliedsbeiträge, Zuschüsse etc. hinaus zusätzliche Einnahmequellen aufzutun, wird dem Grundsatz nach dem wirtschaftlichen (und damit steuerpflichtigen) Geschäftsbetrieb zugeordnet. Dies gilt z. B.

- für die in Eigenregie betriebene Vereinsgaststätte,
- für öffentliche Veranstaltungen (Straßen- oder Waldfeste etc.),
- grundsätzlich für alle Arten geselliger Veranstaltungen,
- für die Anzeigenakquisition für die Vereinszeitschrift,
- für den Verkauf der Mitgliederzeitung,
- für die Altmaterialsammlung,
- für Werbeflächenüberlassung auf Vereinsanlagen, -sportstätten, Trikots, bezahlte Lautsprecherdurchsagen mit Werbebotschaften,
- für Konzessions- oder Nutzungsvereinbarung mit Dritten gegen Provison, z. B. von Automatenaufstellern, Brauereivergütung bei selbst bewirtschafteter Vereinsgaststätte und
- stets für jeglichen Verkauf von Speisen und Getränken bei allen Festveranstaltungen, selbst aus sportlichem/kulturellem Anlass.

Soweit ein gemeinnütziger Verein z. B. zur Weihnachtszeit oder zu anderen Anlässen Basare oder andere Verkaufsveranstaltungen durchführt, sind die Einnahmen insgesamt beim steuerpflichtigen, wirtschaftlichen Geschäftsbetrieb zu verbuchen. Dies gilt also für den Fall, dass Mitglieder und Interessenten dem Verein Gegenstände zum Verkauf überlassen und die Verkaufsorganisation beim Verein liegt. Steuerpflichtige Einnahmen im wirtschaftlichen Geschäftsbetrieb liegen im Regelfall auch bei der Durchführung von Benefizveranstaltungen vor. Zwar sind das sicher interessante Marketingmaßnahmen, um den Verein noch bekannter zu machen und um zur Mitgliederpflege beizutragen. Aber trotz des damit verfolgten guten Zwecks sind Eintrittsgelder, Warenverkäufe und Bewirtungseinnahmen steuerpflichtig.

Wichtig ist also die denkbare Einhaltung der Besteuerungsgrenze: Alle Einnahmen einschließlich der Umsatzsteuer werden steuerpflichtig, wenn mehr als 35.000 Euro pro Jahr (einschließlich Umsatzsteuer) umgesetzt werden. Bereits ein Cent über der 35.000-Euro-Grenze löst damit das nachfolgend dargestellte Besteuerungsverfahren aus. Dies ist kein Freibetrag, sondern eine exklusive, für gemeinnützige Vereine bestehende Freigrenze.

Was geschieht, wenn man über der 35.000-Euro-Grenze liegt?

Bei Einnahmen über 35.000 Euro beginnt jetzt (unter Abzug eines Freibetrags von 5.000 Euro) die Körperschaftsteuerpflicht, unter Umständen droht auch Gewerbesteuer. Es muss also über eine Einnahme-Überschussrechnung bei Verwendung des Vordrucks EÜR der Gewinn aus dem steuerpflichtigen wirtschaftlichen Geschäftsbetrieb ermittelt und als Anlage der Körperschaft- und ggf. der Gewerbesteuererklärung beigefügt werden. Sie sollten also getrennt von sonstigen Ausgaben im ideellen bzw. Zweckbereich sehr sorgfältig alle Aufwendungen aufzeichnen und Belege sammeln. Bei gemischten Ausgaben (z. B. Löhne, Pacht, Unterhaltungskosten etc.) sollten Sie eine plausible Aufteilung nach einzelnen Vereinsbereichen vornehmen.

Es gibt hier allerdings noch eine interessante Regelung: Hat der Verein mehrere steuerpflichtige wirtschaftliche Geschäftsbetriebe (z. B. Vereinsgaststätte, Werbeeinnahmen etc.), können bei der Überschreitung der Besteuerungsgrenze Überschüsse und Verluste aus den verschiedenen Einnahmezweigen des Vereins miteinander verrechnet werden.

Die Gemeinnützigkeit steht allerdings dann auf dem Spiel, wenn Verluste im wirtschaftlichen Geschäftsbetrieb auf Dauer aus Reserven aus dem ideellen Bereich (Beiträge, Spenden) abgedeckt werden müssen. Also: Einnahmen abzüglich der Ausgaben ist der steuerpflichtige Gewinn. Die ersten 5.000 Euro bleiben wegen des besonderen Körperschaftsteuerfreibetrags gewinnneutral, der vom Finanzamt ermittelte Gewinn über 5.000 Euro mit 15 % Körperschaftsteuer (und auch mit Gewerbesteuer nach Abzug des Freibetrags von 5.000 Euro) belastet. Dies gilt unabhängig von der Umsatzsteuer!

Faustregel: Hält man die 35.000-Bruttoeinnahmengrenze, müssen zwar selbstverständlich die Ausgaben aufgezeichnet und Belege aufbewahrt werden, die Abgabe einer Körperschaft- und Gewerbesteuererklärung wird jedoch nicht notwendig. Auf zusätzliche Einnahmen sollte man je nach

Finanzsituation des Vereins trotz der 35.000-Euro-Grenze nicht unbedingt verzichten, zumal Wareneinkauf, Veranstaltungs-Rahmenkosten, Personalkosten, Ersatzbeschaffungen etc. zumindest im Segment der Bewirtungen dann durch nachweisbare Ausgaben nicht unbedingt gleich zu einer KSt-Belastung wegen der Gewinnsituation führen. Kritischer ist dies vielleicht bei Werbe- und steuerpflichtigen Sponsoreneinnahmen. Da häufig nur relativ bescheidene Eigenaufwendungen vorliegen, sollte ggf. über einen groben Steuerbelastungsvergleich ermittelt werden, ob man mit Blick auf die 35.000-Euro-Grenze nicht besser hinkommt, wenn ein bestimmter Prozentsatz bei Rechtsverpachtung ertragsteuerfrei in die Vermögensverwaltung zurückfließt. Siehe auch ergänzend Kapitel 6 zum Thema „Werbung und Sponsoring als Vereinseinnahmequelle“.

Soweit Verluste im wirtschaftlichen Geschäftsbetrieb eintreten, darf dies grundsätzlich nicht durch Vermögen, das der Zweckbindung unterliegt, ausgeglichen werden, es sei denn der Verlustausgleich erfolgt durch vorhandenes Vermögen aus dem ideellen Bereich (Beiträge, Spenden etc.), aus der Vermögensverwaltung und dem Zweckbetrieb und wenn der Verlust auf einer Fehlkalkulation beruhte oder es sich um Anlaufverluste handelte. Dann werden Mittelrückführungen innerhalb bestimmter Zeiträume verlangt. Kommt der Hinweis des Finanzamtes auf unzulässigen Verlustausgleich, sollte umgehend ein steuerlicher Berater zugezogen werden, um den Entzug der Gemeinnützigkeit zu vermeiden. Finanztechnisch sollte der Verein auch umgehend über Preiserhöhungen bei Bewirtungen und/oder Verringerung des Kostenaufwands im Bereich des wirtschaftlichen Geschäftsbetriebs selbst reagieren.

Ein besonderes Kapitel: Sport und Steuern

Der Gesetzgeber hat sich für die verschiedenen Arten sportlicher Veranstaltungen einige Sonderregelungen einfallen lassen, insbesondere zur Frage, wann noch ein Zweckbetrieb vorliegt:

- Sportliche Veranstaltungen gelten als steuerbegünstigter Zweckbetrieb, wenn die Einnahmen aus (allen) sportlichen Veranstaltungen des

Vereins den Betrag von 35.000 Euro (einschließl. USt) im Jahr nicht übersteigen. Dies sind z. B. Startgelder, Lehrgangsgebühren, Ablösezahlungen, Eintrittsgelder oder auch Honorareinnahmen aus Rundfunk- oder Fernsehübertragungsrechten. Spenden und Mitgliedsbeiträge fallen nicht unter diese Besteuerungsgrenze, sondern werden dem ideellen (steuerfreien) Bereich zugeordnet.

- Bei höheren Einnahmen (über der Zweckbetriebsgrenze) liegt ein steuerpflichtiger wirtschaftlicher Geschäftsbetrieb vor. Es gilt also hierfür nicht mehr der ermäßigte, sondern der volle Umsatzsteuersatz. Allerdings besteht eine Ausgleichsmöglichkeit durch die Verrechnung etwaiger Verluste aus anderen wirtschaftlichen Geschäftsbetrieben.

Der Gesetzgeber bietet dem Sportverein noch die Möglichkeit, sich hinsichtlich der steuerlichen Behandlung sportlicher Veranstaltungen dafür zu entscheiden, eine Besteuerung nach den Grundsätzen vor 1990 (nach dem damals geltenden Recht, s. § 67 AO a. F.) fortzuführen. Hierfür muss der Verein bis zur Unanfechtbarkeit eines Körperschaftsteuerbescheids eine Erklärung gegenüber dem Finanzamt abgeben, dass auf die Anwendung der Zweckbetriebsgrenze (nach § 67a Abs. 2 AO) verzichtet wird. Ein Vorteil der Ausübung der Option nach § 67a AO bei Teilnahme bezahlter Sportler kann darin liegen, dass etwaige Verluste mit Gewinnen aus anderen wirtschaftlichen Geschäftsbetrieben, z. B. Werbeeinnahmen, Vereinsfeste, saldiert werden könnten. Wird das Wahlrecht ausgeübt, liegt nach § 67a Abs. 3 AO bei sportlichen Veranstaltungen immer dann ein Zweckbetrieb vor, wenn daran ein Sportler gegen Vergütung teilnimmt.

Gemeinnützigkeitsunschädlich nach § 67a Abs. 3 AO und Abschnitt 26 AEAO ist auch eine Aufwandsentschädigung an den eigenen (nicht fremden!) Sportler, auch an Amateurfußballer, wenn diese 400 Euro im Monat nicht übersteigt. Wohlgemerkt: Es geht nicht um eine Entlohnung, sondern um einen Reisekosten- oder sonstigen pauschalen Aufwandsersatz etc. Höhere Beträge sind nur dann zulässig, wenn z. B. der tatsächliche Reisekostenaufwand ersetzt wird (BFH, Beschluss v. 21.03.2002, BFH/NV 2002 S. 1012). Dies bedeutet: Ein Vereinsmitglied gilt als bezahlter Sportler, wenn es ohne Nachweis von seinem Verein mehr als 400 Euro pro Monat an Aufwandsentschädigung erhält oder aber als aktives Mitglied für die Nutzung seiner Persönlichkeitsrechte Werbeeinnahmen erhält. Allerdings gilt hier nach der bisherigen Steuerrechtslage auch weiterhin die Pflicht, dass die Zuordnung als Zweckbetrieb/wirtschaftlicher Geschäftsbetrieb tatsächlich für jede einzelne sportliche Veranstaltung vonseiten des Vereins festgestellt werden muss. Der Verein kann daher die Aufwandsentschädigung bis zu 400 Euro monatlich aus Mitgliedsbeiträgen und Spendenmitteln finanzieren. Übersteigt allerdings diese monatliche Aufwandsentschädigung die neue Grenze, weil vom Sportler keine Werbungskosten bzw. Betriebsausgaben nachgewiesen werden können, handelt es sich um einen bezahlten Sportler. Dies ist verbunden mit dem Verlust der Zweckbetriebseigenschaft des Vereins. Beachtet werden muss, dass bei der Feststellung der 400-Euro-Grenze Zahlungen oder Vergütungen von dritter Seite auch dazugezählt werden – also wenn z. B. der Sportler noch weitere finanzielle Zuwendungen (Sachwerte, Geld) von Sponsoren, Fördervereinen oder Mitgliedern erhält.

ACHTUNG

ZAHLUNGEN BESTÄTIGEN LASSEN

Der Sportler sollte Ihrem Verein zur Vermeidung von Überraschungen stets schriftlich bestätigen, ob und – wenn ja – in welcher Höhe Leistungen von dritter Seite erfolgen.

Unterscheiden Sie bei Vergütungen an Sportler zwischen den gemeinnützigkeitsrechtlichen Vorgaben – also die Einhaltung der zuvor genannten 400-Euro-Monatsgrenze beim Status unbezahlter/bezahlter Sportler – und den sich hieraus sonst noch ergebenden lohnsteuerlichen und sozialversicherungsrechtlichen Konsequenzen.

Wird dem Sportler eine Vergütung bezahlt, steht er in einem Arbeitnehmerverhältnis zum Verein. Ohne dass es auf die Art der Bezeichnung ankommt, liegen z. B. bei festen Monatszahlungen, Gratifikationen, Sieg- und Leistungsprämien lohnsteuerrelevante Gehaltsbestandteile vor; auch geldwerte Vorteile wie unentgeltliche oder verbilligte Wohnungsüberlassung, Verpflegung, ein Pkw auch für Privatfahrten erhöhen das steuerpflichtige Brutto. Je nach Höhe kann sich ggf. noch die Anwendung der

400-Euro-Minijob-Regelung anbieten, sonst aber muss nach den Merkmalen der Lohnsteuerkarte abgerechnet werden, mit Sozialversicherungseinbehalt.

Auch auf die Besonderheiten für im Ausland lebende und in Deutschland aktive Sportler und Künstler, z. B. bei der Teilnahme an Veranstaltungen, Turnieren etc., sollten Sie achten. Es gibt hier das besondere Steuererhebungsverfahren nach § 50a EStG. Auch über den sportlichen Bereich hinaus fallen für künstlerische bzw. artistische Darbietungen oder Tätigkeiten bzw. für das Engagement – abhängig von der Vergütungshöhe – bis 250 Euro keine Steuer, über 250 Euro bis 500 Euro 10 %, über 500 Euro bis 1.000 Euro 15 % und über 1.000 Euro 20 % zuzüglich 5,5 % Solidaritätszuschlag aus den gesamten Einnahmen an. Zu den Einnahmen zählen auch Reisespesen. Um als Haftungsschuldner nicht in Anspruch genommen zu werden, sollte man rechtzeitig auf die Vorlage der Freistellungsbescheinigung achten. Weitere Einzelheiten hierzu enthält u. a. das Steuermerkblatt zu § 50a EStG, das vom Finanzamt angefordert werden kann. Dies und ein Vordruck ist auch per Download über die Homepage des Bundesfinanzministeriums (www.bundesfinanzministerium.de) verfügbar.

Guter Rat ist teuer: Man sollte am Ende des Vereinsjahrs zunächst einmal errechnen, wie die Einnahmesituation unter besonderer Berücksichtigung der 35.000-Euro-Grenze aussieht. Auch sollte man nicht zu schnell vom Wahlrecht (Verzicht auf die Neuregelung) Gebrauch machen. Denn: Der Verein ist für mindestens fünf Veranlagungszeiträume gebunden. Je nach Vereinsentwicklung und Planung ist daher äußerste Vorsicht zur Vermeidung von Steuernachteilen geboten.

Wie sieht es mit Ablösezahlungen aus?

Beachten Sie für den sportlichen Bereich zu § 67a AO Abs. 3 Nr. 39 den Anwendungserlass zur AO: Soweit ein Verein für einen Sportlerwechsel eine Ablösezahlung erhält, fällt diese Einnahme noch in den Zweckbetrieb unter „sportliche Veranstaltungen", vorausgesetzt, es handelt sich um einen Sportler, der nicht in den letzten zwölf Monaten vom Verein bezahlt wurde. Auch wegen der Gemeinnützigkeitsvorgaben sollte bei unbezahlten Sportlern auf den Ausbildungskostenersatz in Höhe von 2.557 Euro geachtet werden. Ablösesummen für bezahlte Sportler fallen grundsätzlich in den wirtschaftlichen Geschäftsbetrieb. Bei Sportvereinen, v. a. Fußballvereinen, sollten zudem die jeweils geltenden verbandsrechtlichen Vorgaben für die Zahlung von Ausbildungsentschädigungen und Amateur-Ablöseregelungen berücksichtigt werden.

Was ist mit Benutzungsgebühren?

Steuerlich werden Benutzungsgebühren als Mitgliedsbeiträge behandelt, wenn mehr als 75 % der neu eintretenden Mitglieder (auch neben Aufwandsgebühren und Sonderzahlungen) diese leisten müssen.

Welche Anforderungen werden an die Vereinsbuchführung gestellt?

Es gilt der Grundsatz: Gelingt es dem Verein, mit seinen Einnahmen aus dem wirtschaftlichen Geschäftsbetrieb (einschließlich Umsatzsteuer) unter der 35.000-Euro-Bruttogrenze zu bleiben, muss keine Körperschaft- bzw. Gewerbesteuererklärung erstellt werden. Diese Steuern fallen nicht an. Allerdings: Gewisse Aufzeichnungen müssen Sie als sorgfältiger Vereinsvorstand/Kassierer dennoch führen.

Die 35.000-Euro-Grenze für die Einnahmen aus dem wirtschaftlichen Geschäftsbetrieb bedeutet keine Befreiung von der Umsatzsteuer. Hier wird im Regelfall die volle Umsatzsteuer mit19 %, z. B. aus dem Verkauf von Speisen und Getränken bei Vereinsfesten etc., anfallen, soweit nicht die sog. Kleinunternehmerregelung (Faustregel: Umsatz nicht über 17.500 Euro im Vorjahr/50.000 Euro im lfd. Jahr) zum Zuge kommt. Schon wegen der umsatzsteuerrechtlichen Vorgaben muss der Verein daher die Einnahmen und Ausgaben erfassen.

Somit bleiben das Kassenbuch, Journal oder Kontenblatt bis hin zur PC-Buchführung auch bei Vereinen unter der 35.000-Euro-Grenze die wichtigsten Hilfsmittel für die Vereinsbuchführung – natürlich unabhängig von den konkreten Nachweis- und sonstigen Aufzeichnungspflichten, die auch für den Jahresbericht für die Mitgliederversammlung von Interesse sind.

Noch ein Tipp vorab: Lieber ein Fest weniger pro Jahr – dafür aber die 35.000-Euro-Grenze einhalten!

Muss ich eine Bilanz erstellen?

Die Erstellung von Bilanzen und Gewinn-und-Verlust-Rechnungen als Pflicht besteht für den Verein nur dann, wenn bei den wirtschaftlichen Geschäftsbetrieben

- die Gesamt-Jahresumsätze über 500.000 Euro im Kalenderjahr liegen oder
- der Vereins-Jahresgewinn jährlich 50.000 Euro übersteigt.

Grundsätzlich sollten Sie wissen, dass z. B. die Pflicht zur Erstellung und Vorlage einer Bilanz erst dann zwingend erforderlich wird, wenn das Finanzamt dies verlangt. Dann ist dies mit Beginn des folgenden Vereinsjahrs (§ 141 AO) zu beachten. Manche größeren Vereine erstellen freiwillig eine Bilanz anstelle der Gewinnermittlung über eine Einnahme-Überschussrechnung.

Wie kann ich meine Buchführung einfach gestalten?

Unabhängig von der Buchführungspflicht hat der Verein zumindest Aufzeichnungen über Betriebseinnahmen und -ausgaben zu machen; er muss dabei den wirtschaftlichen Geschäftsbetrieb das Jahr über erfassen, schon um die Besteuerungsgrenze kontrollieren zu können.

Üblich: die Einnahme-Überschussrechnung

Solange keine Buchführungspflicht besteht, wird der Verein seinen Gewinn im Wege der Einnahme-Überschussrechnung ermitteln. In der Praxis werden zunächst das Jahr über Zahlungen über ein Kassenbuch/Journal mit Kontenblättern (z. T. untergliedert in einzelne Sachkonten) erfasst. Oft wird z. B. mit dem Lexware-Buchhaltungsprogramm gearbeitet. Einzelaufzeichnungen sind z. B. für Lohnkonten, Warenbeschaffung, Geschenke, Bewirtungen, geringwertige Wirtschaftsgüter und AfA-Listen erforderlich. Achten Sie auf das strikte Zu- und Abflussprinzip, d. h. auf die genaue zeitliche Zuordnung der Einnahmen und Ausgaben. Wichtig ist auch eine getrennte Erfassung und Aufgliederung der erzielten Einnahmen und Ausgaben für den ideellen Bereich und die Vermögensverwaltung, für den begünstigten Zweckbetrieb und den wirtschaftlichen Geschäftsbetrieb. Die Umsatzsteuer ist eine Einnahme, die Vorsteuer aus bezahlten Rechnungen berücksichtigungsfähige Ausgabe. Für die Gliederung der Gewinnermittlung für das Finanzamt ist das EÜR-Formular zu verwenden und mit der Steuererklärung vorzulegen, wenn man im steuerpflichtigen wirtschaftlichen Geschäftsbetrieb über 35.000 Euro pro Jahr liegt.

Oft werden bestimmte Großveranstaltungen wie etwa Vereinsfeste, daneben aber auch die wirtschaftlichen Betätigungen bei der Führung der Vereinsgaststätte über separate Bücher oder eine Nebenbuchhaltung erfasst.

Auch die Unterabteilungen eines Vereins können selbstständige Aufzeichnungen führen. Für das Finanzamt ist es jedoch notwendig, dass der Hauptkassierer die einzelnen Ergebnisse der Abteilungen oder die Einzelvorgänge mit separaten Aufzeichnungen für die Jahresrechnung zusammenführt. Dies sollte man sich als verantwortungsvoller Schatzmeister jeweils am Jahresende von den einzelnen Abteilungen/Untergruppen etc. schriftlich bestätigen lassen. Vordrucke dafür finden Sie auf der beiliegenden CD-ROM.

Möglich ist aber auch die Einschaltung eines Steuerberaters. Meist werden dann die Geschäftsvorfälle beim Verein nur vorkontiert, den Abschluss bzw. die Steuererklärungen werden dann vom Berater gefertigt und dem Vorstand vor der Weiterleitung an das Finanzamt zur Unterschrift vorgelegt. Ob die Steuererklärungen von einem Steuerberater übernommen werden, hängt mit Sicherheit von der Größe und Finanzkraft des Vereins ab. Mit etwas Glück findet sich vielleicht auch ein Mitglied, das als Steuerberater tätig ist und dies übernehmen kann. Allerdings ist der Aufwand, gerade für die termingerechte Erstellung von USt-Voranmeldungen oder alle Vorgänge im Rahmen der Lohnbuchhaltung, nicht zu unterschätzen.

Allerdings sind hier Haftungsrisiken zu berücksichtigen, falls die Buchhaltung rein ehrenamtlich durchgeführt wird. Ausgehend von dem Grundsatz, dass es für gemeinnützige Vereine keinerlei Ausnahmen bei der Erfüllung der steuerlichen und auch sozialversicherungsrechtlichen Vorgaben gibt, sollte auf eine korrekte Abwicklung geachtet werden.

Zehn Jahre Aufbewahrungspflicht

Bücher, Aufzeichnungen, Jahresabschlüsse, Inventare, Buchungsbelege und sonstige für die Besteuerung relevante Unterlagen wie Rechnungen, Quittungen, Bankauszüge etc. (§ 147 Abs. 3 AO) sind zehn Jahre aufzubewahren. Im Vereinsjahr 2011 könnten bei 10-jähriger Aufbewahrungsfrist die Unterlagen aus dem Jahr 2000 und früher vernichtet werden. Achten Sie also darauf, dass auch bei Vorstandswechsel die alten Ordner mit Unterlagen/Protokollen sowie relevante Dateien (Vorgaben der Finanzverwaltung beachten!) archiviert werden.

Die Steuererklärungen

Bereits die eigene Steuererklärung bereitet so manchem Steuerzahler großes Kopfzerbrechen. Ob es gefällt oder nicht – auch für den Verein muss man einige Formularhürden nehmen. Achten Sie in Bezug auf das ohnehin hoch komplizierte Steuerrecht sehr sorgfältig darauf, dass Sie mit Ihrem Verein nicht in eine Schieflage geraten.

Alle drei Jahre werden steuerbegünstigte Vereine überprüft. Meist fordert das Finanzamt dann zur Übersendung einer Steuererklärung für das letzte Jahr in diesem Zeitraum auf. Umfasst der Prüfungszeitraum z. B. die Jahre 2009–2011, wird der Verein 2011 zur Abgabe der Erklärungen aufgefordert. Die Finanzämter versenden hierzu Formulare (Gem 1). Sportvereine müssen dem Finanzamt zusätzlich eine besondere Anlage (Gem 1A – Anlage Sportvereine) vorlegen (Auskunft über sportliche Veranstaltungen), zudem die Rechnungslegung nach Vordruck, die Geschäfts- oder Tätigkeitsberichte für die drei Jahre jeweils und eine Vermögensaufstellung zum 31.12. des letzten Jahres, wenn der Verein nicht ohnehin jährliche Steuererklärungen abgibt oder abgeben muss, weil die Besteuerungsgrenze von 35.000 Euro überschritten wurde. Dies gilt unabhängig von der Abgabepflicht für die Umsatzsteuererklärung je nach Sachverhalt, wenn keine Kleinunternehmerregelung vorliegt.

Die Finanzämter stellen die aktuellen Vordrucke zur Verfügung. Diese (also auch die Anlage für Sportvereine) müssen vom vertretungsberechtigten Vorstand unterschrieben werden, selbst wenn für die Erstellung der Steuererklärung ein Steuerberater eingeschaltet wird.

Welche Unterlagen will das Finanzamt einsehen?

Das Finanzamt verlangt meist regelmäßig mit der Aufforderung zur Übersendung der ausgefüllten amtlichen Vordrucke die separate Einnahme-Überschussrechnung (seit 2006 nach der Anlage EÜR), gelegentlich ergänzend Kassenberichte (und Vorlage des Kassenbuchs) sowie Protokolle der Mitgliederversammlungen. Bei intensiveren Überprüfungen müssen auch die Belege vorgelegt werden. Werden Arbeitnehmer oder Aushilfen beschäftigt, wird oft auch die Einsichtnahme in Lohnkonten verlangt. Je nach Beschäftigtenzahl kann eine Sozialversicherungsprüfung durch die Deutsche Rentenversicherung stattfinden. Zudem sollte man auch ergänzend auf die Führung eines Anlageverzeichnisses achten – auch dies wird teilweise nachträglich überprüft. Dort sollten die einzelnen vorhandenen Wirtschaftsgüter aufgeführt werden. Das Muster eines Anlageverzeichnisses ist dem Vordruck EÜR beigefügt.

Haben sich nach Routineüberprüfung oder nach angeordneter und durchgeführter Vereins-Betriebsprüfung auch in Bezug auf die Gemeinnützigkeit keine Beanstandungen ergeben, wird für die zurückliegenden Zeiträume ein Freistellungs- bzw. ein Körperschaftsteuerbescheid mit Anlagen erteilt. Dies ist der wichtigste Bescheid, mit der erforderlichen Bestätigung des Gemeinnützigkeitsstatus!

Welche Abgabefristen muss ich beachten?

Für die Bereiche Körperschaft-, Umsatz- und Gewerbesteuer besteht grundsätzlich jeweils bis zum 31. Mai die Pflicht zur Abgabe einer Steuererklärung für das Vorjahr. Eine Fristverlängerung bis Ende September ist möglich, eine weiter gehende meist nur bei Einschaltung eines Steuerberaters.

Seit 2006/2007 ist zudem bei Abgabe der Steuererklärung die neue, separate Anlage EÜR für die Einnahme-Überschussrechnung vorzulegen. Dies gilt für gemeinnützige Vereine, die mit ihren Einnahmen im wirtschaftlichen Geschäftsbetrieb über 35.000 Euro liegen. Der neue Vordruck verlangt zahlreiche Detailangaben. Über die Buchhaltung sollte deshalb schon das Jahr über sichergestellt werden, dass ein Großteil der Einnahmen und Ausgaben im steuerpflichtigen Bereich als Summen übernommen werden können. Letztendlich ist der Körperschaftsteuerbescheid maßgebend, der dann nachvollziehbare Aussagen darüber erhält, wie viel KSt das Finanzamt für die erzielten Gewinne festsetzt. Bei Vereinen, die unter der 35.000-Euro-Grenze liegen, wird weiterhin eine selbst erstellte Einnahme-Überschussrechnung akzeptiert, also keine Vorlage des schwierigen Vordrucks EÜR.

Auch die fälligen Steuerzahllasten und Termine sollten genau überwacht werden. Man kann dies vereinfachen, wenn dem Finanzamt eine Einzugsermächtigung insgesamt oder nur für bestimmte Steuerarten erteilt wird. Dies kann bei Einschaltung eines Steuerberatungsbüros auch von dort per EDV erledigt werden. Bei Nichteinhaltung drohen Säumniszuschläge, wenn wegen zu später Überweisung/Einzahlung die kurzen Schonfristen überschritten werden.

Das Steuer-ABC für Vereine

Im Folgenden finden Sie Informationen über die wichtigsten Steuerarten und -pflichten für Vereine in alphabetischer Reihenfolge.

Erbschaft- und Schenkungsteuer

Zuwendungen an steuerbegünstigte gemeinnützige, mildtätige oder kirchliche Vereine bleiben der Höhe nach unbegrenzt steuerfrei (§ 13 Abs. 1 Nr. 17 ErbStG). Damit sind z. B. auch Geld- oder Sachvermächtnisse in Testamenten oder bei Erbeinsetzungen zugunsten des gemeinnützigen Vereins/der Organisation beim Empfänger steuerfrei. Diese Zuwendungen fallen in den ideellen Bereich des Vereins.

Gewerbesteuer

Auch für die Gewerbesteuer kann eine Befreiung erlangt werden, wenn die Voraussetzungen der §§ 51 und 68 AO erfüllt werden (§ 3 Nr. 6 GewStG). Wie bei der Körperschaftsteuer gilt hier die Einschränkung, dass der Verein gewerbesteuerpflichtig sein kann, wenn er einen wirtschaftlichen Geschäftsbetrieb (ausgenommen Land- und Forstwirtschaft) unterhält.

Bei einem Brutto-Jahresumsatz bis zu 35.000 Euro besteht wie bei der Körperschaftsteuer auch beim wirtschaftlichen Geschäftsbetrieb eine völlige Steuerbefreiung. Wird die Grenze überschritten, gilt bei gemeinnützigen Vereinen als Besteuerungsgrundlage für die Gewerbesteuerpflicht im wirtschaftlichen Geschäftsbetrieb der Überschuss bzw. Gewinn, also der Gewerbeertrag. Es gibt zudem noch den jahresbezogenen Gewerbesteuerfreibetrag von 5.000 Euro, der vom Gewerbeertrag abgezogen wird. Bei der Gewerbesteuer wird hiervon ausgehend der Gewerbesteuermessbetrag mit 3,5 % des Gewerbeertrags errechnet, der über den Freibetrag von 5.000 Euro hinausgeht. Durch die Anwendung des örtlichen Gewerbesteuer-Hebesatzes der Gemeinde des Vereinssitzes ergibt sich hieraus dann die zu zahlende Gewerbesteuer.

Da die Gewerbesteuer von der Gemeinde erhoben wird, könnte bei finanziellen Problemen bzw. Liquiditätsengpässen versucht werden, einen Teilerlass oder eine Stundung mit ggf. möglichem Zinsverzicht mit begründetem Antrag zu stellen.

Grunderwerbsteuer

Grundstückserwerbe sind generell steuerpflichtig (3,5 % der Bemessungsgrundlage unverändert seit 1997), mit Ausnahme von Erwerben durch Schenkung oder Todesfall sowie bei Werten mit einer Bemessungsgrundlage unter 2.500 Euro (§§ 3, 4 GrEStG). Lediglich für öffentlich-rechtliche Körperschaften bestehen einige Befreiungsmöglichkeiten. Vereine sollten beachten, dass Grunderwerbsteuer ggf. auch dann anfällt, wenn nur ein symbolischer Kaufpreis z. B. von einem Euro im Notarvertrag vereinbart wird. Für Sportanlagen, z. B. Spielfelder, gelten weitere Steuerbefreiungen.

Grundsteuer

Der Grundbesitz gemeinnütziger Vereine ist von der Grundsteuer befreit, soweit dieser für steuerbegünstigte Zwecke einschließlich dem Zweckbetrieb genutzt wird, siehe §§ 3 Nr. 3b, 7 GrStG (z. B. Sporthalle, Übungsräume etc.). Auch Verwaltungsgebäude, soweit sie für die gemeinnützige Zweckverfolgung genutzt werden, können befreit sein. Auch Amateursportanlagen und deren Nutzung ohne Eintrittsgeld für Jugendmannschaften sind von der Grundsteuer befreit. Begünstigt sind auch die diversen damit zusammenhängenden Anlagen/Betriebsvorrichtungen wie Unterrichts- und Tagungsräume, Sanitäranlagen, aber z. B. auch Unterkunfts- und Schutzhütten von Berg- oder Wandervereinen. Ein gemeinnütziger Verein kann allerdings nicht immer eine vollständige Befreiung von der Grundsteuer erreichen. Nicht begünstigt sind somit Grundstücke, die dem wirtschaftlichen Geschäftsbetrieb dienen. Bei unbebauten Grundstücken besteht Grundsteuerpflicht, solange diese noch nicht für steuerbegünstigte Zwecke tatsächlich genutzt werden.

Diese Grundsätze gelten auch für übrige Vereine, z. B. für Übungsräume von Musik- oder Gesangsvereinen, Theatervereinen und mildtätigen Institutionen. Die Grundsteuerbefreiungsmöglichkeit entfällt, wenn die Nutzung den wirtschaftlichen Geschäftsbetrieb betrifft (Erlass v. 15.03.1984, BStBl I 1984, S. 323). Damit scheidet die Befreiungsmöglichkeit z. B. für den Betrieb der Vereinsgaststätte aus.

Die Grundsteuererhebung erfolgt über die Gemeinden, Grundsteuerbeträge werden vierteljährlich erhoben. Grundsteuerpflicht besteht z. B. auch, wenn Grundstücke (nicht begünstigten) Dritten oder zu Wohnzwecken bzw. der Land- und Forstwirtschaft überlassen werden, also vergleichbar mit der Gewerbesteuererhebung.

Die Grundsteuer wird ansonsten gegenüber dem Verein als Grundstückseigentümer von den Gemeinden/Städten nach dem sog. Einheitswert festgesetzt (allerdings ohne Freibeträge), wobei unterschiedliche Hebesätze zur Anwendung kommen. Der Einheitswert wird mit der sog. Messzahl multipliziert, im Regelfall 3,5 Promille. Stellen Sie bei Härtefällen ggf. begründete Erlassanträge für den Verein bei der Gemeinde – diese Möglichkeit sieht zumindest Abschnitt 36 der Grundsteuer-Richtlinien vor.

Vereine sollten jedoch auf jeden Fall die zuvor skizzierten Befreiungsmöglichkeiten prüfen und ggf. Rücksprache mit dem Verband wegen vergleichbarer Praxiserfahrungen halten.

Kraftfahrzeugsteuer

Es gibt zwar keine besonderen Vergünstigungen für Vereine, aber prüfen sollte man Befreiungsvorschriften u. a. für Rettungsfahrzeuge, Krankenbeförderung oder beim Einsatz für Hilfsgütertransporte.

Vereine/Verbände können beim Erwerb eines Fahrzeugs die unterschiedliche Steuerbelastung nach Schadstoffbelastung, Antriebsart etc. wie natürliche Personen steuern.

Körperschaftsteuer

Jeder Verein, ob rechtsfähig oder nicht, ist im Inland grundsätzlich körperschaftsteuerpflichtig (dies ist die Einkommensteuer der Körperschaften). Die Körperschaftsteuer (KSt) wird hierbei nach Ablauf des Kalenderjahres verlangt. Vereine sind nach § 5 Abs. 1 Nr. 9 KStG von der Körperschaftssteuer befreit, sofern sie nach Satzung und tatsächlicher Geschäftsführung ausschließlich und unmittelbar gemeinnützigen Zwecken dienen. Die Steuerbefreiung entfällt jedoch, soweit der Verein einen steuerpflichtigen wirtschaftlichen Geschäftsbetrieb unterhält, der kein Zweckbetrieb ist. Die Befreiung gilt auch für alle Beitragseinnahmen, Zuschüsse von Bund und Land etc., Spenden, Schenkungen, Erbschaften und für Erträge aus der Vermögensverwaltung.

Eine vollständige Befreiung von der KSt wird dann gewährt, wenn die Einnahmen (einschl. USt) aus der steuerpflichtigen wirtschaftlichen Betätigung 35.000 Euro nicht übersteigen. Für alle Einnahmen darüber hinaus unterliegt der zu ermittelnde Gewinn der Körperschaftsteuer. Allerdings greift dann noch der Freibetrag von 5.000 Euro. Das verbleibende steuerpflichtige Einkommen des Vereins abzüglich des Freibetrags unterliegt ansonsten der Körperschaftsteuer mit 15 %. Zusätzlich fällt auf die festgesetzte Steuer dann noch 5,5 % Solidaritätszuschlag an.

Die Körperschaftsteuererklärung muss dem Finanzamt bis zum 31.05. für das Vorjahr abgegeben werden. Bei laufendem steuerpflichtigem Gewinn setzt das Finanzamt KSt-Vorauszahlungen auch für das Folgejahr per Bescheid fest. Bei Veränderungen sollte die Möglichkeit einer Vorauszahlungsanpassung beachtet werden.

Lohnsteuer

Werden in einem Verein Arbeitnehmer beschäftigt, trifft den Verein die Verpflichtung zur Einbehaltung, Anmeldung und Abführung der Lohnsteuer. Außerdem sind der Solidaritätszuschlag in Höhe von 5,5 % sowie je nach Religionszugehörigkeit und Bundesland Kirchensteuer von 7 bzw. 8 % (berechnet nach der Lohnsteuer) abzuführen. Der Verein hat bei Einbehalt die Lohnsteuer und den Solidaritätszuschlag je nach betragsmäßigem Umfang als Monats-. Vierteljahres- oder Jahreszahler fristgerecht an das Finanzamt abzuführen. Auf die Besonderheiten mit der künftigen elektronischen Steuerkarte, der Weiternutzung der LSt-Karte von 2010 für Vereinsarbeitnehmer bin hin zu ELSTAM, dem für 2012 zur Einführung vorgesehenen elektronischen Meldeverfahren wird ergänzend hingewiesen. Zur Orientierung: Eine jährliche LSt-Erklärungsabgabe ist möglich, wenn die Lohnsteuer pro Jahr nicht mehr as 1.000 Euro betragen hat, vierteljährliche Abgabe bei nicht mehr als 4.000 Euro, monatliche Voranmeldungen werden ab 4.000 Euro angefallene Lohnsteuer fällig. Grundlage für Beschäftigungsverhältnisse muss dabei die Einrichtung und Führung eines Lohnkontos für jeden Beschäftigten, und zwar funktionsunabhängig, sein.

Wegen der Vielzahl von laufenden Änderungen mit Auswirkungen auf die Gehaltsabrechnung kann es sich empfehlen, ggf. die Lohnbuchhaltung extern zu vergeben.

FÜHREN SIE EIN LOHNKONTO ACHTUNG

Für jeden Beschäftigten, egal ob Aushilfe oder Dauerkraft, ob Übungsleiter oder Vereinshelfer, sollte ein Lohnkonto geführt werden. Beginn und Beendigung der Tätigkeit muss der zuständigen Krankenkasse des Arbeitnehmers bzw. bei 400-Euro-Jobs der Bundesknappschaft über das Meldeformular mitgeteilt werden, damit die sozialversicherungsrechtlichen Pflichten des Vereins als Arbeitgeber erfüllt werden. Weitere Hinweise auch zur Minijob-Regelung finden Sie im Kapitel „Bezahlte Mitarbeit im Verein".

Lotteriesteuer

Die Einnahmen aus einer Tombola sind steuerfrei, wenn der Gesamtpreis der Lose 650 Euro nicht übersteigt und keine Bargeldpreise winken bzw. ausgeschüttet werden (§ 18 RennLottG). Liegt der Gesamtpreis darüber, besteht die Verpflichtung, die Lotterie beim Finanzamt anzumelden. Das Finanzamt entscheidet dann über die Frage der Steuerpflicht oder -befreiung. In einzelnen Bundesländern bestehen zudem Sonderregelungen für die Genehmigung bei Lotterieausspielungen von gemeinnützigen Vereinen. Fällt bei nichtöffentlichen, also vereinsinternen Veranstaltungen keine Lotteriesteuer an, sind dem Zweckbetrieb Leistungen mit 7 % Umsatzsteuer (§§ 68 Nr. 6 AO, 12 Abs. 2 Nr. 8a UStG) zuzuordnen.

Wichtig ist zudem, dass der Erlös tatsächlich und nachweisbar beim Verein für steuerbegünstigte Zwecke verwendet wird, sonst droht eine Erfassung im steuerpflichtigen wirtschaftlichen Geschäftsbetrieb. Ansonsten darf bei genehmigten Lotterien, die ausschließlich gemeinnützigen, mildtätigen oder kirchlichen Zwecken dienen, der Gesamtpreis der Lose 40.000 Euro nicht übersteigen. Werden diese Vorgaben nicht erfüllt, fällt Lotteriesteuer in Höhe von 20 % des planmäßigen Preises an (§ 17 Satz 3 RennLottG), wobei zur Steuermilderung nur 5/6 des Lose-Nennwerts als Bemessungsgrundlage herangezogen werden. Somit beträgt bei nicht steuerbefreiten Lotterien die Lotteriesteuer 16,67 % des Lospreises.

ACHTUNG

RÜCKSPRACHE MIT DEM FINANZAMT NEHMEN

Nehmen Sie vor Veranstaltung einer Tombola Rücksprache mit dem Finanzamt, ob diese genehmigungspflichtig ist, ob die Einnahmen steuerfrei sind, welche USt-Konsequenzen sich hieraus ergeben können. Außerdem gibt es länderrechtlich verschiedene Verfahrenserleichterungen. Klären Sie dies ergänzend auch wegen genehmigungsfähiger Lotterien kurz mit der Gemeinde/dem städtischen Ordnungsamt.

Rechtsbehelfe in Steuersachen

Wann sollte ich Einspruch gegen eine Steuerfestsetzung einlegen?

Unabhängig von der Steuerart sollten Sie als Vereinsvorstand beachten, dass gegen Steuerfestsetzungen, die nicht akzeptiert werden, innerhalb eines Monats nach Zugang Einspruch eingelegt werden muss. Zur Fristwahrung genügt es bereits, dass der Brief dem Finanzamt innerhalb dieser Frist unterschrieben und unter Angabe der Steuernummer und der genauen Bezeichnung des anzufechtenden Steuerbescheids zugeht. In Eilfällen,

z. B. bei drohendem Fristablauf, kann der Einspruch auch – nachweisbar – per Fax übermittelt werden. Eine Begründung für den Einspruch kann man auch nachreichen. Achtung: Prüfen Sie – unabhängig vom eingelegten Einspruch –, ob im Steuerbescheid Zahlungsfälligkeiten für Steuerzahlungen genannt werden. Dann muss separat ein begründeter Antrag auf Aussetzung der Vollziehung (AdV) gestellt werden, um Vollstreckungsmaßnahmen trotz Rechtsbehelf zu vermeiden.

EINSPRUCH: VERSTÄNDIGUNG MIT DEM FINANZAMT SUCHEN ACHTUNG

Der Einspruch verhindert nicht die Fälligkeit der im Bescheid festgesetzten Steuerbeträge. Dazu muss – dann allerdings sofort mit einer entsprechenden Begründung – die Aussetzung der Vollziehung beantragt werden, soweit ernsthafte Bedenken gegen die Steuerfestsetzung bestehen. Allerdings muss der festgesetzte Steuerbetrag nachträglich verzinst werden, wenn der Einspruch oder auch eine danach eingelegte Klage vor dem Finanzgericht erfolglos war.

Versuchen Sie, im Vorfeld bzw. während des laufenden Einspruchsverfahrens eine Verständigung mit Ihrem Finanzamt zu erreichen. Das Einspruchsverfahren ist zwar kostenfrei – mit Ausnahme der Gebühren für einen Berater –, aber spätestens dann, wenn der Steuerstreit vor Gericht geht, muss bereits für die Klageerhebung ein Gerichtskostenvorschuss bezahlt werden.

Kann ich eine Stundung erreichen?

Ist Ihr Verein – etwa im Fall von Steuernachforderungen – nicht in der Lage, die Beträge sofort zu zahlen, sollten Sie darum bitten, dass Ihnen das Finanzamt die Beträge oder Teile davon (nach Möglichkeit zinslos) stundet, soweit die Steuerforderung berechtigt ist. Bei schwierigen Sachverhalten mit möglicherweise steuerlichen Konsequenzen für Folgejahre sollte sofort ein steuerlicher Berater beauftragt werden.

Kann ich Steuern erlassen bekommen?

Sie sollten als Verein auch prüfen, ob nicht ggf. ein Teil- oder vollständiger Erlass von Steuernachforderungen möglich ist. Allerdings müssen Sie hier dem Finanzamt oder der Gemeinde, soweit es um Gemeindesteuern (Gewerbesteuer, Vergnügungsteuer etc.) geht, die Erlassgründe konkret vortragen. Es kommt also auf den Grund der Steuernachforderung an. Dargestellt werden muss auch die besondere Härte für den Verein einschließlich plausibler wirtschaftlicher Gründe, warum er nicht in der Lage ist, auf eine ggf. überraschende Steuernachforderung ohne Gefährdung der Vereinsexistenz umfassend zu reagieren. In der Vereinspraxis lässt sich feststellen, dass die Gemeinden etwa bei der Gewerbe- bzw. Grundsteuer bereit sind, begründeten Erlassanträgen stattzugeben. Bei Umsatz- oder Lohnsteuernachforderungen sind die Finanzämter kaum vergleichsbereit, erlasswürdig sind dann allenfalls steuerliche Nebenforderungen, insbesondere Zinsen.

Steuerabzug für Bauleistungen

Soweit Vereine Bauleistungen im Bereich des wirtschaftlichen Geschäftsbetriebs erbringen lassen, z. B. beim Bau des Klubheims, besteht die Verpflichtung, einen Steuerabzug von 15 % der Gegenleistung aus dem Rechnungsbetrag einschließlich Umsatzsteuer einzubehalten und an das Finanzamt des Auftragsnehmers/Bauunternehmens abzuführen (§ 48 EStG). Dies gilt neben der Änderung von Bauten u. a. auch für damit fest verbundene Anlagen bei Fremdaufträgen für Bauarbeiten/Herstellungsmaßnahmen. Vereine bleiben hiervon verschont, wenn das Bauunternehmen dem Verein eine Freistellungsbescheinigung vorlegt (sollte auch aus dem Vertrag hervorgehen!) oder betragsmäßig bestimmte Freigrenzen (im Regelfall 5.000 Euro) im Kalenderjahr nicht überschritten werden. Eine Erneuerung oder Modernisierung einer vorhandenen Sportanlage wäre befreit, es sei denn, der Verein erhebt für die Benutzung ein Entgelt, etwa durch Weitervermietung u. Ä. Im Einzelfall muss zwischen abgabepflichtigen Vorgängen im unternehmerischen/nicht unternehmerischen Bereich aufgeteilt werden. Formulare und Hinweise, auch der Abruf des Musters einer Freistellungsbescheinigung nach § 48b EStG, sind ergänzend über die Finanzämter und deren Internetauftritte einzuholen.

Umsatzsteuer

Bei der Umsatzsteuer ist darauf zu achten, dass es – anders als bei der Körperschaft-, Gewerbe- und Vermögensteuer – keine allgemeine Steuerbefreiung der steuerbegünstigten Körperschaften gibt. Allerdings: Für Umsätze im steuerbegünstigten Bereich – soweit diese gemeinnützigen, mildtätigen und kirchlichen Zwecken dienen – kommt der ermäßigte Steuersatz von 7 % zur Anwendung.

Für Umsätze aus wirtschaftlichen Geschäftsbetrieben sind jedoch, wenn keine Steuerbefreiungsvorschrift oder Steuerermäßigung aus anderen Gründen in Betracht kommt, der volle Umsatzsteuersatz mit 19 %, der ermäßigte mit 7 % zu berücksichtigen.

Probleme mit Mitgliedsbeiträgen

Das Umsatzsteuerthema sorgt in der Vereinspraxis zwischenzeitlich für helle Aufregung. Ausgehend von der Tatsache, dass es durch die neuere BFH-, insbesondere auch EuGH-Rechtsprechung derzeit unklar ist, ob Mitgliedsbeiträge nun künftig steuerpflichtig werden, besteht Verunsicherung insbesondere in der Sport-Vereinspraxis.

Nach bisherigem USt-Recht, so auch nach wie vor enthalten z. B. im Umsatzsteuer-Anwendungserlass, sind Mitgliedsbeiträge kein Entgelt für eine Vereinstätigkeit, soweit damit das Mitglied die angebotenen Vereinsleistungen nutzen kann. Ausgelöst durch die Grundsatzentscheidung des EuGH bereits v. 21.3.2002 wird vom deutschen Gesetzgeber verlangt, dass er für eine Umsatzsteuerregelung sorgt und die bisherige Entgeltfreiheit, da gemeinschaftswidrig, beseitigt. Der Bundesfinanzhof hat sich dieser Auffassung angeschlossen und so u. a. in seinem Urteil v. 9.8.2007, BFH/NV, S. 2213 bereits entschieden, dass Mitgliedsbeiträge ein Entgelt für Leistungen eines Sportvereins sein können. Dies kann bedeuten, dass künftig von einer grundsätzlichen Steuerbarkeit von Mitgliedsbeiträgen ausgegangen werden muss, aber andererseits die Umsatzsteuerkonsequenzen für unzählige Vereine über neue Befreiungsvorschriften wohl aufgefangen werden.

Im Ergebnis wird es wohl auch nach einer Gesetzesänderung darauf hinauslaufen, dass gemeinnützige Sportvereine zumindest nicht zusätzlich mit Umsatzsteuer belastet werden. Mit einem Gesetzentwurf ist aller Wahrscheinlichkeit nach nicht vor Jahresanfang 2012 zu rechnen.

Andererseits könnten Vereine derzeit von dieser Entwicklung im Einzelfall durchaus auch profitieren – z. B. bei größeren Investitionen mit Vorsteuerabzug. Durch Berufung auf die neuere Rechtsprechung, auch des BFH, könnte man sich auf die Umsatzsteuerpflicht der Mitgliedsbeiträge berufen, wenn man bei hohen Investitionen für den Verein im Gegenzug dafür die Vorsteuer aus gezahlten Rechnungen zurückerhalten will. Die Finanzämter sind aber derzeit zurückhaltend, was die Anerkennung dieses Wahlrechts angeht. Dringende Empfehlung: Besprechen Sie diese Möglichkeit auf jeden Fall zuvor mit einem steuerlichen Berater und beobachten Sie die Entwicklung hierzu – z. B. unter www.redmark/verein.de! Denn ungeklärt ist z. B. die Frage, ob auch passive Mitgliedsbeiträge als Entgelt in die Bemessungsgrundlage einzubeziehen sind und ob nun 7 % oder sogar 19 % an USt bei den erhaltenen Mitgliedsbeiträgen einkalkuliert werden müssen.

Was gilt sonst bei der Umsatzsteuer?

Umsatzsteuerpflichtige Lieferungen liegen insbesondere vor, wenn Gegenstände aus dem unternehmerischen Bereich des Vereins an Mitglieder oder Dritte abgegeben werden, etwa

- jeglicher Verkauf von Speisen und Getränken an Besucher von Sport- oder kulturellen Veranstaltungen, Bewirtung in vereinseigenen Gaststätten, Provisionen/Rückvergütungen von Brauereien,
- der Verkauf von Sportgeräten, Materialien, Fanartikeln, gebrauchter Vereinsgegenstände aus dem unternehmerischen Bereich o. Ä.,
- jegliche Einnahmen aus Anzeigen/Annoncen in Vereinszeitschriften/Festschriften,
- Trikotwerbung, Entgelte für Lautsprecher-Werbedurchsagen sowie Bandenwerbung, Werbung auf Sportanlagen, Aufstellung von Verkaufsgelegenheiten von Gewerbetreibenden in Hallen, die entgeltliche Gestattung der Anbringung von Fahnen/Transparenten, Plakaten etc. durch Unternehmen auf dem Vereinsgelände,

- die Aufnahme von Werbebannern und Werbung allgemein auf der Vereinshomepage, der Hinweis auf einen Vereinskooperationspartner mit Verlinkung auf dessen werblichen Internetauftritt.
- Auch an den Bereich des unentgeltlichen Leistungsaustauschs denken – der mit Werbeaufdrucken versehene, geschenkte Trikotsatz löst auch beim Verein trotz unentgletlicher Überlassung 19 % USt aus dem Warenwert aus!

Einnahmen aus dem ideellen Bereich, d. h. Entgelte, die der Verein für die Erfüllung seines satzungsgemäßen Zwecks erhält, sind umsatzsteuerfrei. Keine umsatzsteuerpflichtigen Einnahmen sind daher nach wie vor die echten Mitgliedsbeiträge, darüber hinaus aber auch Spenden, Zuschüsse und erhaltene Schadensersatzleistungen.

Besondere USt-Befreiungen (s. § 4 UStG) gibt es für Vereine u. a. für

- Kurse, Veranstaltungen und Vorträge wissenschaftlicher oder belehrender Art, wenn die Einnahmen überwiegend zur Deckung der Aufwendungen verwendet werden (z. B. Sportunterricht) (§ 4 Nr. 21 UStG);
- Durchführung kultureller oder sportlicher Veranstaltungen im Rahmen der Jugendhilfe (§ 4 Nr. 25 UStG);
- Beherbergung und Verköstigung Jugendlicher für Erziehungs-, Ausbildungs- oder Fortbildungszwecke (4 Nr. 23 UStG);
- kulturelle und sportliche Veranstaltungen, die von gemeinnützigen Vereinen durchgeführt werden, soweit das Entgelt nur in Teilnehmergebühren besteht. Die Steuerbefreiung ist jedoch beschränkt auf die direkte Teilnahme der aktiven Vereinsmitglieder, Zuschauer-Eintrittsgelder fallen nicht unter diese Befreiung;
- ehrenamtliche Tätigkeiten (§ 4 Nr. 26 UStG, 4.26.1 des USt-Anwendungserlasses);
- Sportkurse, Sportunterricht (§ 4 Nr. 22a UStG);
- Start- und Meldegelder (bei Wettkämpfen, Volksläufen) (4 Nr. 22b UStG);

- allgemein die Verpachtung und Vermietung von Grundstücken;
- bestimmte Umsätze aus Lotterie- und Rennwetteinnahmen.

Umsatzsteuerpflichtig sind hingegen z. B. Sporteintrittsgelder, Einnahmen für die Übertragung von Sportveranstaltungen in Funk und/oder Fernsehen, kulturelle und gesellige Veranstaltungen sowie z. B. der Verkauf von Fanartikeln, auch Werbeeinnahmen, Einkünfte aus kurzfristiger Vermietung von Sportanlagen, Anzeigenerlösen (Vereinszeitschrift/Homepage), im Sportbereich auch bei Überlassung von VIP-Logen und sog. Hospitality-Leistungen in Sportstätten (BMF-Schreiben v. 28.11.2006, BStBl I S. 791 sowie v. 29.04.2008, BStBl I 2008 S. 566).

Aufzugliedern ist zudem der unternehmerische Bereich, d. h. die Durchführung von Zweckveranstaltungen und der wirtschaftliche Geschäftsbetrieb. Selbst wenn eine sog. Zweckveranstaltung vorliegt, für die es keine Steuerbefreiung gibt, müssen die Umsätze im Gegensatz zum wirtschaftlichen Geschäftsbetrieb nur mit sieben Prozent besteuert werden (z. B. Eintrittsgelder bei kulturellen Veranstaltungen). Für den Verein wichtig ist daher die bereits eingangs erwähnte klare Abgrenzung von Veranstaltungen.

Problem in der Vereinspraxis: der Vorsteuerabzug

Schwierig wird es teilweise bei der Ausgabenseite und dem angestrebten Vorsteuerabzug aus bezahlten Rechnungen. Für eingekaufte Ware – etwa für die Veranstaltung von Vereinsfesten, aber auch für allgemeine Bewirtungen – ist zunächst darauf zu achten, dass in den Rechnungen die Vorsteuer ausgewiesen ist. Grundsätzlich ist der Vorsteuerabzug aber ausgeschlossen, wenn sich der Verein als sog. Kleinunternehmer (siehe unten) behandeln lässt, sowie bei der Anschaffung oder dem Erwerb von Gegenständen, die für den ideellen Bereich genutzt werden – etwa beim Kauf von Sport- und Musikinstrumenten für die ideelle Zweckverwirklichung.

Eine weitere Ausnahme vom Vorsteuerabzug gibt es auch dann, wenn für die Einnahmen ohnehin eine gesetzlich vorgesehene USt-Befreiung besteht. Werden also die angeschafften Gegenstände für die Ausführung von umsatzsteuerbefreiten Leistungen verwendet, entfällt damit auch der Vorsteuerabzug. Dies betrifft z. B. den Kauf von Instrumenten bei Musikvereinen, aber auch die Waren für die Durchführung von Renovierungsarbeiten bei steuerfrei vermieteten Vereinsräumen.

AUF ORDNUNGSGEMÄSSE RECHNUNGEN ACHTEN ACHTUNG

Achten Sie unabhängig davon stets darauf, dass der Verein nur ordnungsgemäß ausgestellte Rechnungen erhält und bezahlt. Denn nach § 15 UStG wurde der Rechnungsbegriff für den Vorsteuerabzug neu definiert. Der Rechnungsaussteller (auch der Verein) muss danach den Nettobetrag, Umsatzsteuer und Bruttobetrag oder den Grund für eine USt-Befreiung in der Rechnung konkret aufführen. Zudem muss jede Rechnung, zumindest seit 2004, eine fortlaufende Rechnungsnummer sowie die Angabe der Steuernummer oder Umsatzsteuer-Identifikationsnummer enthalten. Fehlen diese Pflichtangaben, entfällt der Vorsteuerabzug!

Eine Befreiung von dem strengen Rechnungserstellungserfordernis gibt es dann, wenn eine sog. Kleinbetragsrechnung (§ 33 UStDV) bis zu 150 Euro vorliegt – etwa beim Kauf von Dekomaterial oder Kleinmaterial in einem Kaufhaus für ein Vereinsfest, wenn laut Kassenbeleg der Wert unter 150 Euro liegt.

Was bietet die Kleinunternehmerreglung?

Ein weiterer Steuervorteil kommt insbesondere für kleinere Vereine in Betracht. Selbst wenn es sich um Einnahmen im Rahmen eines wirtschaftlichen Geschäftsbetriebs handelt, ist nach § 19 Abs. 1 UStG Steuer dann nicht abzuführen, wenn im vergangenen Jahr nicht mehr als 17.500 Euro Umsatz (umsatzsteuerpflichtige Einnahmen, Bruttoerträge) erzielt wurden und im laufenden Jahr die Umsätze einschließlich der darauf entfallenden Steuer nicht über 50.000 Euro liegen. Die Vergünstigung der Kleinunternehmerregelung gibt es nur dann, wenn beide Grenzwerte eingehalten werden. Voraussetzung: Kein gesonderter Umsatzsteuerausweis in Rechnungen, die der Verein ausstellt! Zum Gesamtumsatz gerechnet werden nicht nur Einnahmen aus Lieferungen und Leistungen, sondern auch der sog. Eigenverbrauch. Ein Vorsteuerabzug, etwa für erhaltene

Rechnungen, ist nicht möglich; der Verein muss andererseits keine USt-Voranmeldungen oder -erklärungen abgeben.

Die Voraussetzungen für die Kleinunternehmerregelung sind für jedes Steuerjahr anhand der Einnahmen einschl. der darauf entfallenden Umsatzsteuer aus unternehmerischer Betätigung des Vereins zu prüfen.

ACHTUNG

VORGEHEN BEI STARK SCHWANKENDEN UMSÄTZEN

Bei stark schwankenden Umsätzen eines Vereins, der z. B. nur alle drei Jahre ein Vereinsfest veranstaltet und dann einen Umsatz zwischen 17.500 Euro und 50.000 Euro erzielt, zwischen den Jahren aber fast keine Umsätze hat, sind entsprechend § 19 Abs. 1 UStG der Vorjahresumsatz mit 17.500 Euro und der 50.000-Euro-Umsatz des laufenden Jahres heranzuziehen (OFD Karlsruhe, Vfg. v. 09.12.2002, S. 7360).

Der Verein kann auf die Anwendung der Kleinunternehmerregelung gegenüber dem Finanzamt verzichten. Dann gelten die allgemeinen Besteuerungsregelungen. An diese Verzichtserklärung (Option) ist der Verein insgesamt fünf Jahre gebunden. Für den Verzicht ist keine besondere Form erforderlich, er kann z. B. durch Abgabe der Umsatzsteuervoranmeldung oder -jahreserklärung ausgedrückt werden.

Nochmals der Hinweis: Keine Vereinsrechnung mit USt-Ausweis ausstellen, wenn Ihr Verein Kleinunternehmer ist, dann aber auch im Gegenzug keinen Vorsteuerabzug geltend machen! In der eigenen Vereinsrechnung, z. B. für Anzeigenwerbung in der Vereinszeitschrift, sollte unten der kurze Hinweis auf den Kleinunternehmerstatus erfolgen.

Mögliche Umsatzsteuer-Konsequenzen im Überblick

Will der Verein die Kleinunternehmerregelung nicht nutzen, d. h. bei den Rechnungen auch die herauszurechnende USt als Vorsteuer geltend machen, muss zunächst jeweils für einzelne Vereinsvorgänge geprüft werden, ob es sich hier nicht z. B. um Leistungen für den nichtunternehmerischen Bereich handelt (Anschaffung von Sportgeräten, Musikinstrumenten etc.).

Liegt ohnehin nach dem UStG eine umsatzsteuerfreie Einnahme vor, entfällt die Möglichkeit des Vorsteuerabzugs beim Kauf von Musikinstrumenten, Noten etc.

Das Besteuerungsverfahren bei der Umsatzsteuer können Sie sich dadurch erleichtern, dass Sie auf die Möglichkeit einer Vorsteuerpauschalierung zurückgreifen. Ist Ihr Verein nicht buchführungspflichtig und liegt sein steuerpflichtiger Vorjahresumsatz (Nettobetrag) nicht über 35.000 Euro (§ 23a UStG), kann der Verein dafür pauschale Vorsteuerbeträge mit einem Durchschnittssatz von sieben Prozent des steuerpflichtigen Umsatzes berechnen. Dabei ist ohne Bedeutung, ob Umsätze im wirtschaftlichen Geschäftsbetrieb, im Zweckbetrieb oder im Bereich der Vermögensverwaltung angefallen sind. Auch an die Vorsteuerpauschalierung ist der Verein fünf Jahre gebunden. Prüfen Sie also zuvor, ob sich diese Vereinfachungsregelung lohnt. Die tatsächlich angefallene Vorsteuer ist ggf. langfristig dann günstiger, wenn Sie größere Bau- oder Anschaffungsmaßnahmen erwarten.

Um von der Möglichkeit der Pauschalierung Gebrauch zu machen, müssen Sie gegenüber dem Finanzamt spätestens bis zum zehnten Tag nach dem ersten Voranmeldungszeitraum eines Kalenderjahres eine entsprechende Erklärung abgeben, sonst ist Ihr Verein an die Ermittlung der Vorsteuer nach allgemeinen Grundsätzen gebunden (§ 23a UStG).

Die Umsatzsteuervoranmeldung

Das Finanzamt erhält über die sog. Umsatzsteuervoranmeldung auf amtlichem Vordruck Kenntnis darüber, welche Umsätze getätigt wurden. Die Voranmeldung muss dem Finanzamt bis zum zehnten Tag nach Ablauf des Voranmeldungszeitraums (Monat/Kalendervierteljahr) vorliegen, auch der fällige Umsatzsteuerbetrag ist zu entrichten.

Zum Vorsteuerabzug aus dem Bau von Sportanlagen

Gerade bei Sportvereinen ist häufig die zutreffende Zuordnung von Vorsteuerabzugsbeträgen nicht einfach. Um zu vermeiden, dass bei Prüfungen durch das Finanzamt nicht einkalkulierte USt-Nachforderungen auf den Verein zukommen, sollte man bereits im Vorfeld – also mit Abgabe der

USt-Voranmeldung – eine Klärung erreichen. Bei größeren Baumaßnahmen und hohen Baurechnungen mit angestrebtem größtmöglichem Vorsteuerabzug sollten Sie rechtzeitig eine Verständigung mit der USt-Stelle des Finanzamts suchen.

Im Regelfall ist die Zuordnung der Sportanlagen nach der tatsächlichen Inanspruchnahme durch die verschiedenen Mannschaften zu bemessen. Nur für den unternehmerischen Teil der Nutzung können die Vorsteuern abgezogen werden. Den Verein trifft daher im Eigeninteresse eine relativ hohe Feststellungslast gegenüber dem Finanzamt. Hierzu ein Beispiel aus der Praxis:

BEISPIEL

EIN FUSSBALLVEREIN BAUT EIN GEBÄUDE

Ein Fußballverein errichtet neben seinen Sportplätzen ein Gebäude mit Umkleideräumen, Waschräumen und Toiletten. Das Gebäude wird von den Mannschaften von der Jugend bis zu den alten Herren beim Training und bei Spielen genutzt.

Nutzung ausschließlich im ideellen Bereich

Sofern der Verein für die Spiele seiner Mannschaften keine Eintrittsgelder erhebt, werden die Sportanlagen und die Umkleideräume ausschließlich im nicht unternehmerischen Bereich genutzt. Der Verein wird nur gegenüber seinen Mitgliedern und lediglich in Erfüllung seiner satzungsgemäßen Zwecke tätig, ein Vorsteuerabzug aus den angefallenen Baukosten dürfte damit ausscheiden.

Der Verein erhebt Eintrittsgelder

Wenn der Verein von den Besuchern der Fußballspiele/Sportveranstaltungen Eintrittsgelder erhebt, wird die Anlage unternehmerisch genutzt. Umsatzsteuerlich werden die Sportanlagen dann sowohl im ideellen Bereich – also nicht unternehmerisch – als auch im unternehmerischen Bereich genutzt. Der Verein kann dann die Vorsteuerbeträge für Leistungen abziehen, die für seine unternehmerische Betätigung ausgeführt worden sind. Für die Anschaffungskosten von Anlagevermögen, das gemischt genutzt wird, hat er ein Zuordnungswahlrecht. Er kann das Umkleidegebäude, sofern es zu mindestens 10 % unternehmerisch genutzt wird (§ 15 Abs. 1 Satz 2 UStG),

- voll dem unternehmerischen Bereich oder
- voll dem nicht unternehmerischen Bereich oder
- nach eigenen Feststellungen prozentual

zuordnen. Aber nur für den unternehmerischen Teil können dann die Vorsteuern abgezogen werden. Bei voller Zuordnung zum unternehmerischen Bereich hat der Verein also einen nicht zu unterschätzenden Liquiditätsvorteil.

Der Vorsteuerabzug aus dem Bau des Gebäudes ist nach § 15a UStG zu berichtigen, wenn sich die Verhältnisse für den Vorsteuerabzug gegenüber dem Erstjahr innerhalb von zehn Jahren ändern. Dies gilt zugunsten wie zuungunsten des Vereins.

Eigengebrauch bzw. unentgeltliche Wertabgaben

Wenn das Gebäude in voller Höhe dem Unternehmensvermögen zugeordnet wurde, so wird in Höhe der Nutzung im ideellen Bereich eine steuerpflichtige Wertabgabe angenommen (§ 3 Abs. 9a UStG). Daher findet im Laufe von zehn Jahren im Umfang des nicht unternehmerisch genutzten Gebäudeteils eine Kompensation statt.

Berechnung

Bei einem Verein muss die Grenze zwischen seiner unternehmerischen Tätigkeit und seiner Satzungsverwirklichung zunächst ermittelt werden, bevor eine Zuordnung von Eingangsrechnungen bzw. die Bestimmung des prozentualen Verhältnisses der Nutzung möglich ist. Wegen des gewünschten Vorsteuerabzugs wird die Grenze oft weit zugunsten des Unternehmensbereichs verschoben.

Das Finanzamt kann auf Antrag aber auch eine Aufteilung der Vorsteuern im Verhältnis der Einnahmen zulassen. Gegenübergestellt werden die Eintrittsgelder und die Mitgliedsbeiträge der betroffenen Vereinsmitglieder. Es kann auch nach Abstimmung mit dem Finanzamt ein anderes Aufteilungsverfahren angewendet werden.

Vergnügungsteuer

Die Vergnügungsteuer wird als Gemeindesteuer erhoben und ist in der örtlichen Satzung geregelt. Sie fällt in teils unterschiedlicher Höhe z. B. für Spielautomaten oder für öffentliche Veranstaltungen an, soweit für Vereine keine Befreiung vorgesehen ist. Für die Durchführung von kulturellen oder sportlichen Veranstaltungen bestehen für gemeinnützige Vereine meist Befreiungstatbestände in den einzelnen gemeindlichen Satzungen oder in den länderrechtlichen Vergnügungsteuergesetzen.

Zinsabschlagsteuer

Die Kapitalerträge bei gemeinnützigen Vereinen fallen fast ausschließlich im steuerfreien Bereich der Vermögensverwaltung an. Um bei Zinserträgen den 25-prozentigen Einbehalt durch die Bank zu vermeiden, sollten Sie den zuletzt erteilten KSt-Freistellungsbescheid (oder eine amtlich beglaubigte Kopie), der nicht älter als fünf Jahre sein darf, vorlegen. Bei neu gegründeten Vereinen sollten Sie ggf. eine vorläufige Bescheinigung mit Gemeinnützigkeitsvermerk beim Finanzamt beantragen (nach § 44a Abs. 4 EStG, Vordruck NV 2B mit 3-jähriger Gültigkeit), der bei Vorlage vor Zinsfälligkeit die Bank vom Einbehalt entbindet.

Soweit die Nichtveranlagungsbescheinigung oder der Körperschaftsteuerfreistellungsbescheid beim Kreditinstitut vorliegt, unterbleibt ein Abzug von Erträgen. Für Kapitalerträge, die dem wirtschaftlichen Geschäftsbetrieb zufließen, wird hingegen die Abgeltungsteuer einbehalten, wenn nicht eine besondere NV-Bescheinigung des Finanzamts vorgelegt wird (Vordruck NV 3B). Ansonsten könnte nur über einen Freistellungsauftrag in Höhe des geltenden Sparerfrei-/Werbungskostenpauschbetrags von insgesamt höchstens 801 Euro ein Abzug vermieden werden.

Der richtige Umgang mit dem Spendenrecht

Wichtiger Nebeneffekt der Anerkennung als gemeinnütziger Verein (gleichgültig ob eingetragen oder nicht) ist die damit verbundene Befugnis, Spenden entgegenzunehmen, die der Spender dann steuerlich geltend machen kann. Spenden sind, um es auf einen einfachen Nenner zu bringen, freiwillige und unentgeltliche Geld- oder Sachzuwendungen. Vorteil für den Verein: Spenden müssen, wie Mitgliedsbeiträge, nicht versteuert werden. Vorteil für den Steuerpflichtigen: Der Spender kann die Zuwendung als Sonderausgaben bei der Einkommensteuer oder bei der Körperschaftsteuer sich als Steuervergünstigung anrechnen lassen.

ERST GEMEINNÜTZIGKEITSSTATUS SICHERN ACHTUNG

Grundsätzlich muss Ihr Verein den Gemeinnützigkeitsstatus besitzen (vorläufige Freistellungsbescheinigung beim neu gegründeten Verein). Erst dann liegen die Voraussetzungen für die Ausstellung der Bescheinigung und den Spendenabzug vor. Also: Erst diese Finanzamtshürde nehmen, dann zu Spenden aufrufen!

Was ist zu beachten?

Die Spendenreform im Jahr 2007 brachte umfangreiche Änderungen und auch Vergünstigungen.

Das aktuelle Spendenrecht im Überblick:

- Vereinfachung und Anhebung der Spenden-Höchstgrenzen (Anhebung der Abzugsgrenzen) auf 20 % des Gesamtbetrags der Einkünfte, Erhöhung auf 4 v. T. Lohn- und Umsatzgrenze; Einführung eines zeitlich unbefristeten Spendenvortrags, egal für welche steuerbegünstigten Zwecke; Wegfall des Spenden-Zusatzhöchstbetrags in Höhe von 20.450 Euro

- Vereinheitlichung der Förderzwecke im Gemeinnützigkeits- und Spendenrecht (in § 52 Abs. 2 AO werden die gemeinnützigen Zwecke abschließend festgelegt, Streichung der Verwaltungsbestimmungen in §§ 48, 49 EStDV)
- Die Spendenhaftung wurde von bisher 40 % auf 30 % bei der ESt/KSt herabgesetzt; auf 15 % bei der Gewerbesteuer.
- Kleinspenden können bis zu 200 Euro ohne Zuwendungsbestätigung beim Finanzamt durch Überweisungsbeleg anerkannt werden.
- erleichterter Sonderausgabenabzug für Mitgliedsbeiträge an Kulturfördervereine
- Bei Abschaffung des bisher zeitlich begrenzten Vor- und Rücktrags von Großspenden gilt stattdessen die Möglichkeit eines zeitlich unbefristeten Spendenvortrags.
- neue Vorgaben für die Ausstellung von Spendenbescheinigungen ab 2011

Nach dem noch bis Ende 1999 geltenden Spendenrecht waren nicht alle gemeinnützigen Vereine bzw. Körperschaften berechtigt, selbst Spenden entgegenzunehmen und Spendenbescheinigungen auszustellen. Es gab also ein zweiklassiges Spendenrecht – sehr zum Ärger z. B. der unzähligen Sport- und Musikvereine etc.

Spenden an diese Vereine mussten noch im sog. Durchlaufverfahren an eine Körperschaft des öffentlichen Rechts oder an eine öffentliche Dienststelle gehen, z. B. die Stadt- oder Gemeindeverwaltung. Bereits seit dem Vereinsjahr 2000 dürfen nun alle gemeinnützigen Körperschaften, die einen begünstigten Zweck entsprechend der Anlage 1 zu § 48 Abs. 2 EStDV fördern und von ihrem Finanzamt als steuerbegünstigt anerkannt sind, selbst unmittelbar Spenden entgegennehmen und dafür auch Spendenbescheinigungen erteilen. Egal, ob es sich um Geld-, Sach- oder Aufwandsspenden handelt.

Obwohl das Durchlaufspendenverfahren in der Vereinspraxis fast vom Tisch ist, kann ein Spender durchaus auch weiterhin diesen Umweg gehen. Allerdings wird der Verein ein Interesse daran haben, dass er durch die direkte Einzahlung auf das Vereinskonto schneller an Spendengelder herankommt.

Wofür gibt es Spendenbescheinigungen?

Ausnahmeregelungen bei Mitgliedsbeiträgen

Zwar hat der Gesetzgeber den Spendenempfang auf alle Vereine ausgedehnt, jedoch mit einer wichtigen Ausnahmeregelung für die steuerliche Berücksichtigung der Mitgliedsbeiträge: Auch seit 2000 gelten nur gewisse gemeinnützige Ziele als besonders förderungswürdig mit der Möglichkeit, dass auch die Mitgliedsbeiträge (inkl. Umlagen und Aufnahmegebühren) steuerlich berücksichtigt werden können.

Im Klartext: Mitgliedsbeiträge dürfen weiterhin nicht steuerlich geltend gemacht werden bei der Förderung des Sports, kultureller Betätigungen, bei Gesang- oder Musikvereinen und der Heimatpflege/Heimatkunde sowie für weitere Vereinszwecke, soweit die Vereinsziele in erster Linie der Freizeitgestaltung dienen. Steuerlich gesehen bleiben die Mitgliedsbeiträge im Sport-, Musik- oder Gesangsverein und auch für den Förderverein dieser Hauptvereine unberücksichtigt.

Es kommt auf die Aktivitäten an

Es kommt also durchaus auf den genauen Inhalt bei den geförderten Zwecken laut Vereinssatzung an, natürlich auch auf die Vereinsaktivitäten das Jahr über. Soweit man als Vorstand eine Chance sieht, auch für die Mitgliedsbeiträge Spendenbescheinigungen ausstellen zu dürfen, sollte zur Abklärung des Sachverhalts Rücksprache mit dem Finanzamt vor Ort gehalten werden. Prüfen Sie also die meist auf der Rückseite der vorläufigen Bestätigung zum Gemeinnützigkeitsnachweis oder z. B. in der Anlage zu Körperschaftsteuerbescheiden/ Freistellungsbescheid (bei bereits länger aktiven Vereinen) enthaltenen Hinweise zum Gemeinnützigkeitsstatus und der Abzugsmöglichkeit von geleisteten Mitgliedsbeiträgen.

Wie erteile ich eine Spendenbescheinigung?

Jeder gemeinnützige Verein kann dem Spender eine Spendenbescheinigung erteilen – vorausgesetzt, der Betrag oder die Sachspende wird dem Verein auf freiwilliger Basis zugewendet, stellt also keine Gegenleistung dar. Als verantwortlicher Vorstand sollte man im Interesse des Vereins darauf achten, dass diese Grundsätze uneingeschränkt beachtet werden. Zur Auslegung des geltenden Spendenrechts gibt es einige brisante, höchstrichterliche Entscheidungen des Bundesfinanzhofs: Hier wird ersichtlich, dass die Gerichte sogar im Einzelfall überprüfen, ob der Spender nicht vielleicht doch gemeinsam mit dem Verein einen gewissen Nebenzweck verfolgt.

BEISPIEL

SCHUL- BZW. SCHULFÖRDERVEREINE

Bei Schul- bzw. Schulfördervereinen wird sogar die finanzielle Lage des Vereins überprüft. Reichen die zur Verfügung stehenden Mittel des Vereins etwa nicht aus, um einen Schulbetrieb aufrechtzuerhalten (über Mitgliedsbeiträge, Unterrichtsgeld etc.), kann sogar der Spendenabzug für zusätzliche freiwillige Spenden versagt werden, wenn diese „verkappte" Zwangsbeiträge sind.

Ganz auf dieser Linie liegt auch die Rechtsprechung bei der Beurteilung von Pflichtspenden im Sportbereich. Liegt das Motiv für die Zahlung an einen gemeinnützigen Verein nicht in der Förderung des Sports entsprechend dem Satzungszweck, sondern im Erwerb einer Mitgliedschaft bzw. in der Nutzung der Vereinsanlagen, scheidet die steuerliche Berücksichtigung aus.

Steuergefährlich sind auch Regelungen in Satzungen oder Beitragsordnungen, häufig auch bei Fördervereinen, die vorsehen, dass man neben einem kleinen Mitgliedsbeitrag relativ hohe Mindestspenden erbringen muss.

Vermeiden Sie auf jeden Fall Vorgaben dahin gehend, dass der Gesamtaufwand, den ein Mitglied zu erbringen hat, sich nicht klar in festgelegte Mitgliedsbeiträge und Spenden aufgliedert. Passen Sie auch bei Beschlüssen durch die Mitgliederversammlung auf, dass nicht etwa die Nutzung bestimmter Vereinsanlagen davon abhängig gemacht wird, dass zusätzlich zum Mitgliedsbeitrag eine Spende in vorgeschriebener Höhe gezahlt wird.

Wie sieht es mit Spendenaufrufen aus?

Selbstverständlich kann man nach wie vor Spendenaufrufe tätigen. Mehr als auffällig wird es allerdings für einen Finanzbeamten, wenn z. B. zu einem bestimmten Zeitpunkt mehrere Steuerzahler, die Mitglieder im selben Verein sind, in gleicher Höhe Geldspenden geleistet haben. Hier wird leicht ein Zusammenhang mit einer „Zwangsspende" vermutet. Daher: Es ist unerlässlich, dass jeder gemeinnützige Verein ein separates Spendenkonto (oder auch ein Unterkonto) führt, denn bei Finanzamtsprüfungen wird auch der Verwendung der Spenden nachgegangen. Dies geschieht über eine Mittelverwendungsrechnung. Keinesfalls dürfen Sach-/Geldspenden für den wirtschaftlichen Geschäftsbetrieb verwendet werden.

UNZULÄSSIGE VERWENDUNG VON SPENDENGELDERN BEISPIEL

> Spendengelder dürfen z. B. nicht für die Renovierung oder den Ausbau der Vereinsgaststätte verwendet werden. Unzulässig wäre auch z. B. die Ausstellung einer Sachspendenbescheinigung für die dem Verein gestiftete Kaffeemaschine, Spülmaschine etc. für die Vereinsgaststätte.

Wie gehe ich mit Sachspenden richtig um?

Bei Sachspenden ist der gemeine Wert zu berücksichtigen. Lassen Sie sich also vom Spender den Kaufbeleg vorlegen (Kopie zu den Unterlagen nehmen). Vorsicht bei gebrauchten Gegenständen, die dem Verein überlassen werden: Hier muss ein realistischer Zeitwert (üblicher Verkaufspreis bzw. Verkehrswert) berücksichtigt werden. Stammt die Sachzuwendung aus dem Betriebsvermögen des Spenders, ist der Entnahmewert (§ 6 Abs. 1

Nr. 4 EStG) zugrunde zu legen, also entsprechend der Bestätigung des Spenders der Buchwert, der theoretisch sogar nur einen Euro betragen kann, falls das Wirtschaftsgut abgeschrieben ist. Eventuell kommt auch ein Teilwert infrage. Bei betrieblichen Spenden darf also nicht der Verkaufspreis, sondern muss z. B. der Ihnen genannte Einkaufspreis berücksichtigt werden.

BEISPIEL

BEISPIELE FÜR SACHSPENDEN

Das Mitglied stiftet seinem Verein ein Musikinstrument, das nach seinen Angaben einen bestimmten Wert hat, und verlangt dafür eine Spendenquittung. Der Vereinsschatzmeister muss auf einen Kaufnachweis bestehen, denn für private Sachspenden sind strengere Nachprüfungspflichten erforderlich.

Spendet der Sporthändler hingegen ein Sportgerät, ist den plausiblen Angaben zu vertrauen, wenn für das Neugerät der Einkaufspreis angegeben wird, wobei der Bruttospendenbetrag, also inkl. Umsatzsteuer, berücksichtigt werden darf.

Übrigens: Der Erwerb sog. Bausteine für den Bau eines Clubheims ist eine Geldspende, und zwar in Höhe des jeweils geleisteten Betrags. Auch bei gestifteten Gutscheinen über einen bestimmten Betrag ist noch von einer Geldspende auszugehen, wenn diese quasi einen Geldersatz darstellen.

SACHGEGENSTAND ERWERBEN ACHTUNG

Die gesamte Problematik zur Wertfestsetzung kann man umgehen, wenn der Spender den Barbetrag zur Verfügung stellt, dafür eine Spendenquittung erhält und der Verein den Gegenstand selbst erwirbt. Weiterer Vorteil: Vielleicht gibt es sogar bessere Konditionen/Rabatte, wenn der Verein als Käufer auftritt!

Welchen Wortlaut muss die Spendenbescheinigung haben?

Beim geltenden Spendenrecht ist der Wortlaut der Spendenquittungen vorgeschrieben. Der Hinweis am Ende der amtlichen Formulare kann für einige Vereine bedeuten: Wer als Verein noch keinen Freistellungsbescheid hat, muss jetzt Steuererklärungen vorlegen! Man glaubt es kaum: Die Spendenformulare müssen im DIN-A4-Format ausgestellt werden, also wie ein normaler Brief.

Wo gibt es Formulare?

Seit Jahresanfang 2008 gibt es wegen der Gemeinnützigkeitsreform und des verbesserten Spendenrechts wieder neue amtliche Spendenvordrucke.

Die Finanzverwaltung stellt jedoch nur den Inhalt verbindlich zur Verfügung, die Gestaltung liegt beim ausstellenden Verein.

Mit neuen Vorgaben verlangt die Finanzverwaltung nun seit Mitte 2011 nochmals die Verwendung neuer Vordrucke. Um nicht zu riskieren, dass es aus Anlass der Vorlage bei Steuererklärungen ab 2011 und später zu Beanstandungen bei den Spendern kommt, sollten die neuen Vordrucke eingesetzt werden. Individuelle nutzbare Muster für Geld- und Sachspenden sowie die Spendensammelbestätigung finden Sie auf Ihrer CD-ROM.

Hier das Muster der aktuellen Spendenvordrucke für Geld- und Sachspenden ab 2011 auf der Grundlage des neuen BMF-Schreibens vom 17.6.2011, BStBl I 2011 S. 623:

Formular drucken

Vereinslogo	Aussteller (Bezeichnung der inländischen juristischen Person des öffentlichen Rechts oder inländischen öffentlichen Dienststelle)

Bestätigung über Geldzuwendungen/Mitgliedsbeitrag
im Sinne des § 10b des Einkommensteuergesetzes an eine der in § 5 Abs. 1 Nr. 9 des Körperschaftsteuergesetzes bezeichneten Körperschaften, Personenvereinigungen oder Vermögensmassen

Name und Anschrift des Zuwendenden:

Betrag der Zuwendung – in Ziffern-	- Buchstaben-	Tag der Zuwendung

Es handelt sich um den Verzicht auf **Erstattung von Aufwendungen** Ja ☐ Nein ☐

☐ Wir sind wegen Förderung (Angabe des begünstigten Zwecks / der begünstigten Zwecke)

Angabe des begünstigten Zwecks / der begünstigten Zwecke

nach dem letzten uns zugegangenen Freistellungsbescheid bzw. nach der Anlage zum Körperschaftsteuerbescheid des Finanzamtes

Finanzamts	Steuernummer	vom

nach § 5 Abs. 1 Nr. 9 des Körperschaftsteuergesetzes von der Körperschaftsteuer und nach § 3 Nr. 6 des Gewerbesteuergesetzes von der Gewerbesteuer befreit.

☐ Wir sind wegen Förderung (Angabe des begünstigten Zwecks / der begünstigten Zwecke)

Angabe des begünstigten Zwecks / der begünstigten Zwecke

durch vorläufige Bescheinigung des Finanzamtes

Finanzamt	Steuernummer	vom	ab

als steuerbegünstigten Zwecken dienend anerkannt.

Es wird bestätigt, dass die Zuwendung nur zur Förderung (Angabe des begünstigten Zwecks / der begünstigten Zwecke)

Angabe des begünstigten Zwecks / der begünstigten Zwecke

verwendet wird.

Nur für steuerbegünstigte Einrichtungen, bei denen die Mitgliedsbeiträge steuerlich nicht abziehbar sind:

☐ Es wird bestätigt, dass es sich nicht um einen Mitgliedsbeitrag handelt, dessen Abzug nach § 10b Absatz 1 des Einkommensteuergesetzes ausgeschlossen ist.

(Ort, Datum und Unterschrift des Zuwendungsempfängers)

Hinweis:
Wer vorsätzlich oder grob fahrlässig eine unrichtige Zuwendungsbestätigung erstellt oder wer veranlasst, dass Zuwendungen nicht zu den in der Zuwendungsbestätigung angegebenen steuerbegünstigten Zwecken verwendet werden, haftet für die Steuer, die dem Fiskus durch einen etwaigen Abzug der Zuwendungen beim Zuwendenden entgeht (§ 10b Abs. 4 EStG, § 9 Abs. 3 KStG, § 9 Nr. 5 GewStG).
Diese Bestätigung wird nicht als Nachweis für die steuerliche Berücksichtigung der Zuwendung anerkannt, wenn das Datum des Freistellungsbescheides länger als 5 Jahre bzw. das Datum der vorläufigen Bescheinigung länger als 3 Jahre seit Ausstellung der Bestätigung zurückliegt (BMF vom 15.12.1994 – BStBl I S. 884).

Registrier-Nummer des Zuwendungsempfängers	
Spendenjahr	Lfd. Nr.

Formular drucken

Vereinslogo	Aussteller (Bezeichnung der inländischen juristischen Person des öffentlichen Rechts oder inländischen öffentlichen Dienststelle)

Bestätigung über Sachzuwendungen

im Sinne des § 10b des Einkommensteuergesetzes an eine der in § 5 Abs. 1 Nr. 9 des Körperschaftsteuergesetzes bezeichneten Körperschaften, Personenvereinigungen oder Vermögensmassen

Name und Anschrift des Zuwendenden:

Betrag der Zuwendung – in Ziffern-	- Buchstaben-	Tag der Zuwendung

Genaue Bezeichnung der Sachzuwendung mit Alter, Zustand und historischer Kaufpreis etc.

☐ Die Sachzuwendung stammt nach den Angaben des Zuwendenden aus dem **Betriebsvermögen** und ist mit dem Entnahmewert (ggfs. mit dem niedrigeren gemeinen Wert) bewertet.

☐ Die Sachzuwendung stammt nach den Angaben des Zuwendenden aus dem **Privatvermögen**.

☐ Der Zuwendende hat trotz Aufforderung keine Angaben zur Herkunft der Sachzuwendung gemacht.

☐ Geeignete Unterlagen, die zur Wertermittlung gedient haben, z.B. Rechnung Gutachten, liegen vor.

☐ Wir sind wegen Förderung (Angabe des begünstigten Zwecks / der begünstigten Zwecke)

Angabe des begünstigten Zwecks / der begünstigten Zwecke

nach dem letzten uns zugegangenen Freistellungsbescheid bzw. nach der Anlage zum Körperschaftsteuerbescheid des Finanzamtes

Finanzamts	Steuernummer	vom

nach § 5 Abs. 1 Nr. 9 des Körperschaftsteuergesetzes von der Körperschaftsteuer und nach § 3 Nr. 6 des Gewerbesteuergesetzes von der Gewerbesteuer befreit.

☐ Wir sind wegen Förderung (Angabe des begünstigten Zwecks / der begünstigten Zwecke)

Angabe des begünstigten Zwecks / der begünstigten Zwecke

durch vorläufige Bescheinigung des Finanzamtes

Finanzamt	Steuernummer	vom	ab

als steuerbegünstigten Zwecken dienend anerkannt.

Es wird bestätigt, dass die Zuwendung nur zur Förderung (Angabe des begünstigten Zwecks / der begünstigten Zwecke)

Angabe des begünstigten Zwecks / der begünstigten Zwecke

verwendet wird.

(Ort, Datum und Unterschrift des Zuwendungsempfängers)

Hinweis:
Wer vorsätzlich oder grob fahrlässig eine unrichtige Zuwendungsbestätigung erstellt oder wer veranlasst, dass Zuwendungen nicht zu den in der Zuwendungsbestätigung angegebenen steuerbegünstigten Zwecken verwendet werden, haftet für die Steuer, die dem Fiskus durch einen etwaigen Abzug der Zuwendungen beim Zuwendenden entgeht (§ 10b Abs. 4 EStG, § 9 Abs. 3 KStG, § 9 Nr. 5 GewStG).
Diese Bestätigung wird nicht als Nachweis für die steuerliche Berücksichtigung der Zuwendung anerkannt, wenn das Datum des Freistellungsbescheides länger als 5 Jahre bzw. das Datum der vorläufigen Bescheinigung länger als 3 Jahre seit Ausstellung der Bestätigung zurückliegt (BMF vom 15.12.1994 – BStBl I S. 884).

Registrier-Nummer des Zuwendungsempfängers	
Spendenjahr	Lfd. Nr.

Ergänzende Hinweise zu den Neuvorgaben:

- Die Vereine müssen grundsätzlich selbst Vordrucke herstellen.
- Umformulierungen und Änderungen der Wortwahl sind unzulässig.
- Konkrete Angaben zur Wertermittlung von Sachspenden sind erforderlich.
- Bei Mitgliedsbeiträgen muss der in dem obigen Muster der Geldspendenbescheinigung enthaltene Text zu den Mitgliedsbeiträgen aufgenommen sein: „Es wird bestätigt, dass es sich nicht um einen Mitgliedsbeitrag handelt, dessen Abzug nach § 10b Absatz 1 des Einkommensteuergesetzes ausgeschlossen ist.“ Die positive Erklärung betrifft insbesondere Sport- und Musikvereine, bei denen Mitgliedsbeiträge steuerlich abziehbar sind.

ACHTUNG

NUR RÜCKSEITE FÜR WERBEZWECKE NUTZEN

Der Formularzwang auf der Vorderseite bedeutet übrigens nicht, dass man die Rückseite der Spendenbescheinigung für Vereinszwecke nicht verwenden darf. Sie könnten die Rückseite also für Ihren Verein, sogar für Dritte, für Werbezwecke nutzen! Informationen über die wichtigsten Vereinstermine, Einladung zu einer besonderen Veranstaltung u. Ä. wären hier denkbar.

Wer darf die Spendenquittung unterschreiben?

Geht man nach der juristischen Vertragsbefugnis, darf grundsätzlich eigentlich nur der vertretungsberechtigte Vorstand i. S. d. § 26 BGB, also z. B. der 1. oder 2. Vorsitzende (entsprechend der Eintragung im Vereinsregister) die Spendenquittung unterschreiben.

Aber: Man darf es den Vereinen nicht verbieten, diese Vollmacht weiterzureichen. Protokollieren Sie aber den Vorstandsbeschluss, dass z. B. der Vereinskassierer oder Schriftführer berechtigt ist, Spendenquittungen verbindlich für den Verein auszustellen. Der Vertreter, sollte dann zweckmäßigerweise mit „i. A.“ zeichnen oder den Zusatz anfügen: „Für den ... Verein e. V.“. Aber Vorsicht: Damit liegt auch das Haftungsrisiko bei ihm!

Soweit Sie für Spendenbescheinigungen den PC einsetzen und die Quittung keine eigenhändige Unterschrift mehr trägt, ist wichtig, dass sich Ihr Verein zuvor die Zustimmung des Finanzamts einholt.

VORSICHT: AUFZEICHNUNGSPFLICHTEN! ACHTUNG

Vorgeschrieben ist bereits seit 01.01.2000, dass Vereine ein Doppel der Spendenbescheinigung (Fotokopie, Durchschrift oder EDV-Ausdruck) für zehn Jahre (!) aufbewahren müssen. Legen Sie für Ihren Verein daher umgehend eine interne Spendenbescheinigungsliste an, etwa wie folgt:

Spender	Geld-/Sachspende	Eingang		Spendenbescheinigung			
(Name, Anschrift)	Betrag/Wert	Kto-Nr.	Datum	Ausgestellt von (Name)	Wann?	Lfd. Nr.	Ablage wo?

Diese Liste sollte in Ihrem Steuer-/Spendenordner mit Kopien geführt werden, fügen Sie auch ergänzend etwaige Kopien von Belegen bei Sachspenden bei (BMF-Schreiben v. 02.06.2000, BStBl I 2000 S. 592). Gehen Sie davon aus, dass diese Spendenbuchführung bei Steuerprüfungen überprüft wird! Der „Jahresspendenordner" sollte auch bei einem Vorstandswechsel übergeben werden, soweit der Ordner nicht in der Geschäftsstelle aufbewahrt wird. Sie haben damit auch eine Kontrolle, wer die Zuwendungsbestätigungen wann ausgestellt hat.

Was ist mit Sammelbestätigungen?

Auch das soll es geben: ein Spender, der mehrmals im Jahr dem Verein Geldspenden zukommen lässt. Dann genügt es, ihm quasi als „Jahresspendenbestätigung“ eine Sammel-Zuwendungsbestätigung über den Gesamtbetrag genau nach amtlichem Muster auszustellen. Eine Anlage muss aber über die eingehenden einzelnen Zuwendungen mit Eingangsdatum Auskunft geben. Es gibt hierzu das amtliche Formular der Finanzverwaltung für die Ausstellung von Sammelbestätigungen. Achten Sie im Interesse der

Spender darauf, dass die eingehenden Beträge jahresbezogen zutreffend erfasst sind: bei einmaligen Spenden unabhängig davon, ob die Zuwendungsbestätigung erst im Frühjahr des Folgejahres ausgestellt wird. Gerade bei mehrfachen Einzelspenden sollte im Vereinsinteresse die Übersendung mit einem entsprechenden individuellen Dankes-Begleitschreiben erfolgen. Zum Sammelbestätigungsverfahren sind unbedingt die neuen Vorgaben des BMF-Schreibens vom 17.06.2011 zu beachten. Verlangt wird ausdrücklich die zusätzliche Erklärung des Vereins/Spendenbescheinigungsausstellers, dass über die Gesamtsumme an Einzelspenden hinaus keine weiteren Einzel-Spendenbescheinigungen ausgestellt wurden. Zudem muss auch die Angabe erfolgen, ob es sich um einen Aufwandsverzicht handelt oder nicht.

Wann werden Aufwandsspenden anerkannt?

Bei gemeinnützigen Vereinen werden häufig Aufwendungen (z. B. für Reise- oder Pkw-Kosten) oder Aushilfslöhne als Spenden anerkannt, wenn auf die Auszahlung rechtsverbindlich (schriftlich) verzichtet wird und der gespendete Betrag durch Umbuchung auf das Vereins-Spendenkonto kommt. Diese „abgekürzte Geldspende“ kann übrigens auch für die Übungsleitervergütung oder den Verzicht auf Auszahlung der Aufwandsentschädigung in Betracht kommen (BMF-Schreiben v. 7.6.1999, BStBl 1999, Seite 591), vorausgesetzt, es geht nicht um Ansprüche, die in den wirtschaftlichen Geschäftsbetrieb fallen.

BEISPIEL

ARCHITEKT VERZICHTET AUF DIE HÄLFTE SEINES HONORARS

Der Architekt, langjähriges Vereinsmitglied, zeigt sich großzügig bei der Abrechnung der Planung für den Umbau des Vereinsheims: Er verzichtet auf 50 % des üblichen Honorars und stellt eine deutlich ermäßigte Rechnung aus. Darf er für den Honorarverzicht von 50 % eine Zuwendungsbescheinigung erhalten? Nur dann, wenn nach den Regelungen zur Aufwandsspende zuvor ein Rechtsanspruch auf Vergütung bestanden hat, darauf verzichtet wurde und dies über den Verein auch so dokumentiert ist. Der Architekt muss den Verzichtsbetrag als fiktive Einnahme in seiner Jahressteuererklärung als Honorar verbuchen! Keine Spendenbescheinigung allerdings gibt es, wenn es um den Umbau der Vereinsgaststätte ging.

Soweit für Fahrtkosten als Aufwandsspenden eine Spendenbescheinigung erteilt werden soll, muss, ggf. aus einer Anlage zur Bescheinigung, hervorgehen, dass die Fahrt für den Verein ausgeführt wurde. Außerdem muss die Fahrtstrecke etc. genau aufgelistet werden. Soweit kein Einzelnachweis für Fahrtkosten geführt wird, kann die Abrechnung mit den (steuerfreien) Pauschalbeträgen durchgeführt werden.

SANIERUNG DES SPORTPLATZES BEISPIEL

Der örtliche Handwerksmeister arbeitet nicht nur abends und an den Wochenenden bei der Sanierung des Sportplatzes mit, er stellt dem Verein auch kostenlos diverse Arbeitsgeräte zur Verfügung. Darf er für seine Großzügigkeit zumindest eine Spendenbescheinigung erhalten?

Klares Nein: Es gilt der Grundsatz, dass für unentgeltlich gewährte Dienstleistungen oder auch die Überlassung von Räumen, Geräten, Fahrzeugen etc. keine Spendenquittung (unabhängig vom Betrag) erteilt werden darf. Denn hier liegt keine „echte" Spende vor. Es bleibt allenfalls der Weg über die Aufwandsspende, also Rechnung und Auszahlungsverzicht! Dies gilt übrigens auch für die unbezahlte Mitarbeit von Vereinsmitgliedern – ohne vorherige Vereinbarung einer Entlohnung darf es keine Spendenbescheinigung geben. Das Spendenrecht verlangt einen „Vermögensabfluss" beim Spender.

Also denken Sie daran, dass die Finanzämter sehr streng prüfen, ob die Voraussetzungen für die sog. Aufwandsspende auch eingehalten werden. Wichtig ist auf jeden Fall, dass sich über einen Vorstandsbeschluss oder auch einen schriftlichen Vertrag nachvollziehen lässt, dass ein echter Anspruch auf Vergütung bestanden hat.

Muss die Vergütung dem späteren Spender erst zufließen?

Soweit z. B. ein Arbeitslohn vereinbart wird, ist es auf jeden Fall empfehlenswert, erst den Betrag zu überweisen oder gegen Quittung bar auszuhändigen und ihn dann später wieder als Spende entgegenzunehmen.

Zur Klarstellung: Auch bei Rück-/Aufwandsverzichtsspenden muss der Verein bei Vergütungen immer zuvor seine Arbeitgeberpflichten (Lohnsteuer/Sozialversicherung) beachten. Dies gilt allgemein auch für jeglichen Anspruch auf Aufwandsersatz, z. B. Reisekosten, verauslagte sonstige Beträge oder den Verzicht auf Auszahlung von Übungsleitervergütungen, Verzicht auf Vorstands- und Sitzungsgelder bei Berücksichtigung des neuen Ehrenamtsfreibetrags nach § 3 Nr. 26a EStG.

Separates Spendenkonto

Als Vereinskassierer sollten Sie natürlich darauf achten, dass der Eingang des Betrags nicht nur buchhalterisch als Spende zugeordnet wird, sondern, falls vorhanden, auf ein separates Spendenkonto fließt. Soweit ein Auszahlungsverzicht oder eine Rückspende erfolgt, achten Sie darauf, den Betrag dann buchhalterisch auch unbedingt im ideellen Bereich bei den Spendeneinnahmen als Zugang zu erfassen.

Da dieses Thema immer wieder zum Gegenstand von Auseinandersetzungen mit dem Finanzamt führt, folgende Hinweise und Erläuterungen aus der Vereinspraxis – es empfiehlt sich, den Vereinskassierer hierüber zu informieren, um spätere Haftungsfälle zu vermeiden.

Aufwandsverzicht und Spendenbescheinigung

Beim Ausstellen von Spendenbescheinigungen gegen Verzicht auf eine Übungsleitervergütung werden häufig gravierende Fehler gemacht. Ans Tageslicht kommen diese bei Betriebsprüfungen in Vereinen oder aus Anlass von Kontrollmitteilungen durch die Finanzämter über Spendenbescheinigungen bei der Jahres-Steuererklärung – gerade dann, wenn Bescheinigungen mit hohen Beträgen vorgelegt werden. Im Hinblick auf die bundesweit verschärfte Prüfungspraxis bei einem Verzicht auf Übungsleitervergütungen gegen Ausstellung einer Zuwendungsbestätigung nochmals folgende wichtigen Hinweise:

- Damit ein Verein nicht noch Jahre später in Spendenhaftung gerät, müssen Vereine die wichtigsten formalen Vorgaben nachweisbar einhalten. Ob es sich nun um eine Barspende handelt, eine Spende in Form eines nachträglichen Verzichts auf einen Vergütungsanspruch oder eine Sachspende – neben der strikten Einhaltung der genauen inhaltlichen Vorgaben für eine ausgestellte Spendenbescheinigung muss der Verzicht ausdrücklich vermerkt werden.

- Eine Spende setzt nach § 10b EStG grundsätzlich voraus, dass es sich um eine freiwillige Leistung handelt, also kein Zusammenhang mit einer Gegenleistung vorhanden ist und ein Vermögensabfluss beim Spender stattfindet. Für die Fälle des Verzichts auf einen Vergütungs- oder auch Aufwendungsersatzanspruch ist zunächst immer wieder das Freiwilligkeitskriterium zu beachten.

Unabhängig von den steuerlichen Auswirkungen bei Vorlage der Spendenbescheinigung in der Jahressteuererklärung beim Finanzamt haftet der Verein seit 2007 in Höhe von 30 % des Spendenbetrags – dies nur wegen der einkommensteuerlichen Auswirkungen –, wenn erkennbar wird, dass von vornherein eine Leistung gegen die Zusage, eine Spendenbescheinigung auszustellen, vereinbart wurde. Falls der Spender gewerbesteuerpflichtig ist, kommen bei unrichtigen Spendenbescheinigungen noch 15 % Gewerbesteuer auf den Verein zu. Dabei ist es egal, ob die Vereinbarung mündlich, schriftlich oder über ein Vorstandsprotokoll getroffen wurde. Die Freiwilligkeit ist tatsächlich nur dann gegeben, wenn die alleinige Entscheidungsbefugnis über die Zuwendung eines Betrags beim Spender liegt. Absolut steuergefährlich sind daher Vereinbarungen zwischen Verein und Spendern, in denen man statt Zahlung von vornherein die Ausstellung einer Spendenbescheinigung in Aussicht stellt.

Daher muss bei einem Verzicht auf Vergütungs- oder Aufwendungsansprüche unbedingt die richtige Reihenfolge eingehalten werden:

VORGEHEN BEI ÜBUNGSLEITERVERGÜTUNG BEISPIEL

- **Vertrag:** Es muss ein schriftlicher Übungsleitervertrag mit den üblichen Vertragsbestandteilen abgeschlossen werden. Pauschalvereinbarungen, dass pro Jahr 2.100 Euro Übungsleitervergütung gezahlt werden, entsprechen in keiner Weise den Minimalanforderungen. Also ist der Einsatz von vorhandenen Musterverträgen mit klaren arbeitsvertraglichen Regelungen und Angabe des Zeitaufwands sowie der Stunden- oder Monatsvergütung etc. erforderlich.

- **Erbringen der Leistung:** Die Übungsleitertätigkeit muss tatsächlich erbracht werden. Hierüber ist eine ordnungsgemäße zeitnahe Abrechnung erforderlich.
- **Steuerbegünstigte Tätigkeit:** Nicht jede Tätigkeit für den Verein ist steuerbegünstigt und kann entsprechend § 3 Nr. 26 EStG umgerechnet im Monat in Höhe von 175 Euro steuer- und sozialversicherungsfrei ausgezahlt werden. Die Steuerbegünstigung gibt es nur für eine nachweisbare pädagogische/betreuerische Tätigkeit, die unmittelbar dem gemeinnützigen Verein zugute kommen muss. Handwerkliche Dienste u. Ä. fallen nicht darunter, nicht einmal die Tätigkeit als ehrenamtlicher Vorstand oder als Geschäftsführer.
- **Betreuerisch-pädagogische Tätigkeit:** Das betreuerische/pädagogische Element muss uneingeschränkt für die Anwendung des Übungsleiterfreibetrags beachtet werden. Eine steuerbegünstigte Übungsleitertätigkeit ist nicht unbedingt an eine besondere berufliche Qualifikation bzw. an Nachweise wie Trainerschein bzw. Übungsleiterausbildung gebunden. Wird aber z. B. im Sportbereich ein Mannschaftsbetreuer als Übungsleiter eingestuft und danach bezahlt, muss sich bereits über den Vertrag die Aufgabenstellung nachweisen lassen. Es muss erkennbar sein, dass es sich nicht um Hilfsdienste, wie z. B. reine Fahrtätigkeiten für die Jugendmannschaft u. Ä. gehandelt hat. Es wird vielmehr ein aktives Mitwirken bei der Sportjugendarbeit vorausgesetzt.
- **Keine Pauschalzahlungen:** Es dürfen keinesfalls pauschale Aufwandsentschädigungen oder Anerkennungszahlungen als Jugendleitervergütungen abgerechnet werden. Wie für jedes Arbeitsverhältnis wird vorausgesetzt, dass ein Zahlungsanspruch nach Leistungserbringung fällig wird. Erst wenn also die Übungsleitertätigkeit erbracht wurde und damit der Auszahlungsanspruch fällig wird, kann der Übungsleiter die Erklärung gegenüber dem Verein abgeben, dass er auf die Auszahlung verzichtet und stattdessen eine Spendenbescheinigung erwartet.
- **Übungsleiter entscheidet:** Leider wird immer noch übersehen, dass bis zu diesem Schritt der Übungsleiter seine volle Entscheidungsbefugnis behalten muss. Der Übungsleiter erklärt erst nach Ende der Tätigkeit, ob er die Auszahlung des Betrages verlangt oder teilweise/ganz hierauf verzichtet und in Höhe des Verzichtsbetrags eine Geld-Spendenbescheinigung erwartet.

- **Ähnlich bei Sitzungsgeldern/Aufwandsentschädigungen an Vorstände:** Bei Auszahlungsfälligkeit kann ganz oder teilweise hierauf verzichtet werden.
- **Der Vergütungsverzicht** kann auch von anderen nebenberuflich für den Verein tätigen Helfern erfolgen, soweit diese einen fälligen Abrechnungsanspruch bei Berücksichtigung des Ehrenamtsfreibetrags nach § 3 Nr. 26a EStG haben. Ebenso möglich ist er bei dem Personenkreis der ehrenamtlichen Betreuer bei Nutzung des besonderen Freibetrags nach § 3 Nr. 26b EStG für auszahlungsfällige Vergütungen.
- **Aufwandsersatz:** Häufig erhalten nebenberuflich im Verein Beschäftigte auch einen Aufwandsersatz, etwa für Fahrten mit dem eigenen Pkw, oder sie haben Ansprüche auf sonstigen Auslagenersatz gegenüber dem Verein. Auch hierauf kann man im Interesse der Vereinskasse verzichten – aber wiederum nur dann, wenn erkennbar wird, dass die oben beschriebene Reihenfolge eingehalten wurde. Wer z. B. als Jugendbetreuer mit dem eigenen Pkw Jugendliche zu einem auswärtigen Wettkampf fährt und dort seine Betreuungstätigkeit erfüllt, kann bei Beachtung einer Vereinsreisekostenordnung seinen Eigenaufwand abrechnen – also z. B. bis zu 0,30 Euro (je nach Regelung im Verein) für die Entfernung zu einem Wettkampf oder einer Veranstaltung bzw. Fortbildung etc. im Interesse des Vereins. Die allgemein bestehenden steuerlichen Reisekostengrundsätze müssen unbedingt eingehalten werden. Erstattet werden können grundsätzlich natürlich auch nachgewiesene Reisenebenkosten wie Parkgebühren etc., nicht aber pauschal oder durch „Eigenbelege". Wird entsprechend der vereinsinternen Übung eine Reisekostenabrechnung vorgelegt, kann ein Übungsleiter, aber auch ein sonstiges Mitglied bis hin zum Vorstand, auf die Erstattung verzichten – Zug um Zug gegen Ausstellung einer Spendenbescheinigung in entsprechender Höhe.

Diese Vorgehensweise setzt aber auch voraus, dass der Verein tatsächlich in der Lage ist, die finanziellen Ansprüche der Übungsleiter und anderer Beschäftigter zu erfüllen. Im Klartext: Es muss jederzeit genügend Vereinsvermögen für die fälligen Ansprüche vorhanden sein – nachweisbar z. B. über die finanzielle Jahresplanung/Haushaltspläne. Dies ist ein Prüfungsschwerpunkt bei Steuerprüfungen für Spendenvorgänge bei den Vereinen!

Weitere denkbare Verzichtsfälle

Ein Auszahlungsverzicht wäre seit 2007 auch möglich, wenn es um den Vergütungsanspruch bei Anwendung des sog. Ehrenamtsfreibetrags in Höhe von 500 Euro pro Jahr nach § 3 Nr. 26a EStG geht, der abgerechnet wird – also z. B. die Vergütung für den nebenberuflichen Platzwart, Hausmeister etc. oder bei Vorstandspauschalen und Sitzungsgeldern. Bei Mitgliedern und Vereinsfunktionären kommt auch oft der Verzicht auf Auszahlung einer Reisekostenabrechnung in Betracht. Die Aufwandsverzichtsregelung kann zudem auch gegenüber Dritten (Nichtmitgliedern) greifen, wenn auf Honorare oder abgerechnete Vergütungsansprüche aus erbrachten Werkleistungen, Lieferungen etc. freiwillig nach Rechnungszugang ganz oder teilweise verzichtet wird.

Nicht erforderlich ist die Auszahlung/Überweisung mit anschließendem Rückfluss an den Verein. Wer verzichtet, egal in welcher Höhe, sollte dies aber gegenüber dem Verein mit Datumsangabe und Unterschrift bestätigen. Der Kassierer sollte bei fälliger Abrechnung festhalten, dass der Vereinsförderer erst jetzt auf die Auszahlung nach freiwilliger Entscheidung verzichtet. Das ist wichtig für die zeitliche, veranlagungsbezogene Zuordnung der Aufwandsverzichtsspenden bei der Steuererklärung des Spenders!

Werden diese Steuerspielregeln eingehalten, bekommt der Spender seine Spendenbescheinigung, die zu seiner Steuerentlastung beitragen kann. Das Vereinsvermögen wird ebenfalls nicht belastet. Allerdings sollten im Jahresbericht des Vorstands diese Rückspenden neben sonstigen Geld- und Sachspenden berücksichtigt werden. Zudem ist stets auf die korrekte und notwendige Umbuchung zu achten.

Was gilt für Kleinspenden?

Ein vereinfachter Spendennachweis gilt für Zahlungen bis 200 Euro mittels Lastschrift, also wenn der Verein die Spende direkt einzieht. Im Allgemeinen akzeptieren die Finanzämter aus Vereinfachungsgründen Spenden bis zu dieser Grenze von 200 Euro. Eine Verpflichtung des Finanzbeamten vor Ort, etwa aus Anlass der Abgabe der Einkommensteuererklärung des Steuerzahlers auf einen Spendennachweis per Beleg zu verzichten, besteht jedoch grundsätzlich nicht.

Strengere Maßstäbe setzt eine Verfügung der OFD Karlsruhe v. 10.01.2003 (S 2223 A – St 314): Abgestempelte Durchschriften des Überweisungsbelegs sollen kein geeigneter Nachweis mehr sein, dass die Buchung tatsächlich durchgeführt wurde. Auf Nummer sicher gehen Sie daher, wenn Sie als vereinfachten Zuwendungsnachweis eine Kopie Ihres Kontoauszugs mit dem Abbuchungsvermerk vorlegen. Wer kein Konto hat, kann weiterhin seiner Steuererklärung den Bareinzahlungsbeleg der Bank mit dem Aufdruck „Zahlung erfolgt" als Nachweis beifügen. Auch beim Online-Banking wird bei Beträgen bis 200 Euro im Einzelfall ein selbst ausgedruckter Kontoausdruck akzeptiert. Für geleistete Sachspenden muss hingegen wertunabhängig die Sachspendenbescheinigung vom Verein ausgestellt werden. Weiter gehende steuerliche Erleichterungen gibt es bei Spenden für Katastrophenfälle/Hungerhilfefälle (so z. B. Ostafrika-Spendenfälle, BFM-Schreiben v. 2.8.2011, HaufeIndex 2739070).

Was sind die Steuervorteile für den Spender?

Spenden, darüber hinaus aber auch Mitgliedsbeiträge an bestimmte Vereine, können beim Spender als Sonderausgaben (§ 10b EStG) in der Jahressteuererklärung berücksichtigt werden. Das nun mit Wirkung seit 2007 verbesserte Spendenrecht bringt da neue Vorteile: Bisher waren Spenden der Höhe nach begrenzt auf 5 %/10 % des Gesamtbetrags der Einkünfte. Seit 2007 gibt es wesentlich verbesserte neue Rahmenbedingungen. Damit können, egal an welchen Verein und mit welchem gemeinnützigen Vereinszweck, Spenden von bis 20 % der Einkünfte steuerlich geltend gemacht werden. Bei körperschaftsteuerpflichtigen Unternehmen oder Unternehmern sind dies nun 4 ‰ der Summe der gesamten Umsätze zuzüglich der aufgewendeten Löhne und Gehälter. Der Spendenabzug gilt auch bei der Gewerbesteuer (§ 9 Nr. 5 GewStG). Weggefallen ist allerdings der Zusatzhöchstbetrag von 20.450 Euro.

Falls die Spende darüber liegt, gibt es zwar keine Großspendenregelung mehr, dafür aber einen zeitlich unbefristeten Spendenvortrag.

ACHTUNG

AUF STEUERVERGÜNSTIGUNG HINWEISEN

Vereine sollten die Chancen durch das neue Spendenrecht auch bei Spendenaufrufen nutzen und Mitglieder und Interessenten auf die Regelungen hinweisen. Denn beim Schlagwort Steuervergünstigung wächst oft die Spendenbereitschaft!

Auf die besonderen, abweichenden Spendenregelungen für politische Parteien (§§ 10b Abs. 2, 34g EStG) wird ergänzend hingewiesen: Danach können natürliche Personen bis zu 3.300 Euro, Verheiratete 6.600 Euro pro Jahr steuerlich geltend machen, wobei zunächst 50 % hiervon von der Steuerschuld abgezogen werden dürfen und weitere 50 %, also maximal 1.650 Euro bzw. 3.300 Euro, als Sonderausgaben berücksichtigt werden können. Spenden an mehrere Parteien werden zusammengerechnet. Als Sonderausgaben sind daneben die gezahlten Mitgliedsbeiträge an anerkannte politische Parteien berücksichtigungsfähig. Großspenden an politische Parteien oder Mandatsträgerbeiträge von über 10.000 Euro sind in den Geschäftsberichten der Parteien namentlich anzugeben. Politische Parteien müssen darüber hinaus Spenden über 50.000 Euro dem Bundestagspräsidenten anzeigen. Hier gab es keine Veränderungen durch das neue Spendenrecht.

Spenden richtig verwenden!

Egal, ob für Kuchen- oder Getränkespenden eine Spendenbescheinigung ausgestellt wird: Achten Sie darauf, dass z. B. das Fass Bier nicht auf dem (steuerpflichtigen) Vereinsfest landet, sondern bei begünstigten Gelegenheiten (z. B. Weihnachtsfeier o. Ä.) konsumiert wird. Spenden müssen auf jeden Fall immer für den steuerbegünstigten Bereich verwendet werden.

Was ist sonst noch wichtig?

Wer trägt die Haftung?

Liegt dem Finanzamt eine unrichtige Spendenquittung vor, steigt das Haftungsrisiko für Vereinsführungskräfte: Der Aussteller der Spendenquittung kann mit 30 % des Spendenbetrags durch das Finanzamt persönlich in die Haftung genommen werden. Unkenntnis hilft da als Argument nicht weiter. Bereits ein Blick auf die Belehrung am unteren Rand des Spendenformulars zeigt auf, dass sogar ein Haftungsbescheid (§ 191 AO) droht, wenn entweder unrichtige Spendenbescheinigungen ausgestellt wurden oder eine sog. Veranlasserhaftung in Betracht kommt, etwa bei einer Fehlverwendung der erhaltenen Spendenmittel.

An dieser Stelle nochmals der Hinweis: Der Verein sollte – neben der Verbuchung im ideellen Bereich – ein Spendenkonto einrichten. Prüft das Finanzamt, wofür die Spendenmittel verwendet wurden, sollte eine sog. Mittelverwendungsrechnung aufgestellt werden.

Entzieht das Finanzamt im Rahmen einer Vereinsüberprüfung den Gemeinnützigkeitsstatus für frühere Veranlagungszeiträume, droht jetzt zum Glück nicht noch automatisch die zusätzliche Spendenhaftung. Der BFH (Urteil v. 10.09.2003, BStBl 2004 II, S. 352) hat zugunsten der Vereine entschieden, dass eine gemeinnützige Körperschaft nicht nach § 10b EStG wegen Spendenfehlverwendung haftet, wenn die Spenden damals zutreffend für die in der Spendenbescheinigung angegebenen Zwecke verwendet wurden, der Verein aber aus anderen Gründen nicht mehr als gemeinnützig anerkannt war.

BERATER EINSCHALTEN ACHTUNG

Droht ein Spendenregress, sollten Sie in unklaren Fällen sofort einen Berater einschalten oder zumindest im Sach- und Rechtsgespräch vor Erlass von Haftungsbescheiden versuchen, eine Aufklärung und Lösung mit dem Finanzamt zu finden.

Bereits seit 1990 gibt es im Spendenbereich eine besondere Vertrauensschutzregelung für Spender (§ 10b Abs. 4 EStG, § 9 Nr. 3 KStG). Wer gutgläubig für den Verein spendet, soll keine Nachteile bei ausgestellten Spendenbescheinigungen haben, wenn sich später herausstellt, dass die Spende ggf. vom Verein zweckwidrig verwendet wurde. Ein Vertrauensschutz tritt allerdings nicht ein, wenn der Spender selbst sich die Bescheinigung durch falsche Angaben (z. B. zur Höhe der Beträge) verschafft hat oder etwa als Vorstandsmitglied über die Unrichtigkeit der Bestätigung informiert war.

Hohes Risiko für Vorstände

Für den Vorstand oder weitere Vereinsführungskräfte wird es gefährlich, wenn sie Gefälligkeitsbescheinigungen ausstellen oder unrichtige Beträge oder Spenden bescheinigen, die keine freiwilligen Zahlungen sind. Der Vorstand haftet selbst, wenn er eine unrichtige Spendenbescheinigung ausstellt oder veranlasst, dass erhaltene Zuwendungen nicht zu steuerbegünstigten Zwecken verwendet werden, mit 30 % des Betrags (30 % für die dem Staat entgangene Einkommen- und Körperschaftsteuer, § 10b Abs. 4 S. 3 EStG, § 9 Abs. 3 S. 3 KStG; 15 % für die Gewerbesteuer, wenn die betriebliche Spende gewerbesteuerrechtlich möglich war, § 9 Abs. 5 S. 6 GewStG).

Dies gilt selbst dann, wenn der Spender die Spende noch nicht bei der Steuererklärung geltend gemacht hat. Das Finanzamt kann sogar wählen, ob es den Vorstand persönlich oder den Verein in Anspruch nehmen will.

Beim Interesse der Vereine an (steuerfreien) Einnahmen durch Spenden wird häufig übersehen, dass die Finanzämter jetzt sogar bei Routine-Steuerprüfungen darauf achten, ob tatsächlich eine Spende vorliegt oder nicht. Für den verantwortungsvollen Vereinsvorstand muss es zur Pflicht werden, dass er dem Kassierer klare Vorgaben macht, wie Zuwendungen an den Verein steuerlich zu behandeln sind und was bescheinigt werden darf.

BEWIRTUNG VON FESTBESUCHERN BEISPIEL

Ein örtlicher Gastwirt hat die Bewirtung von Besuchern im Rahmen eines Vereinsfestes übernommen. Will der Gastwirt dem Verein eine Anerkennung zukommen lassen, sollte die Geldspende nicht direkt und unmittelbar nach Abschluss der Veranstaltung dem Vereinskonto zufließen – sondern erst zwei oder drei Monate später, d. h. freiwillig, ohne damit zusammenhängenden Anlass.

Denn unabhängig von der gut gemeinten Absicht des Spenders, der hierfür eine Spendenbescheinigung wünscht, wird das Finanzamt bei zeitnahen Spenden durchaus berechtigt prüfen, ob es sich nicht tatsächlich um eine Vergütung handelt, quasi eine Gegenleistung für dieses Zusatzgeschäft.

Wie kann ich mich absichern?

Wichtig ist, dass zunächst vereinsintern geklärt wird, wer zur Ausstellung von Spendenbescheinigungen berechtigt ist. Der Vorstand darf delegieren, z. B. an den Kassierer. Auch sollte unbedingt eine Spendenliste geführt werden, die Aussagen darüber enthält, von wem und in welcher Höhe Zuwendungen erfolgten. Bewahren Sie unbedingt auch das Doppel der Spendenbestätigung (auch Fotokopie) bei den Vereinsunterlagen auf! Für den Nachweis beim Verein dürfte dies in elektronischer Form ausreichen, falls der PC für die Ausstellung von Spendenbescheinigungen eingesetzt wird. Verlangen sie auch unbedingt, dass im Verein strikt nur die amtlichen, zuletzt 2011 aktualisierten Spendenbescheinigungen als Vorlagen eingesetzt werden.

Vorsicht auch bei allgemeinen Spendenaufrufen, wenn es nicht um die eigenen Satzungszwecke geht. Aufrufe eines Vereins etwa zur finanziellen Unterstützung eines verunglückten Mitglieds, aber auch zur Hilfe in Katastrophenfällen sollten unbedingt mit dem Finanzamt abgestimmt werden, denn hier benötigt man meist einen anderen gemeinnützigen Rechtsträger (z. B. Stadt oder Gemeinde).

Was ist mit Auslandsspenden?

Prüfen Sie über die Satzung, ob diese überhaupt Fördermaßnahmen im Ausland vorsieht. Eine Zweckverwirklichung von Fördermaßnahmen im Ausland ist grundsätzlich nicht steuerschädlich. Allerdings: Zuwendungen, die direkt ins Ausland gehen, können im Inland steuerlich nicht als Spenden berücksichtigt werden. Wenn z. B. ein Verein Spenden im Inland sammelt, ist es möglich, dass die Mittel zur Verwendung für steuerbegünstigte Zwecke an eine ausländische Körperschaft weitergeleitet werden, wobei der Nachweis einer vergleichbaren steuerbegünstigten Verwendung im Ausland in geeigneter Weise sichergestellt sein muss – etwa durch eine schriftliche Bestätigung durch die ausländische Körperschaft bzw. Organisation. Spendenbescheinigungen dürfen aber grundsätzlich nur für Geld- und Sachspenden von inländischen gemeinnützigen Körperschaften erteilt werden.

Bei Auslandsspenden ist nun durch den Europäischen Gerichtshof (sog. Persche-Urteil v. 27.01.2009) höchstrichterlich geklärt, dass unmittelbar geleistete Spenden an gemeinnützige Organisationen mit Sitz innerhalb der EU steuerlich geltend gemacht werden können. Hierfür werden nun aber nach Auffassung der Finanzverwaltung konkrete Nachweise über den vergleichbaren Gemeinnützigkeitsstatus durch Satzung, Kassenberichte etc. der dortigen, nach deutschem Verständnis steuerbegünstigten Institution verlangt. Weitere Hinweise zu Auslandsspenden enthält das BMF-Schreiben vom 16.05.2011.

Bezahlte Mitarbeit im Verein: Worauf muss ich achten?

Gefahr durch Scheinselbstständigkeit?

Kennen Sie die Abgrenzungskriterien?

Betrachten Sie zunächst klar regelbare freie Mitarbeiterverhältnisse mit freiberuflich oder gewerblich tätigen Selbstständigen. Diese sind im Sportbereich z. B. Tennislehrer, Reit- und Golflehrer – also Personen, die ihre Tätigkeit ohnehin bereits hauptberuflich ausüben und ggf. zusätzlich Vereinsmitgliedern oder auch anderen Interessenten Einzelunterricht erteilen. Vergleichbare Sachverhalte gibt es im musikalischen oder kulturellen Umfeld, wenn Vereine selbstständige Profimusiker oder Regisseure für bestimmte Fortbildungsmaßnahmen bzw. Aufführungen im Rahmen eines Dienstleistungsvertrags engagieren oder wenn Vereine mit mildtätiger Zweckverfolgung z. B. selbstständige Lehrer für bestimmte Projekte einsetzen. Hierbei ergeben sich bereits aus der gewerbsmäßigen Berufsausübung – auch wegen vielfältiger anderer Aufträge – keine sozialversicherungsrechtlichen Probleme, eine ordnungsgemäße steuerliche Behandlung, z. B. durch zutreffende Rechnungsstellung mit richtigem USt-Ausweis, vorausgesetzt.

Folgende Kriterien können allerdings Hinweise für eine Scheinselbstständigkeit sein und die Einstufung als Arbeitnehmer zur Folge haben:

- Weisungsgebundenheit gegenüber dem Verein als Arbeitgeber, und zwar in zeitlicher und fachlicher sowie in örtlicher Hinsicht,
- Eingliederung in die Organisation des Auftrag-/Arbeitgebers,
- Einbeziehung in die geschäftlichen Abläufe,
- keine Unternehmerinitiative, kein Unternehmerrisiko erkennbar,
- festes Entgelt, etwa Monatsvergütungen,

- Anspruch auf Urlaub, Entgeltfortzahlung,
- vertragliche Pflicht zur Leistungserbringung nur in eigener Person, keine Delegationsmöglichkeit an andere Personen, z. B. über eine eigenverantwortliche Vertretungsregelung oder
- Bestimmung des Arbeitsumfangs durch andere.

Bei diesen Kriterien ist aber Folgendes zu beachten: Es handelt sich nicht um einen (exakten) Kriterienkatalog, der in ähnlicher Weise wie bei der Beurteilung der Sozialversicherungspflicht erfüllt sein muss. Entscheidend ist immer die Gesamtabwägung. In der Praxis hat dies zur Folge, dass durchaus eines der Indizien vorliegen kann, ohne dass gleich der Schluss auf ein Arbeitnehmerverhältnis gezogen werden darf.

Wer prüft den Arbeitnehmerstatus?

Seit dem 01.01.2000 beurteilt die Deutsche Rentenversicherung Bund auf Antrag der Beteiligten, ob es sich um eine abhängige Beschäftigung oder um Selbstständigkeit handelt. Sowohl Arbeitgeber als auch Arbeitnehmer müssen der Deutschen Rentenversicherung Bund die für die Beurteilung einer Statusfeststellung erforderlichen Angaben innerhalb einer von der Behörde bestimmten Frist machen.

Anhand welcher Merkmale wird überprüft?

Bei einer erwerbstätigen Person wird in Zweifelsfällen vermutet, dass sie beschäftigt ist, wenn zumindest diese Merkmale vorliegen (§ 2 Ziff. 9 SGB VI):

- Die Person beschäftigt im Zusammenhang mit ihrer Tätigkeit regelmäßig keinen versicherungspflichtigen Arbeitnehmer, dessen Arbeitsentgelt im Monat 400 Euro übersteigt, und
- ist auf Dauer und im Wesentlichen nur für einen Auftraggeber tätig.

KÜNSTLERSOZIALVERSICHERUNG ACHTUNG

Personen, die bereits in der Künstlersozialversicherungskasse versichert sind und bei denen die versicherungsrechtliche Beurteilung von dieser Kasse vorgenommen wurde, werden als Selbstständige betrachtet. Die Scheinselbstständigkeit wird für diese Personengruppe nicht vermutet. Das können z. B. Künstler sein, die auf selbstständiger Basis für den Verein tätig werden.

Wie erhält man mehr Rechtssicherheit?

Sowohl der Arbeitgeber, also z. B. der Verein, als auch der Arbeitnehmer können schriftlich eine Entscheidung bei der Deutschen Rentenversicherung Bund beantragen, ob ein abhängiges Beschäftigungsverhältnis vorliegt oder nicht (§ 7a Abs. 1 SGB IV). Wird die versicherungsrechtliche Beurteilung jedoch bereits von einer Krankenkasse oder z. B. im Rahmen einer Betriebsprüfung durch den Rentenversicherungsträger durchgeführt, bleiben diese für die Feststellung weiterhin zuständig. Bevor die Deutsche Rentenversicherung Bund ihre Entscheidung trifft, werden die Beteiligten über das geplante Ergebnis informiert. Dabei werden auch die Kriterien angegeben, die zur Entscheidung geführt haben. Den Beteiligten wird dann Gelegenheit gegeben, sich zu der beabsichtigten Entscheidung zu äußern.

Was kann auf den Verein zukommen?

Als Auftraggeber gelten die Vereine nach § 7 Abs. 4 SGB IV als „Arbeitgeber“ der scheinselbstständigen Arbeitnehmer. Damit haben sie alle Pflichten zu erfüllen, die Arbeitgeber im Sozialversicherungsrecht haben. Dazu gehören insbesondere die

- Feststellung der Versicherungspflicht oder -freiheit,
- Ermittlung des beitragspflichtigen Arbeitsentgelts,
- Berechnung und Zahlung des Gesamtsozialversicherungsbeitrags,

- Erstattung der Meldungen nach der Datenerfassungs- und -übermittlungsverordnung (DEÜV) sowie
- Führung von Lohnunterlagen.

Ab wann fallen Beiträge an?

Die Beiträge werden erst fällig, wenn die Entscheidung über das Vorliegen einer versicherungspflichtigen Beschäftigung unanfechtbar geworden ist (§ 7a Abs. 6 Nr. 2 SGB IV). Die Beiträge werden allerdings dann sofort fällig, wenn der Arbeitgeber oder der Arbeitnehmer grob fahrlässig oder vorsätzlich von einer selbstständigen Tätigkeit ausgegangen sind (§ 7b Satz 1 Nr. 3 SGB IV).

Widerspruch und Klage gegen die Feststellung einer versicherungspflichtigen Beschäftigung haben aufschiebende Wirkung (§ 7a Abs. 7 SGB IV): Wenn ein Arbeitgeber gegen die Entscheidung Widerspruch und anschließend Klage einlegt, muss er die Sozialversicherungsbeiträge erst zahlen, wenn die Entscheidung der Deutschen Rentenversicherung Bund unanfechtbar geworden ist.

ACHTUNG

EINBEHALTUNG NUR FÜR DREI LOHNZAHLUNGSZEITRÄUME

Unabhängig von der aufschiebenden Wirkung von Widerspruch und Klage dürfen Beitragsanteile des Arbeitnehmers vom Arbeitgeber nur für die nächsten drei Lohnzahlungszeiträume einbehalten werden (§ 28g SGB IV). Hat das Beurteilungsverfahren z. B. sechs Monate gedauert, kann der Arbeitgeber nur von drei Monaten den Beitragsanteil des Arbeitnehmers einbehalten. Die verbleibenden drei Monate muss der Arbeitgeber in voller Höhe allein tragen.

Zur Statusfeststellung bei Fußballtrainern

Leider gibt es bei Prüfungen durch die BfA immer wieder Auseinandersetzungen über den Sozialversicherungsstatus von Fußballtrainern bzw. Übungsleitern. Wenn sich derartige Betriebsprüfungen auf zurückliegende Zeiträume erstrecken – zunächst verbunden mit einer Inanspruchnahme des Vereins wegen der bis dahin nicht einbehaltenen Sozialversicherungsbeiträge –, sollte grundsätzlich auf Folgendes geachtet werden:

- Auch für Vereine gilt der Grundsatz, dass beschäftigte Arbeitnehmer nach § 1 Satz 1 Nr. 1 SGB VI zunächst ohne Rücksicht auf die Höhe des Entgelts der Sozialversicherungspflicht (Renten-, Kranken-, Pflege- sowie Arbeitslosenversicherung) unterliegen.

- Auch für einen nebenberuflich aktiven Fußballtrainer kann selbstverständlich der Übungsleiterfreibetrag berücksichtigt werden. Gehen Trainer bzw. Übungsleiter und der Verein von vornherein von einem sozialversicherungspflichtigen Beschäftigungsverhältnis aus, kommt es auf die Höhe der vereinbarten Vergütung an: Beträgt die Vergütung ab 2007 nicht mehr als 575 Euro pro Monat, könnte z. B. ein Minijob-Verhältnis vereinbart werden. Der Verein trägt dann die sich bis zu 30 % belaufenden Pauschalabgaben bei Berücksichtigung des steuer- und sozialversicherungsfreien Übungsleiterfreibetrags von 175 Euro pro Monat.

- Soweit eine selbstständige Tätigkeit des nebenberuflichen Trainers beabsichtigt ist, kann eine derzeit nur für den Sportbereich bestehende Sonderregelung angewendet werden: Wird eine selbstständige Tätigkeit vereinbart, bleibt ein Honorar bis zu 575 Euro sozialversicherungsfrei. Dies bedeutet, dass auf den Verein keine lohn- oder sozialversicherungsrechtlichen Pflichten oder Abgaben zukommen. Es muss hierfür der spezielle Vertrag für nebenberufliche, selbstständige Übungsleiter verwendet werden. Vorsicht bei Trainerbeschäftigungen für Mannschaftssportarten: Teilweise greifen die Prüfer der Deutschen Rentenversicherung Bund dies auf und unterstellen unter Hinweis auf LSG-Rechtsprechung eine Arbeitnehmertätigkeit. Prüfen Sie dies unbedingt über eine Statusanfrage bei diesen Sportarten ab!

- Im Weiteren dürfen sich natürlich auch aus dem Vollzug des Vertrags keine Hinweise auf eine arbeitnehmerähnliche Tätigkeit ergeben. Der Trainer hat dann über seine Steuererklärung die Honorareinkünfte selbst zu versteuern, wobei ihm seit 2007 der Übungsleiterfreibetrag nach § 3 Nr. 26 EStG in Höhe von 2.100 Euro zur Verfügung steht,

d. h. bei einer Einnahme-Überschussrechnung gewinnmindernd abgezogen werden kann.

- Ganz schwierig wird es aber bei einer Überschreitung der 575-Euro-Grenze. Selbst wenn ein Trainervertrag mit einer dokumentierten selbstständigen Tätigkeit abgeschlossen werden soll, kommt auf den Verein und auch auf den Trainer das nicht zu unterschätzende Risiko zu, dass man wegen der Höhe und den möglicherweise vorhandenen Tätigkeitsmerkmalen eine nicht selbstständige Tätigkeit unterstellt. Dies ist Dauerthema bei Betriebsprüfungen bei den Vereinen über die Sozialversicherungsträger – ggf. sogar für Vorjahre. Es empfiehlt sich daher, unbedingt zuvor eine Statusfeststellung zu beantragen. Unter Beifügung des beabsichtigten Vertrags sollte dies bei der bundesweiten Clearingstelle für sozialversicherungsrechtliche Statusfragen, Deutsche Rentenversicherung Bund, 10704 Berlin herbeigeführt werden.

- In der Sportpraxis häufen sich allerdings die Fälle, dass derartige Statusfeststellungen negativ beschieden werden. Die Deutsche Rentenversicherung Bund nimmt als wesentliches Kriterium für eine selbstständige Tätigkeit die Durchführung des Trainings in eigener Verantwortung an: Es ist also der Trainer, der erkennbar über den Vertrag Dauer, Termine und Inhalte des Trainings selbst festlegt und sich wegen einer Nutzung der Sportanlagen mit dem Verein abstimmt. Was die Vergütung angeht, vertritt die Deutsche Rentenversicherung Bund immer wieder die Auffassung, dass eine Eingliederung in den Verein und eine abhängige Beschäftigung vorliegt, wenn sich bereits aus dem Vertrag ergibt, dass dort Zahlungen auch bei Urlaub oder Krankheit erfolgen. Außerdem sollte man natürlich auch unbedingt auf die richtige Wortwahl achten: „Honorar“ statt „Gehalt“.

- Nach Auffassung der Sozialversicherungsträger spricht mehr für eine selbstständige Tätigkeit, je geringer der zeitliche Aufwand und die Vergütung des Übungsleiters sind.

Zur Mitarbeit auf 400-Euro-Minijob-Basis

Bereits seit dem 01.04.2003 können Vereinsmitarbeiter bis zu 400 Euro monatlich verdienen, ohne dass hierfür – zumindest aus der Sicht des Vereinshelfers – Sozialabgaben oder Steuern zu zahlen sind. Damit kann der Verdienst „netto" ausgezahlt werden. Dazu folgende Übersicht:

- Die Arbeitsentgeltgrenze für geringfügig Beschäftigte beträgt 400 Euro monatlich. Der Verein hat seit dem 01.07.2005 als Arbeitgeber eine der Höhe nach seither unveränderte Pauschalabgabe von insgesamt 30 % zu tragen (15 % Renten-, 13 % Krankenversicherung, 2 % Lohnsteuer).

- Den Krankenversicherungsbeitrag hat der Verein nur dann zu übernehmen, wenn der Vereinsmitarbeiter in der gesetzlichen Krankenversicherung als Mitglied oder Familienangehöriger versichert ist. Bei einer privaten Mitgliedschaft in der Krankenversicherung, z. B. als Beamter oder als Selbstständiger, entfällt auch diese 13%ige Belastung für den Verein.

- Mit dem geringen Pauschsteuersatz in Höhe von 2 % kann auf die Vorlage der Lohnsteuerkarte verzichtet werden. Der Verein hat allerdings zusätzlich aus der vereinbarten Vergütung ohne die Pauschalabgaben je nach Beschäftigungssituation die Umlagen U1, U2 und U3 zu tragen und abzuführen. Die Umlage U1 betrifft die Lohnfortzahlung und beträgt 0,6 % für 2011, die Umlage U2 betrifft die Umlage für Mutterschaftsgeld bei Vereinen mit bis zu 30 Beschäftigten in Höhe von 0,14 % für 2011. Die Pflichtumlage U3 betrifft die Insolvenzumlage – diese wird aber für das Vereinsjahr 2011 nicht erhoben.

- Seit dem 01.04.2003 entfällt die Voraussetzung bei Beschäftigungen auf 400-Euro-Basis, dass die Beschäftigungsdauer wöchentlich weniger als 15 Stunden betragen muss. Entscheidend ist nunmehr nur der Bruttobetrag von 400 Euro – unabhängig von der Anzahl der Stunden und der Höhe des vereinbarten Stundenlohns.

- Soweit Mitarbeiter mehr als 400 Euro verdienen, besteht bis zum Betrag von 800 Euro eine günstige Gleitzonenregelung. Der Verein als Arbeitgeber muss allerdings den vollen hälftigen Arbeitgeberanteil übernehmen. Beim Vereinsmitarbeiter wird jedoch der Arbeitnehmeranteil nicht vom tatsächlichen Gehalt, sondern aus einem verringerten Betrag berechnet. Hinzu kommt, dass für die steuerliche Seite eine Lohnsteuerkarte vorgelegt und dann nach den Merkmalen Lohn- und Kirchensteuer sowie der Solidaritätszuschlag einbehalten und vom Verein fristgerecht mit der Lohnsteueranmeldung an das Finanzamt abgeführt werden muss.
- Diese Gleitzonenregelung gilt nicht für Auszubildende bei Vereinen. Der Verein muss stets beachten, dass bei Ausbildungsverhältnissen beim Bruttolohn bis 400 Euro die gesamten Sozialversicherungsabgaben, bei höherer Azubivergütung wie bei anderen Arbeitsverhältnissen die Sozialversicherungsbeiträge jeweils zur Hälfte vom Verein und vom Beschäftigten zu übernehmen sind.
- Zuständig ist sowohl für das Meldeverfahren als auch für den Beitragseinzug die Minijob-Zentrale (bei der Deutschen Rentenversicherung Knappschaft Bahn See).

Kurzfristige und geringfügige Beschäftigungen

Der Verein als Arbeitgeber sollte zunächst einmal für die sozialversicherungsrechtliche Beurteilung stets zwischen einer geringfügigen und einer kurzfristigen Beschäftigung unterscheiden.

Geringfügige Beschäftigungen (§ 8 SGB IV)		
G Kurzfristige Beschäftigung (§ 40a Abs. 1 EStG)		G Gering entlohnte dauerhafte Beschäftigung
G 2 Monate	G 50 Arbeitstage	G begrenzt auf 400 Euro/Monat, Gleitzonenregelung bis 800 Euro

Eine kurzfristige Beschäftigung wird nur dann anerkannt, wenn das Arbeitsverhältnis mit dem Verein von vornherein durch Arbeitsvertrag oder „nach der Natur der Sache“ auf längstens zwei Monate oder 50 Arbeitstage innerhalb eines Kalenderjahres befristet ist und die Nebentätigkeit nicht berufsmäßig ausgeübt wird.

KÜCHENKRÄFTE FÜR DIE VEREINSFREIZEIT BEISPIEL

Der gemeinnützige Verein benötigt für die Betreuung der Jugend während der Vereinsfreizeit im Juli zwei Küchenkräfte. Vereinbart wird für die drei Wochen eine Vergütung von 1.000 Euro. Da die Tätigkeit zeitlich begrenzt ist, darf die 400-Euro-Grenze überschritten werden. Die kurzfristige Beschäftigung ist sozialversicherungsfrei. Allerdings muss sich der Verein entweder die Lohnsteuerkarte vorlegen lassen oder prüfen, ob der Verdienst mit 25 % pauschal versteuert werden kann.

Egal, ob Dritte oder Vereinsmitglieder kurzfristig beschäftigt werden, und unabhängig von der Befreiung von Sozialversicherungsabgaben darf die Beschäftigung nicht mehr als 18 zusammenhängende Arbeitstage dauern, ohne arbeitsfreies Wochenende, Feiertage, Krankheits- und Urlaubstage. Für diese Aushilfstätigkeiten darf der Verdienst durchschnittlich nicht über 62 Euro je Arbeitstag liegen oder, falls die Beschäftigung zu einem unvorhergesehenen Zeitpunkt sofort erforderlich wird, der durchschnittliche Stundenlohn im Kalenderjahr nicht über 12 Euro liegen.

Soweit z. B. Bedienungen bei mehreren Vereinsfesten arbeiten, müssen Sie also die Gesamtbeschäftigungsdauer ermitteln. Kurzfristige Vergütungen bleiben nur dann sozialversicherungsfrei, wenn bei einer Arbeitszeit von weniger als fünf Arbeitstagen die Befristung von 50 Arbeitstagen insgesamt pro Jahr beachtet wird, wobei übrigens die Trinkgelder steuerfrei bleiben!

ACHTUNG

VORSICHT BEI VERTRAGSVERLÄNGERUNGEN

Darauf sollten Sie achten: Immer dann, wenn eine Beschäftigung entgegen der ursprünglichen Vereinbarung oder Planung über zwei Monate oder 50 Arbeitstage hinausgeht, tritt vom Tage des Überschreitens an die Sozialversicherungspflicht ein. Vorsicht also bei Vertragsverlängerungen: Stellt sich schon im Laufe der Beschäftigung heraus, dass sie länger als zwei Monate bzw. 50 Arbeitstage dauert, tritt die Versicherungspflicht bereits ab dem Tag ein, von dem an für den Verein als Arbeitgeber die Überschreitung erkennbar wird.

BEISPIEL

VEREINSPROJEKT DAUERT LÄNGER

Für ein Vereinsprojekt wird mit dem Helfer vereinbart, dass er im Zeitraum vom 01.08.2011 bis zum 15.09.2011 als Aushilfe arbeitet. Wenige Tage vor dem Ende stellt der Vorstand fest, dass das Projekt noch nicht abgeschlossen ist. Man einigt sich auf eine Verlängerung der Tätigkeit bis 15.10.2011. Dies könnte dazu führen, dass bereits am 12.09.201 Versicherungspflicht besteht, da es spätestens dann erkennbar war, dass der vorgegebene Beschäftigungszeitraum von zwei Monaten bzw. 50 Arbeitstagen überschritten wird. Allerdings bleibt es für die zurückliegende Zeit dann bei der Sozialversicherungsfreiheit.

Liegt das vereinbarte Arbeitsentgelt nicht über 400 Euro pro Monat, kann der Verein, obwohl das Kurzfristigkeitsmerkmal nicht mehr vorliegt, zu einer geringfügig entlohnten Beschäftigung übergehen und damit Versicherungsfreiheit erreichen. Allerdings bedeutet das, dass der Verein im Regelfall die Pauschalabgaben in Höhe von 30 % (maximal) aus dem Entgelt übernehmen muss.

Was gilt für dauerhaft geringfügige Beschäftigungen?

Bei dauerhaft geringfügiger Beschäftigung wirkt sich die 400-Euro-Minijob-Regelung aus. Es kommt nur darauf an, dass die monatliche Verdienstgrenze von 400 Euro eingehalten wird.

Bei schwankendem Arbeitsentgelt, z. B. bei Zahlungen an Sportler, die neben einer monatlichen Vergütung auch Prämien etc. erhalten, muss – für einen Zeitraum von drei Monaten – eine Prognose gestellt werden, ob im

Durchschnitt die 400-Euro-Grenze eingehalten wird. Hierauf sollten Sie außerdem achten:

- Über die Minijob-Regelung sind nur Nebentätigkeiten begünstigt. Dies setzt also voraus, dass – mit Ausnahme von Rentnern, Arbeitslosen oder Studenten – eine Hauptbeschäftigung ausgeübt wird.
- Eine Zusammenrechnung der Vergütung aus der Hauptbeschäftigung mit dem Entgelt aus der Nebentätigkeit entfällt, soweit die 400-Euro-Grenze eingehalten wird.
- Hauptbeschäftigung und eine Nebentätigkeit – kein Problem. Aber sobald erkennbar ist, dass neben der Hauptbeschäftigung mehrere geringfügig entlohnte Beschäftigungen ausgeübt werden, bleibt zunächst nur die erste Nebenbeschäftigung sozialversicherungsfrei. Es gilt das sog. Prioritätsprinzip. Alle übrigen geringfügigen Beschäftigungen werden versicherungspflichtig, da sie mit der Hauptbeschäftigung zusammengerechnet werden.

Kombination Übungsleiter und Minijob

Auch die Kombination Übungsleiter und Minijob ist möglich. Dies bedeutet, dass die Verdienstgrenze für eine regelmäßige Übungsleitertätigkeit als Nebenbeschäftigung seit 2007 bis zu 575 Euro pro Monat betragen darf (400 Euro zzgl. 175 Euro als monatlicher Übungsleiterfreibetrag). Der Vorteil: Für diese 175 Euro im Monat fallen auch für den Verein keine Pauschalabgaben an. Bei höherer Vergütung kommen auf den Verein dann die pauschalen Abgaben für Minijobverhältnisse hinzu, max. mit Umlagen somit derzeit 30,74 % aus dem steuer- und sozialversicherungspflichtigen Anteil der Vergütung. Durch diese Abrechnungsweise könnten theoretisch bis zu 575 Euro netto gegenüber dem nebenberuflich angestellten Übungsleiter ausgezahlt werden.

Wichtig: An den neuen Personalfragebogen der Minijobzentrale denken. Es wird auch von Vereinen als Arbeitgeber erwartet, das man vor Beginn des Minijobverhältnisses die Erklärungen über ggf. weitere Beschäftigungen genau aufnimmt. Einzelheiten und Vordruck unter: www.minijob-zentrale.de (im Download-Center).

Übungsleiter im Verein: Was darf bezahlt werden?

Schon seit Jahren gibt es ein kleines Steuerprivileg für die Mitarbeit in Vereinen – den Übungsleiterfreibetrag. Vereine und Verbände können seit 2007 eine Vergütung von bis zu 2.100 Euro steuer- und sozialversicherungsfrei an ihre Übungsleiter zahlen, allerdings nur an einen relativ eingeschränkten Personenkreis. Aber immerhin bleibt auch der Verein bzw. Verband von Steuer- und Sozialversicherungsabgaben verschont. Wird mehr gezahlt, ist der darüber hinausgehende Betrag steuer- und ggf. auch sozialversicherungspflichtig. Der Übungsleiterfreibetrag ist ein Jahresbetrag, er gilt also auch dann, wenn die Vergütungen nicht das ganze Jahr über bezogen werden.

Der rein finanzielle Aufwand für Vereine/Verbände hält sich hierbei auch in gewissen Grenzen, denn ein Teil der ausbezahlten Vergütungen an die Übungsleiter ist über Übungsleiter-Zuschussregelungen abgedeckt. Je nach Qualifikation des Sportübungsleiters werden pro Stunde ca. 3,50 bis 7 Euro von den Verbänden, manchmal aber auch von Kommunen/Körperschaften oder den Trägern auf Antrag ersetzt. Vergleichbare Zuschussregelungen gibt es teilweise für über die Musikverbände beim angeschlossenen Verein tätige Übungsleiter im musikalischen Bereich. Unabhängig von der Zuschusshöhe muss der Verein den fristgebundenen Antrag meist im Oktober/November bei seinem Verband/seiner Kommune stellen. Der Zuschuss fällt buchhalterisch in den ideellen Bereich und steht dem Verein zu. Der Verein entscheidet damit auch, in welcher Höhe die Stundenvergütung an den in Übungsleiterfunktion tätigen Mitarbeiter weitergegeben wird.

Wer kann die Übungsleiter-Regelung in Anspruch nehmen?

Die interessante Steuerregelung für Übungsleiter gibt es nur für bestimmte nebenberufliche Tätigkeiten mit einem „pädagogisch/betreuerischen" Element, insbesondere für

- die Tätigkeit als (klassischer) Übungsleiter im Sportbereich (Mannschaftsbetreuer, Trainer), Ausbilder, Erzieher und auch als Betreuer,

- Ausbildungstätigkeiten im weiten musikalischen Segment,
- künstlerische Tätigkeiten,
- die Pflege alter, kranker oder behinderter Menschen,
- vergleichbare Tätigkeiten, z. B. als Jugendleiter, Ferienhelfer etc.

Sie sollten auch berücksichtigen, dass durch die Einfügung des neuen Tätigkeitsmerkmals des „Betreuers" in den Katalog des § 3 Nr. 26 EStG eine gewisse Erweiterung der begünstigten Tätigkeitsbereiche vorgesehen ist. Die besondere Erwähnung eines „Betreuers" bringt für sich gesehen keine Rechtsänderung, denn ein Betreuer hatte schon bisher eine ähnliche Tätigkeit wie z. B. ein klassischer Übungsleiter, Ausbilder oder Erzieher, soweit in irgendeiner Weise der Nachweis einer Ausbildungstätigkeit verbunden werden kann. Hinzu kommt, dass es im gleichen Freibetragsrahmen nun auch die gesetzliche Regelung nach § 3 Nr. 26b EStG gibt, über die sichergestellt wird, dass die an ehrenamtliche Betreuer in gemeinnützigen Organisationen, z. B. Betreuungsvereinen, gezahlten Vergütungen steuer- und sozialversicherungsfrei gestellt werden können.

Ein pädagogisch hohes Niveau muss nicht unbedingt gewährleistet werden, aber ein erzieherisches Element muss erkennbar sein. Begünstigt sind z. B. auch

- Ausbilder für Erste-Hilfe-Kurse, von Selbstschutzverbänden oder Ausbildertätigkeiten im Bereich der Freiwilligen Feuerwehr,
- Chorleiter, Dirigenten,
- Jugendleiter, Ferienbetreuer,
- Lehr- bzw. bestimmte Vortrags- oder Unterrichtungstätigkeiten,
- Trainer, Mannschaftsbetreuer,
- Mitarbeiter von Kinderspielkreisen,
- Schulweghelfer/Schulbusbegleiter,
- Rettungsschwimmer des DLRG, Rettungssanitäter oder Ersthelfer,

- Seniorenbetreuer,
- künstlerisch Tätige wie Sänger oder nebenberufliche Kirchenmusiker/Organisten, Mitglieder im Theaterverein oder bei entsprechender künstlerischer Betätigung sogar Mitwirkende bei Karnevals- oder Faschingsvereinen für Büttenreden/Tanzaufführungen etc., Komparsen, Statisten bei Theateraufführungen (BFH, Urteil v. 18.4.3007, XI R 21/06) – ein künstlerisches Niveau vorausgesetzt.

Übungsleiter im Sportbereich

Sehr häufig wird in der Vereinspraxis übersehen, dass diese interessanten Steuerregelungen nicht nur für klassische Übungsleiter mit Übungsleiter-Qualifikationsnachweisen, die bestimmte Sportarten/ Mannschaften betreuen, angewandt werden können. Qualifikationsnachweise sind keinesfalls erforderlich, um diese steuergünstige Regelung in Anspruch nehmen zu können. Wenn einzelne Finanzämter etwa auf den Nachweis eines Übungsleiterscheins bestehen, können Sie das anfechten. Es kommt nur auf die tatsächliche Ausübung einer begünstigten Tätigkeit an!

BEISPIEL

ABITURIENT OHNE TRAINERSCHEIN

Abiturient Fleißig ist seit Langem aktiver Fußballspieler und will nun das Training der E-Jugend übernehmen. Der Sportverband bietet erst im Spätherbst wieder einen Übungsleiter-Lehrgang an. Zahlt der Verein bereits jetzt eine Vergütung für das Training und die Betreuung der Mannschaft, bleibt die Vergütung nicht nur beim Abiturienten steuerfrei, auch der Verein hat keine sonstigen zusätzlichen Aufwendungen (§ 3 Nr. 26 EStG).

Und das sollte man wissen: Wenn es sich um einen nebenberuflichen, selbstständigen Übungsleiter im Sportbereich (z. B. Trainer) handelt, bleibt der Verein durch die neue 400-Euro-Grenze von Sozialversicherungsabgaben bei Koppelung mit einem Minijobverhältnis verschont, wenn die Vergütung insgesamt unter Einbeziehung des monatlichen Übungsleiterfreibetrags 575 Euro (seit 2007) nicht überschreitet. Bei Verwendung des Mustervertrags für selbstständige Übungsleiter und Beachtung der Merkmale der selbstständigen Tätigkeit muss der Verein dann nicht einmal die Pauschalabgabe von 30 % wie bei anderen Minijobs aufbringen. Allerdings hat der selbstständige Übungsleiter/Trainer dann sein Honorar selbst zu versteuern, wobei der Übungsleiterfreibetrag von 2.100 Euro abgezogen werden darf. Auch das Rundschreiben der Spitzenorganisationen der Sozialversicherer sieht ausdrücklich diese Sonderregelung zur Sozialversicherungsfreiheit für selbstständige Übungsleiter vor.

SELBSTSTÄNDIGER SPORTTRAINER BEISPIEL

Der auf selbstständiger Basis nebenberuflich tätige Sporttrainer im Leichtathletikbereich erhält im Vereinsjahr 2010 500 Euro pro Monat. Bei seiner Steuerklärung hat er das Gesamthonorar offenzulegen. Abzüglich des Freibetrags von 2.100 Euro sind dann 3.900 Euro neben seinen sonstigen Einkünften aus der Haupttätigkeit etc. zu berücksichtigen.

Vereinsvorstände sollten daher gemeinsam mit ihrem Übungsleiter durchsprechen, ob sie auf selbstständiger oder nicht selbstständiger Basis zusammenarbeiten. Bei entsprechend hohem Honorar und anderen guten Einkünften wird leider ein Teil der Vergütung wieder über die Steuer an das Finanzamt zurückfließen. Andererseits spart der Verein jegliche Sozialversicherungsabgaben bei „selbstständiger" Vereinbarung. Die besonders begünstigte selbstständige Übungsleitertätigkeit gibt es derzeit allerdings nur im Sportbereich. Hinweis: In der Prüfungspraxis der Deutschen Rentenversicherung Bund bei Sportvereinen gibt es immer wieder ernsthafte Probleme, da die Vereinbarungen auf der Grundlage des besonderen Mustervertrags für nebenberuflich selbstständige Übungsleiter/Trainer nicht anerkannt werden. Hintergrund: Es gibt einige Entscheidungen der Landessozialgerichte, die die Auffassung vertreten, dass bei Mannschaftssportsarten die Übungsleiterfunktion nur in abhängiger Stellung, also im Anstellungsverhältnis, ausgeübt werden kann. In diesen Fällen wird – trotz Vertrag –überprüft, ob es Hinweise/Anzeichen auf vergleichbare Arbeitnehmertätigkeiten und eine Einbindung in die Vereinsorganisation gibt. Wenn der besondere Mustervertrag eingesetzt, die Tätigkeit also auf nebenberuflich selbstständiger Basis ausgeübt werden soll, stimmen Sie das zuvor unbedingt mit dem Verband ab. Auf der sicheren Seite ist man eigentlich nur dann, wenn von Anfang an ein nebenberufliches Anstellungsverhältnis vereinbart wird, auch wenn dies den Verein Pauschalabgaben für das Minijobverhältnis kosten kann.

Wird somit, wie z. B. im kulturellen/musischen/sozialen Bereich, die Übungsleitertätigkeit auf Anstellungsbasis ausgeübt, besteht bei auszahlbaren Nettovergütungen bis zu 575 Euro pro Monat die Möglichkeit, dass zwar der Verein die 30 % Pauschalabgabe und Umlagen aus 400 Euro, also 120 Euro pro Monat, zu tragen hat, durch die 2 % Pauschalsteuer der Empfänger damit aber von allen steuerlichen Belastungen verschont bleibt. Auch hier gilt: Es kommt nicht unbedingt auf die Stundenanzahl für derartige geringfügig entlohnte Beschäftigungsverhältnisse an.

Übungsleiter im musikalischen Bereich

Begünstigt sind natürlich auch Vergütungen an Musiker, soweit diese künstlerische Tätigkeiten erbringen, allerdings nicht für den wirtschaftlichen Geschäftsbetrieb des Vereins/Verbands.

BEISPIEL **MUSIKUNTERRICHT**

Begünstigt ist z. B. der Einzelunterricht von Mitgliedern der Blaskapelle durch ein erfahrenes Vereinsmitglied, aber natürlich auch Ausbildungs- und Unterrichtstätigkeiten durch nicht dem Verein angehörige Musiker, z. B. durch sonst an Schulen hauptberuflich tätige Musiklehrer. Die Tätigkeit muss nicht mehr direkten Ausbildungszwecken dienen: Möglich ist auch die Zahlung einer (begünstigten) Vergütung an Chorleiter, Dirigenten, oder z. B. auch den Organisten in der Kirche!

Übungsleiter im Pflegebereich

Viele Körperschaften und Vereine engagieren sich im sozialen Bereich. Auch hier besteht die Möglichkeit, für die Betreuung von Personen die Übungsleiter-Regelung in Anspruch zu nehmen. Die betreffenden Personen müssen nicht unbedingt Vereinsmitglieder sein.

Welche Pflegeleistungen für alte, kranke und behinderte Menschen sind begünstigt?

Unter das breite Spektrum von Betreuungsleistungen fallen v. a.

- Nachbarschaftshilfe, Seniorenbetreuung,
- Betreuungsleistungen in Krankenhäusern, Pflege- und Seniorenheimen,
- Erbringung von Hilfeleistungen bei der alltäglichen Verrichtungen (z. B. hauswirtschaftliche Einsätze),
- Einkaufshilfen, Hilfe beim Schriftverkehr, Erledigung von Behördengängen, Grund- und Behandlungspflege u. a.

Begünstigt ist darüber hinaus auch jeder, der z. B. nebenberuflich als Sanitäter, Ersthelfer, Rot-Kreuz-Helfer oder z. B. auch Helfer bei Suchdiensten, Rettungsstaffeln etc. mitwirkt. Die Übungsleiterregelung kommt natürlich auch für die Unterrichtstätigkeit, etwa für Pflegeschulen im Bereich des Gesundheitswesens, zur Anwendung. Auch wer sich als Erziehungs- und Familienhelfer (nach §§ 30, 31 SGB VIII) nebenberuflich engagiert – vergleichbar einem Erzieher im Rahmen der öffentlichen Jugendhilfe im Dienst oder Auftrag einer gemeinnützigen, mildtätigen oder kirchlichen Organisation –, kann eine steuerfreie Vergütung bis zu 2.100 Euro pro Jahr erhalten (OFD Hannover, Verfügung v. 21.03.2005 mit weiteren Erläuterungen auch zu steuerfreien Bezügen nach § 3 Nr. 11 EStG). Eine aktuelle Gesamtübersicht zu den verschiedensten begünstigten Übungsleitertätigkeiten enthält die Vfg. der OFD Frankfurt v. 20.1.2011, HaufeIndex Nr. 2712001 sowie das LfSt Bayern v. 8.7.2011, HaufeIndex 2739066.

VORTRAGSTÄTIGKEIT EINER ÄRZTIN BEISPIEL

Die Ärztin Tüchtig unterrichtet an einer anerkannten Pflegefachschule, daneben hält sie Vorträge im Erste-Hilfe-Bereich an der Volkshochschule. Es liegen zwei (begünstigte) Tätigkeiten vor, die Gesamtvergütung bleibt auch für die Ärztin steuerfrei, wenn die Entschädigung pro Jahr nicht über 2.100 Euro liegt.

ACHTUNG

WEITERE INFORMATIONEN IN DEN LOHNSTEUER-RICHTLINIEN

Weitere Einzelheiten zum Anwendungsbereich sind in R 3.26 zur Steuerbefreiung für nebenberufliche Tätigkeiten nach § 3 Nr. 26 EStG, zu § 3 Nr. 26a EStG in den Lohnsteuer-Änderungsrichtlinien 2011 enthalten.

Wer darf sonst noch bezahlt werden?

Wer als Vorstand seinen Verein führt, geht leider derzeit leer aus, denn die Vorstandsarbeit wird immer noch als klassische ehrenamtliche Tätigkeit eingestuft. Dies bedeutet konkret: Über den Übungsleiterfreibetrag nicht begünstigt sind Tätigkeiten als Vorstandsmitglied, Vereinskassierer, also Vereinsführungsfunktionen im erweiterten Vorstand. Leider betrifft das aber auch die Mitarbeit im Verein außerhalb bestimmter Vorstandsfunktionen, z. B. als nebenberuflich tätiger Hausmeister, Platzwart, Geräte- und Zeugwart oder Masseur. Hierfür kommt dann aber der neue Ehrenamtsfreibetrag mit 500 Euro pro Jahr nach § 3 Nr. 26a EStG zur Anwendung, der für steuer- und sozialversicherungsrechtliche Entlastung beim Verein und auch beim Empfänger sorgt.

Welche Vereine sind vom Übungsleiterprivileg begünstigt?

Grundsätzlich sind vom Übungsleiterprivileg alle gemeinnützigen Körperschaften wie die als gemeinnützig anerkannten Sport-, Musik-, Kunst-, Gesangs- oder ähnliche Vereine begünstigt.

Übungsleiter als Hauptberuf?

Dieses Steuerprivileg gibt es allerdings nur dann, wenn die Tätigkeit nebenberuflich ausgeübt wird, wenn sie also nicht mehr als ein Drittel der Arbeitszeit eines vergleichbaren Vollzeiterwerbs in Anspruch nimmt. Es kommt grundsätzlich nicht auf die Höhe der Einkünfte aus der Nebentätigkeit an. Entscheidend ist vielmehr die nachweisbar nur nebenberufliche Tätigkeit. Nebenberuflich tätig werden können natürlich auch Hausfrauen, Studenten, Rentner/Pensionäre oder etwa Arbeitslose bzw. Bezieher von Arbeitslosengeld II/Hartz IV mit ergänzendem Hinweis auf die Freibetragsregelung und die Nichtanrechnung von bis zu 175 Euro bei der Grundsicherung. Wichtig ist grundsätzlich, die nebenberufliche Tätigkeit klar vom Hauptberuf abzugrenzen.

NEBENBERUFLICHE TÄTIGKEIT BEISPIEL

> Sportlehrer Rüstig leitet neben seinem Sportunterricht noch eine schulinterne Arbeitsgemeinschaft für eine bestimmte Sportart. Wird er im Auftrag der Schule tätig, scheidet eine Bezahlung durch die Schule auf der Basis der Übungsleitervergütung aus. Anders dann, wenn er bestimmte Tätigkeiten für eine Sportart z. B. für einen Verein ausübt und dieser ihm für seinen Aufwand eine Vergütung zahlt.

Je nachdem, ob nun eine haupt- oder nebenberufliche Tätigkeit vorliegt, ergibt sich daraus folgende steuerliche Situation im Überblick:

Haupttätigkeit	Nebentätigkeit (§ 3 Nr. 26 EStG)
• keine organisatorische Abgrenzung zum Hauptberuf möglich • Zeitaufwand beträgt mehr als ein Drittel einer hauptberuflichen Tätigkeit	• klare Abgrenzung zum Hauptberuf möglich • Zeitaufwand nicht mehr als ein Drittel einer hauptberuflichen Tätigkeit
Arbeitnehmer	
Arbeitsvertrag, übliche Bestimmungen des Arbeitsverhältnisses, auch Sozialversicherungspflicht (§ 3 Nr. 26 EStG scheidet aus).	Bis 2.100 Euro steuer- und sozialversicherungsfrei, bei darüber hinausgehender Vergütung entsprechende Lohnsteuer- und Sozialversicherungsabgabe, Minijob-Regelung ergänzend einsetzbar. Ergebnis: § 3 Nr. 26 EstG kommt zum Zuge.

Selbstständige Tätigkeit	
Gewinn ist in vollem Umfang einkommensteuerpflichtig, je nach Art der Tätigkeit USt-Pflicht (§ 3 Nr. 26 EstG scheidet aus).	Überschuss über 2.100 Euro ist einkommensteuerpflichtig; Umsätze unterliegen je nach Tätigkeit der Umsatzsteuerpflicht; auch Minijob-Regelung zur Vermeidung der Steuerpflicht bei über 2.100 Euro möglich. Ergebnis: § 3 Nr. 26 EStG kommt zum Zuge.

Rein nach dem Gesetzestext des § 3 Nr. 26 EStG spielt es keine Rolle, ob der Übungsleiter seine Tätigkeit als Arbeitnehmer oder Freiberufler bzw. Selbstständiger ausübt. Nach den Lohnsteuer-Ergänzungsrichtlinien 2011 (R 3.26) liegt bei nebenberuflichen Übungsleitern, Trainern, Chorleitern etc. eine Arbeitnehmertätigkeit vor, wenn der zeitliche Umfang der Tätigkeit nicht mehr als ein Drittel dessen beträgt, was bei hauptberuflicher Betätigung gegeben wäre.

Wenn Sie keine Hauptbeschäftigung haben

Wer kein weiteres Arbeitsverhältnis hat, z. B. als Student, Rentner oder auch als Hausfrau bzw. -mann, kann noch zusätzlich den Arbeitnehmer-Pauschbetrag bei Vorlage der Steuerkarte in Anspruch nehmen. Dies bedeutet: Ihm stehen nicht nur die 2.100 Euro, sondern auch 920 Euro pro Jahr für steuerliche Zwecke zu, insgesamt also 3.020 Euro pro Jahr als steuerfreier Verfügungsrahmen!

Wie sieht es mit eigenen Aufwendungen aus?

Wer eine begünstigte Tätigkeit nach § 3 Nr. 26 EStG ausübt, muss oft einiges an eigenen Aufwendungen erbringen, um den ihm erteilten Auftrag erfüllen zu können, angefangen von Fahrtkosten bis hin zur Beschaffung von Arbeitsmaterialien etc. Seit dem Vereinsjahr 2000 gilt: Aufwendungen, die im Zusammenhang mit der betrieblichen Tätigkeit stehen, sind insoweit abzugsfähig, als sie die steuerfreien Einnahmen übersteigen.

Was gilt dann für Arbeitnehmer?

Wer nebenberuflich für den Verein arbeitet, übt im Regelfall seine Nebentätigkeit auf Arbeitnehmerbasis aus. Ausgehend von diesem Grundsatz läuft alles noch unkompliziert, wenn die Gesamtvergütung pro Jahr nicht mehr als 2.100 Euro beträgt. Eine regelmäßige Beschäftigung während des Vereinsjahrs vorausgesetzt, wären dies also pro Monat 175 Euro. Übersteigt die vereinbarte Vergütung für die nebenberufliche Tätigkeit diese Steuergrenze, gelten wieder die normalen Steuer- und Sozialversicherungsspielregeln. Der Verein/Verband als Arbeitgeber muss von der Bruttovergütung unter Abzug z. B. des monatlichen Freibetrags von 175 Euro aus dem übersteigenden Betrag Lohnsteuer, Kirchensteuer und Solidaritätszuschlag einbehalten, dazu noch die entsprechenden Sozialversicherungsbeiträge. Erforderlich ist also die Vorlage einer Lohnsteuerkarte, allerdings muss auf ihr am Ende des Jahres nicht in besonderer Weise die begünstigte Übungsleitervergütung bescheinigt werden.

SCHRIFTLICHE BESTÄTIGUNG GEBEN LASSEN ACHTUNG

Zum Lohnkonto muss auf jeden Fall eine schriftliche Bestätigung des Vereinsmitarbeiters genommen werden, dass er diese Vergünstigung nach § 3 Nr. 26 nicht auch für ein anderes Arbeits- oder Dienstverhältnis beansprucht (R 3.26 der LStÄR 2011). Wird diese Bescheinigung nicht abgegeben, besteht die Gefahr, dass der Trainer, Chorleiter oder Dirigent, für weitere Körperschaften oder Vereine arbeitet. Diese Bestätigung sollte für das Lohnkonto immer zum Jahresanfang oder bei neuer Beschäftigung vor Beginn vorliegen. Bei Problemen oder Zweifelsfällen sollten Sie zur Abklärung des Sachverhalts eine amtliche Lohnsteuer-Anrufungsauskunft einholen. Fragen Sie also beim Finanzamt nach. In Zweifelsfällen sollte sogar auf Beschäftigung verzichtet werden, wobei der Hinweis auf die Vorgabe nach den Lohnsteuer-Richtlinien als Argument ausreichen müsste!

Was darf neben der Übungsleitervergütung noch gezahlt werden?

Schon fast üblich ist es in der Vereinspraxis, dass neben einer bestimmten Vergütung auch ein Ersatz von Reisekosten gewährt wird. Seien es Fahrtkosten, Verpflegungsmehraufwand bei Reisen oder ein nachgewiesener sonstiger Auslagenersatz. Die Grundregel lautet: Um weitere Steuerkonsequenzen beim Verein zu vermeiden, sollten Sie sich zunächst an der Obergrenze der steuerfreien Beträge hierfür orientieren (§ 3 Nr. 12, 13, 16 Nr. 50 EStG). Also z. B. max. 0,30 Euro je tatsächlich gefahrenem Kilometer mit dem eigenen Pkw. Für die Mitnahme weiterer Personen im eigenen Pkw für Vereinsdienstfahrten erhöht sich der Wert um 0,02 Euro je Person. Bei Dienstreisen mit dem eigenen Motorrad bzw. Motorroller gibt es 0,13 Euro je nachgewiesenem Fahrkilometer (Moped: 0,08 Euro, Fahrrad: 0,05 Euro).

Dazu können Abwesenheitsgelder gewährt werden. Bei Auslandsfahrten gelten länderrechtlich verschiedene Tagegelder für Verpflegungsmehraufwand und Übernachtungsgelder.

Bei Übernahme der Hotelkosten ist auf die Kürzung des Gesamtpreises einschließlich Frühstück im Inland zu achten. Zudem können auch angefallene nachgewiesene Reisenebenkosten wie Parkgebühren, Maut, Gepäckaufbewahrung etc. erstattet werden.

Steuerfrei darf man natürlich auch die tatsächlichen Fahraufwendungen bei Benutzung von Taxi, Bahn, Flugzeug etc. ersetzen – vorausgesetzt, der Verein erstattet dies nach Vorlage einer Reisekostenabrechnung, ggf. entsprechend einer vorhandenen Reisekostenordnung.

Wie sieht es mit dem Fahrtkostenzuschuss aus?

Soweit ein Vereinsmitglied, egal ob Führungskraft, Vereinsarbeitnehmer oder Übungsleiter, eine Reise im Vereinsinteresse ausführt – etwa die Begleitung einer Mannschaft zu einem Leistungswettbewerb oder als Dirigent zu einem Konzert – dürfen diese Reisekosten ab dem Vereinssitz (meist Vereinsheim) steuerfrei auch zusätzlich zu Übungsleitervergütungen ausgezahlt werden.

Hiervon zu trennen ist aber die Entfernungspauschale, also der Fahraufwand von der Wohnung bis zum Vereinsgelände. Hier darf entsprechend den steuerlichen Vorgaben für Vereinsarbeitnehmer zwar die Entfernungspauschale von 0,30 Euro für jeden Entfernungskilometer (begrenzt auf 4.500 Euro pro Jahr) erstattet werden, aber leider nicht steuerfrei. Der Verein muss dann die pauschale Lohnsteuer von 15 % (§ 40 Abs. 2 S. 2 EStG) übernehmen, falls er „netto" auszahlen will.

Ein Vorteil: Die Art des Beförderungsmittels ist nicht mehr vorgeschrieben, also darf der aktive Trainer oder Übungsleiter steuerbegünstigt zum Training oder zu Proben etc. radeln.

Wie hoch sind die Reisekostensätze?

Inlands-Dienstreisen	Pauschbetrag
Verpflegungsmehraufwand	
von 24 Stunden	24,00 Euro
von 14 bis weniger als 24 Stunden	12,00 Euro
von 8 bis weniger als 14 Stunden	6,00 Euro
Übernachtungskosten	
bei Vorlage der Übernachtungsrechnung abzgl. Kürzungsbeträge beim Gesamtpreis für Unterkunft und Frühstück	
bei Arbeitgeberersatz ohne Nachweis als Pauschalbetrag (R 9.7 Abs. 3 LStR 2011)	20,00 Euro

Hier einige Erläuterungen zur Tabelle:

- Bei einer Abwesenheit von genau 24 bzw. 14 bzw. acht Stunden gelten die Werte der höheren Stufe.
- Die Übernachtungspauschale gilt nur für steuerfreie Erstattungen durch den Arbeitgeber. Der Arbeitnehmer muss dagegen für den Werbungskostenabzug seine Übernachtungskosten durch Belege nachweisen.

Was gilt für Selbstständige?

Neben der reinen Vergütung (also dem Honorar) können natürlich auch für Selbstständige pauschale Aufwendungsvergütungen oder z. B. auf der

Basis der nachgewiesenen Reisekosten ein Ersatz von Eigenaufwendungen gezahlt werden. Beim Selbstständigen fällt dies allerdings komplett in den „Honorartopf".

Als nebenberuflich selbstständiger Übungsleiter kann man am Jahresende für die Gewinnermittlung im Rahmen der eigenen Jahressteuererklärung in einer Einnahme-Überschussrechnung gegenüber dem Finanzamt zumindest den Übungsleiterfreibetrag von 2.100 Euro abziehen.

BEISPIEL

ABHALTUNG EINES KURSES

Steuerberater Pfiffig hält 2010 für die Volkshochschule einen Kurs über die Vereinsbesteuerung. Seine Vergütung dafür beträgt 600 Euro. Daneben erhält er weitere 300 Euro als pauschalen Aufwandsersatz für Reisen etc. Die Gesamtvergütung in Höhe von 900 Euro bleibt nach § 3 Nr. 26 EStG für den Steuerberater steuerfrei. Allerdings fällt hierbei sein eigener Aufwand, etwa für die Fahrten, Unterrichtsmaterial etc., unter den Tisch, da der Gesamtaufwand wiederum unter 2.100 Euro liegt.

Als Faustregel gilt: Immer dann, wenn es sich um steuerfreie (also auch pauschal besteuerte) Vergütungen handelt, führt dies zu keinen weiteren Sozialversicherungskonsequenzen. Bei Übungsleitertätigkeiten, wie übrigens auch bei sonstigen Beschäftigungsverhältnissen, bleibt der steuerfreie Reisekostenersatz unberücksichtigt. Also haben die steuerfreien Reisekosten z. B. auch bei einem 400-Euro-Minijob-Verhältnis keinen Einfluss auf die Sozialversicherungsgrenze von 400 Euro!

Soweit eine Steuerfreiheit besteht (bis 2.100 Euro), müssen auch der Verwaltungsberufsgenossenschaft keine Beiträge gezahlt werden; ein entsprechender Entgeltnachweis ist nicht notwendig. Gegenüber der Verwaltungsberufsgenossenschaft (VBG) ist damit nur der den Betrag von 2.100 Euro übersteigende Anteil der Übungsleitervergütung bzw. der höheren Gehaltszahlung nachzuweisen und hierfür müssen Beiträge abgeführt werden. Dies muss also bei jährlicher Lohnsummenmeldung mitberücksichtigt werden. Achten Sie hier für Ihren Verein darauf, ob es ggf. Rahmenabkommen wie z. B. im Sportbereich mit dem Verband gibt. Auch die Auszahlung einer Ehrenamtspauschale, also die Anwendung des neuen

Freibetrags nach § 3 Nr. 26a EStG, ist nicht nachweis- und damit beitragspflichtig. Nur übersteigende Beträge, etwa bei Abrechnung des übersteigenden Betrags auf Minijob-Basis für den begünstigten Personenkreis der nebenberuflich beschäftigten Vereinshelfer, wären meldepflichtig, wobei für das DEÜV-Meldeverfahren ab 1.12.2011 die neuen Tätigkeitsschlüssel auch für Übungsleiter zu beachten sind.

Darf man seine Vergütung dem Verein gleich wieder spenden?

Grundsätzlich ja, man muss sich nur an besondere Steuerspielregeln halten! Wer also in einem noch weiteren Umfang seinen Verein unterstützen will, kann seine eigene Vergütung als Spende wieder an den Verein zurückgeben – interessant auch insbesondere in den Fällen, bei denen der Verein einerseits seine Übungsleitervergünstigungen großteils über Übungsleiter-Personalkostenzuschüsse finanziert, andererseits stark engagierte Vereinsmitarbeiter in seiner Vereinsmitgliedschaft vorfindet, die an ihrem Verein nicht unbedingt noch etwas „verdienen", dafür aber eine Spendenquittung erhalten wollen. Allerdings müssen die zuvor dargestellten Spendenvorgaben beim Aufwandsverzicht/bei Rückspenden strikt beachtet werden. Siehe auch die weiteren Einzelhinweise hierzu im vorherigen Kapitel „Der richtige Umgang mit dem Spendenrecht".

Zum richtigen Umgang mit dem Ehrenamtsfreibetrag nach § 3 Nr. 26a EStG

Das war eine echte Überraschung Ende 2007: Der neue Ehrenamtsfreibetrag wurde eingeführt, der die nebenberufliche, ehrenamtliche Tätigkeit und Motivation stärken soll. Er ist jedoch kein Steuerabzugsbetrag, sondern vielmehr ein höchstpersönlicher neuer Jahres-Steuerfreibetrag, der bei Entschädigungen/Zahlungen ab 2007 verwendet werden kann. Steuersystematisch ist er dem Übungsleiterfreibetrag nachgebildet. Steuerfrei sind demnach:

§ 3 Nr. 26a EstG

Einnahmen aus nebenberuflichen Tätigkeiten im Dienst oder Auftrag einer inländischen juristischen Person des öffentlichen Rechts oder einer unter § 5 Abs. 1 Nr. 9 des Körperschaftsteuergesetzes fallenden Einrichtung zur Förderung gemeinnütziger, mildtätiger und kirchlicher Zwecke bis zur Höhe von insgesamt 500 Euro im Jahr. Die Steuerbefreiung ist ausgeschlossen, wenn für die Einnahmen aus der Tätigkeit – ganz oder teilweise – eine Steuerbefreiung nach § 3 Nr. 12 oder Nr. 26 gewährt wird. Überschreiten die Einnahmen für die in Satz 1 bezeichneten Tätigkeiten den steuerfreien Betrag, dürfen die mit den nebenberuflichen Tätigkeiten in unmittelbarem wirtschaftlichen Zusammenhang stehenden Ausgaben abweichend von § 3c EStG nur insoweit als Betriebsausgaben oder Werbungskosten abgezogen werden, als sie den Betrag der steuerfreien Einnahmen übersteigen.

Folgender Personenkreis könnte den Ehrenamtsfreibetrag für Einnahmen von gemeinnützigen Organisationen/Vereinen nutzen:

- Vorstandsmitglieder (Vorsitzender, Präsident, Kassenwart, Kassenprüfer, Sportwart und andere Vorstandsmitglieder, Beisitzer), wenn die Satzung die Abweichung vom Ehrenamtsprinzip ausdrücklich zulässt
- Abteilungs- oder Spartenleiter (Vorsitzender, andere Vorstandsmitglieder)
- nebenberufliche Mitarbeiter der Geschäftsstelle
- Schiedsrichter im Amateurbereich (Finanzministerium Schleswig-Holstein, Vfg. v. 11.5.2011, HaufeIndex 2718218)
- Vereinsmitglieder bei nebenberuflichen Tätigkeiten als Platzwart (Rasenmähen/Gartenpflege auf Vereinsgelände), Zeugwart, Ordner, Sanitäter, Vergütung für Trikotwäsche etc.

Wichtig für die Nutzung des Freibetrags ist, dass die Mitarbeit gegen Vergütung ausschließlich im steuerbegünstigten Bereich erbracht wird.

Nach Auffassung der Finanzverwaltung kann dieser Freibetrag jedoch nicht für Entschädigungen an Amateursportler genutzt werden, auch dann nicht, wenn es sich nur um geringe Beträge handelt.

Nicht begünstigt wären daher jegliche Tätigkeiten im wirtschaftlichen Geschäftsbetrieb allgemein, also z. B. als

- Mitarbeiter in der Gastronomie (Vereinsgaststätte, Kuchenverkauf beim Sommerfest, Wurst- und Getränkeverkauf bei Spielen, Bedienung bei Sportlerbällen und Veranstaltungen aller Art),
- Betreuer von Basarständen,
- Handwerker bei Arbeiten im Bereich des wirtschaftlichen Geschäftsbetriebs (z. B. in der Vereinsgaststätte).

Die wesentlichen Vorgaben:

- Nebenberuflichkeit beachten: Wie bei steuerbegünstigten Übungsleitertätigkeiten muss auf den Zeitrahmen geachtet werden: weniger als 12 bis 15 Stunden/Woche oder weniger als 1/3 der üblichen Arbeitszeit eines vergleichbaren Vollzeiterwerbs.
- Gleiche Nebentätigkeiten werden zeitlich zusammengefasst.
- Eine Hauptbeschäftigung ist nicht erforderlich, kann also auch von Schülern/Studenten, Hausfrauen/Hausmännern, Rentnern/Pensionären bis hin zu Beziehern von staatlichen Leistungen bei Abrechnung für erhaltene Vergütungen genutzt werden.

SITZUNGSGELDER FÜR DEN VORSTAND BEISPIEL

Das Vorstandsmitglied eines Heimatvereins erhält für die Teilnahme an zehn Vorstandssitzungen im Jahr 2011 gegen Bestätigung zum Jahresende ein pauschales Sitzungsgeld von 300 Euro ausgezahlt. Für die Mitwirkung im übergeordneten Verband wird von dort auch ein Tagesgeld als pauschale Aufwandsentschädigung in Höhe von 160 Euro für diverse Sitzungsteilnahmen gezahlt. Die Einnahmen sind insgesamt steuer- und sozialversicherungsfrei, es wurde jeweils anteilig der Jahresfreibetrag genutzt. Beide Satzungen wurden zuvor geändert und sehen die Möglichkeit zur Gewährung einer angemessenen Vorstandsvergütung abweichend vom Ehrenamtsprinzip vor.

Darauf sollte ergänzend geachtet werden:

- Zuflussprinzip: Der Freibetrag kann nur jahresbezogen genutzt und nicht auf Folgejahre übertragen werden. Entscheidend ist der Zufluss im laufenden Kalenderjahr.

- Angemessenheit – Fremdvergleich: Schon wegen der Gemeinnützigkeit und der Vorgabe der sachgerechten Verwendung des Vereinsvermögens dürfen nur angemessene, übliche Vergütungen abgerechnet werden. Der nebenberufliche Hallenwart erhält z. B. den üblichen Aushilfslohn von z. B. 10 bis 14 Euro pro Stunde.

- Satzungsregelung: Bei Zahlung von Pauschalen oder Sitzungsgeldern an Vorstände/gewählte Vereinsführungskräfte als Ausgleich für Zeitaufwand und eigene Aufwendungen muss zunächst geprüft werden, ob dies nach der Vereinssatzung möglich ist. Ist dort der Grundsatz enthalten, dass Vorstandsmitglieder nur ehrenamtlich tätig sind, muss die Vereinssatzung zunächst in der Mitgliederversammlung geändert werden. Bei Streichung des Grundsatzes der Ehrenamtlichkeit könnte stattdessen der Hinweis auf Gewährung einer Aufwandsentschädigung aufgenommen werden – am besten ohne Betragsangaben und als Kann-Vorschrift:

  Beispiel:

  1. Vorstandsämter werden grundsätzlich ehrenamtlich ausgeübt.

  2. Abweichend hiervon kann die Mitgliederversammlung beschließen, dass Vorstandsmitgliedern für ihre Vorstandstätigkeit eine angemessene Vergütung gewährt wird, die auch die jeweilige Höhe nach Haushaltslage festsetzt.

  Dies könnte auch eingegrenzt werden z. B. auf den geschäftsführenden Vorstand, je nach Beschlussfassung der Mitglieder zu dieser notwendigen Satzungsänderung. Wenn Vorstandmitglieder dies als Sitzungsgeld/Aufwandsentschädigung erhalten, liegen insoweit sonstige Einkünfte vor. Bei Berücksichtigung in der persönlichen Steuererklärung wären dann jährlich sogar bis zu 755 Euro steuerfrei

(Ehrenamtsfreibetrag von 500 Euro zuzüglich der Freigrenze von bis zu 256 Euro bei den sonstigen Einkünften nach § 22 Nr. 3 EStG).

- Keine Satzungsänderung ist hingegen erforderlich, wenn es um die Berücksichtigung des Ehrenamtsfreibetrags für die allgemeine nebenberufliche Mithilfe von Mitgliedern und auch Nichtmitgliedern im steuerbegünstigten Bereich des Vereins geht. Der Vorstand könnte dann z. B. eine angemessene pauschale Aufwandsentschädigung für nicht dem Vorstandsbereich angehörende Abteilungsleiter etc. als Geschäftsführungsorgan bewilligen.

- Der Freibetrag kann zudem etwa von Schiedsrichtern, Wettkampfrichtern, Sanitätshelfern, also Personen ohne Beschäftigungsverhältnis bei den sonstigen Einkünften den Einnahmen gegenübergesetllt werden.

- Vereine müssen bei angestellten Vereinshelfern auf eine schriftliche Bestätigung zur Nutzung des Freibetrags achten, um zu vermeiden, dass dieser mehrfach genutzt wird. Selbstverständlich kann der persönliche Freibetrag aufgeteilt werden. Bei fortlaufender Beschäftigung ist diese nach den Lohnsteuerrichtlinien vorgeschriebene Erklärung stets gleich zum Jahresanfang einzuholen und zum Lohnkonto zu nehmen. Der Freibetrag kann zunächst bis zum „Verbrauch" abrechnungstechnisch bei entsprechenden Bruttovergütungen mitberücksichtigt werden – oder z. B. als monatlicher Freibetrag von 41 Euro fortlaufend, wobei Differenzen dann jeweils über ein ergänzendes Minijobverhältnis abzurechnen wären, um den Betrag insoweit „netto" auszahlen zu können.

PLATZWARTVERGÜTUNG BEISPIEL

Der nebenberuflich tätige Platzwart erhält monatlich nach Vertrag 100 Euro. Es kann nun der auf den Monat umgerechnete Jahresfreibetrag von 500 Euro bei der Lohnabrechnung berücksichtigt werden – also für die ersten elf Monate z. B. 40 Euro, der Rest im Dezember. Die Differenz zu den 100 Euro (60 Euro) muss der Verein nur noch als Minijobverhältnis anmelden und die Pauschalabgabe von max. 30 % tragen. Dem Verein sollte die schriftliche Erklärung des Platzwarts vorliegen, dass der Freibetrag nach § 3 Nr. 26a EStG nur bei diesem Verein (d. h. einmalig) genutzt wird.

ACHTUNG

INFORMATIONEN AUF DER SERVICEPLATTFORM

Informieren Sie sich über die aktuelle Entwicklung zum Umgang mit dem neuen Ehrenamtsfreibetrag über www.redmark.de/verein!

- Die nebenberuflichen Beschäftigungsverhältnisse dürfen für die Freibetragsnutzung bei der Vergütungsabrechnung nur den steuerbegünstigten Bereich betreffen, so z. B. geringe Vergütungen an Ordner, Vergütungen fürs „Trikotwaschen" im Amateurbereich bis hin zu nebenberuflich beschäftigten Hausmeistern, Aufsichtspersonen oder Handwerkern.

Auch erhaltene Aufwandsentschädigungen und Vergütungen allgemein für begünstigte nebenberufliche Tätigkeiten bei Berücksichtigung des Freibetrags können bei Einhaltung der spendenrechtlichen Vorgaben als Aufwandsverzichtsspenden bei Fälligkeit und freiwilligem ganzen oder teilweisem Verzicht an den Verein zurückfließen.

Es dürfen aber nicht gleichzeitig z. B. der Übungsleiterfreibetrag nach § 3 Nr. 26 EStG und der Ehrenamtsfreibetrag nach § 3 Nr. 26a EStG für dieselbe Tätigkeit genutzt werden. Möglich wäre aber eine Vergütung für zwei vertraglich und tatsächlich getrennte Tätigkeiten: einmal als beschäftigter Übungsleiter und als Vorstand (Sitzungsgelder) – auch bei demselben Verein.

ACHTUNG

FREIBETRAG NUTZEN

Prüfen Sie unbedingt, soweit noch nicht geschehen, ob und bei welchen Personen der neue Freibetrag für nebenberufliche Tätigkeiten genutzt werden kann – damit kann die Vereinsmitarbeit etwas honoriert werden!

Wird die begünstigte Tätigkeit nicht nebenberuflich in einem Anstellungsverhältnis beim Verein, also als Arbeitnehmer, ausgeübt, sondern als selbstständige Tätigkeit/sonstige Tätigkeit nach § 22 Nr. 3 EStG, muss der Vergütungsempfänger dies in seiner Steuererklärung angeben. Auch dabei kann der Steuerfreibetrag nach § 3 Nr. 26a EStG von den Einnahmen für die Gewinnermittlung abgezogen werden.

INFORMIEREN SIE SICH IM INTERNET ACHTUNG

Dieser Ratgeber soll Ihnen bei der Vereinsführung und für das Ehrenamt eine praxisorientierte Unterstützung bieten. Informieren Sie sich aber durchaus ergänzend über gesetzgeberische Neuregelungen, Gesetzentwürfe, aktuelle Einzelverfügungen und Verwaltungsanweisungen oder auch wichtige neue Rechtsprechung zum Vereinsrecht und dem nicht einfachen Vereinssteuerrecht u. a. im Internet unter www.redmark.de/verein.

Und bleiben Sie vor allem weiter engagiert im Ehrenamt!

Stichwortverzeichnis

Der Autor

Prof. Gerhard Geckle ist Rechtsanwalt, Fachanwalt für Steuerrecht, Justitiar der Haufe Mediengruppe, selbstständiger Rechtsanwalt mit Kanzleisitz in Freiburg, Steuerreferent des Badischen Sportbundes, Lehrbeauftragter zum Bereich Steuer- und Vereinsrecht/Vereinsmanagement/Sportökonomie an den Universitäten Heidelberg und Münster sowie an der Hochschule Heidelberg, Kath. Hochschule Freiburg und der FH Erding, Seminarreferent für weitere überregionale Verbände und Bildungseinrichtungen zu Sport und im sozialen, karitativen Bereich, Herausgeber des Vereins-Standardwerks „Der Verein" sowie diverser Praxisratgeber. Ständige Medienmitarbeit im Radio- und Fernsehbereich. Vorstand in diversen Vereinen und gemeinnützigen Organisationen, u. a. Vorsitzender der Kommission für Lizenzen und Abgaben beim Deutschen Fußballbund (DFB).